아산재단 연구총서 제363집

비정규 고용과 사회정책

구인회 · 백학영 · 전병유 · 이원진

집문당

머리말

1990년대 초반 이래 지금까지 20년 동안 우리나라는 급격한 사회경제적 변화를 겪어 왔다. 고속 성장과 고용 확대, 분배 개선을 특징으로 하는 그 이전 세대의 산업화 시기와는 달리, 저성장과 고용불안정 및 사회양극화가 탈산업화 시기 한국 사회의 새로운 특성으로 고착화되고 있다. 물론 이러한 변화가 우리 사회의 것만은 아니다. 제2차 세계대전 이후 1970년대까지 번영기를 누리던 서구 선진산업국가들 중 많은 나라들이 1980년대 이후 고실업과 소득불평등, 재정불안을 벗어나지 못하고 있다. 하지만 우리나라에서는 이러한 부정적 변화의 속도가 너무 빠르고 변화의 폭이 너무 크다는 점이 여러 가지 지표에서 확인된다. 보기 드문 저출산과 급속한 인구고령화, 빈곤층의 증가, 기록적인 자살률 등은 이러한 탈산업화 시기에 우리 사회의 가족과 개인이 감내하기 어려운 정도의 스트레스에 노출되고 있음을 보여준다. 우리가 이 책에서 다루고 있는 비정규 고용의 급증 현상도 지난 20년 동안의 한국 사회를 특징짓는 이상 지표들 중 하나이자 다른 이상 지표들의 뿌리에 놓여 있는 대표적인 것에 속한다.

우리나라에서 1990년대 후반부터 급증한 비정규 고용은 고용불안정과 사회양극화의 주범이자 우리 경제의 국제 경쟁력 향상에도 짐이 되는 제약요인으로 지목되는 등 많은 우려를 낳고 있다. 우리나라는 현재 임금근로자 3명 중 1명이 비정규직으로 국제적으로도 임시직 규모가 가장 큰 편이며, 임금 수준 등 비정규직 고용의 질이 전반적으로 낮고 시간이 흘러가면서 더 악화되는 양상을 보이고 있다. 이러한 비정규 고용의 급증과 과다 현상은 1990년대 이후 본격화된 국제화와 밀접한 관련을 갖는다. 1980년대부터 국제화의 길을 밟아 온 다른 산업국가들과 마찬가지로 우리도 국제교역에서의 경쟁 심화와 자본시장 개방 등을 겪었고 이로 인해 기업은 경영합리화의 압력에 크게 노출되었다. 이러한 맥락에서 1990년대 초반 이래 기업들이 추진한 고용유연화 노력은 1990년대 후반 외환위기를 거치며 증폭되어 비정규 고용 급증으로 나타나게 되었다.

본 연구는 이러한 비정규 고용 급증의 원인과 결과를 파악하려는 시도를 담고 있다. 비정규 고용은 기업의 인사관리, 노동조합의 노동자 고용안정 추구 등과 직접 관련되며, 사회적인 범위에서는 고용·실업 등의 노동시장과 노사관계 차원에서 쟁점으로 등장한다. 따라서 비정규 고용에 대한 기존의 국내 연구도 노동경제학이나 산업사회학, 경영학 등의 시각에서 다양하게 이루어졌다. 본 연구는 이러한 대다수 기존 연구와는 달리 사회정책의 각도에서 비정규 고용 문제에 접근하였다. 비정규 고용은 해당 사회의 고용보호 법제와 관행에 직접 영향을 받는다. 이러한 고용보호 법제와 관행에는 노동자의 고용 안정에 대한 사회의 관심과 접근 태도가 반영되며, 이러한 면에서 사회정책으로서의 속성을 가지고 있다. 또 고용보호 규제는 고용 단절에 대한 사회정책으로서 실업보호제도나 실업 시의 재고용 지원을 위한 적극적 노동시장정책 등과 유기적인 관련을 가지며 발전하였다. 이러한 이유로 비정규 고용 문제의 원인이나 결과는 고용보호 규제와 실업보호제도, 적극적 노동시장정책 등 사회정책의 맥락에서 이해될 필요가 있다.

본 연구가 기존의 대다수 연구와 구분될 수 있는 또 하나의 측면은 비정규 고용 문제 연구에 국제비교적 시각을 적용하고 있다는 점이다. 국내의 기존 연구 대다수는 국내적 시각에서 비정규 고용에 접근하고 있으며 매우 소수의 연구가 일본 등과 비교를 시도하거나 외국의 비정규 고용 문제 사례를 분석하고 있을 뿐이다. 그런데 비정규 고용 증가는 1980년대 이후 여러 서구 국가들에서부터 나타난 매우 국제적인 현상으로서 비정규 고용의 이해를 위해서는 국제 비교가 매우 필요하다. 특히 본 연구에서 주목하는 사회정책이 국가마다 다른 양상을 보이며 발전하였고 이러한 사회정책의 특성이 비정규 고용 문제와 밀접하게 관련된다는 점에서 국제비교적 접근은 비정규 고용 증가의 원인과 결과를 이해하는 데 매우 유용하다.

본 연구의 분석은 정규직과 비정규직의 고용비용 격차가 비정규 고용 증가의 원인으로 작용하며 비정규 고용의 질과 소득 지위에도 영향을 미친다는 시각에서 이루어졌다. 고용비용 격차는 고용보호규제로 인한 정규직과 비정규직의 해고비용 차이만이 아니라 임금, 복지급여 등 총노동비용의 차이를 포괄한다. 미국 등 영미계열 국가들은 노동시장의 전면적인 탈규제로 정규직과 비정규직의 고용 지위에 큰 차이가 없고 비정규직 문제도 심각하게 제기되지 않는다. 하지만, 유럽의 경우에는 정규직을 한편으로 하고 비정규직과 실업자 등을 다른 한편으로 하는 내부자(insider)-외부자(outsider) 분절 개념으로 고용 지위상의 비용 격차가 표현된다. 또 한국과 일본의 경우에는 대기업 정규직과 비정규직/중소기업 취약근로자 사이의 고용비용 격차가 내부노동시장(internal labor market)과 외부노동시장(external labor market)의 분절 개념으로 논의된다. 임금이 중앙화된 단체교섭을 통해 산업 단위에서 정해지고 복지급여도 산업적·전국적 범위에서 결정되는 유럽과는 달리, 한국과 일본의 내부노동시장에서는 임금이 기업 단위에서 연공급으로 정해질 뿐만 아니라 복지급여도 기업 단위에서 제공되어 외부노동시장과의 고용비용 격차가 현저하다. 특히 일본과는 달리 한국에서는 기업 단위에서 숙련형성제도와 기능적 유연화를 통한 고용안정관행이 정착하지 못하여 고용비용 격차가 심화된다.

본 연구는 실증 분석을 통해 우리나라에서 정규직과 비정규직의 고용비용 격차가 비정규 고용 증가에 영향을 미치고 있다는 증거를 제시하였다. 또한 비정규직과 정규직의 임금격차가 크며, 이로 인해 비정규직 증가가 빈곤 등 소득분배에 영향을 미침을 확인하였다. 한편 국제비교적 시각에서 살펴본 결과, 영미 계열의 자유주의형, 북구 사회민주주의형, 유럽대륙의 보수주의형, 남유럽형, 동아시아 유형에 따라 고용보호와 사회정책의 결합 양상에 차이가 나타났다. 우리나라에서 비정규직이 급증하고 정규직과 비정규직의 분절이 확대된 데에는 대기업에 정착한 내부노동시장 관행과 미비한 숙련형성제도 사이의 불균형이 중요한 영향을 미쳤다. 실업급여와 적극적 노동시장정책 등 사회정책의 발달 수준이 낮아 이러한 노동시장의 왜곡을 완충하지 못한 점도 작용하였다. 본 연구는 이러한 분석을 토대로 비정규직 문제의 해결을 위한 사회정책의 방향을 논의하였다.

본 연구가 미흡하나마 작은 결실을 맺게 된 데에는 아산사회복지재단의 지원이 결정적인 역할을 하였다. 또 다듬어지지 않은 초고를 완성된 연구서로 만드는 과정에서 집문당의 임동규 사장과 심하나 편집자의 노고가 큰 도움이 되었다. 짧지 않은 연구의 진행 기간에 격려와 지원을 아끼지 않은 가족과 동료들의 애정도 연구를 마무리하는 데에 빼놓을 수 없는 자산이 되었다. 이 책에 남아 있을 미숙과 결함이 본 연구의 완성을 도와준 분들께 누가 되지 않기를 바란다.

2013년 늦가을, 저자 일동

차 례

제4장 정규직과 비정규직의 임금격차와 불평등 그리고 빈곤

제5장 비정규 고용 증가와 사회정책

| 표 차례 |

| 그림 차례 |

제1장 서 론

구인회

제 1 장 서 론

1980년대 이래로 많은 선진 산업국가에서 고용보호규제(employment protection regulation)의 완화가 이루어졌고 그 결과 비정규 고용 증가 등으로 고용불안정이 심화되었다. 우리나라에서도 1990년대 후반 정규직 집단해고를 허용하고 파견근로에 대한 규제를 완화하는 노동시장 개혁입법이 이루어진 이후 비정규직 증가는 최대의 사회적 쟁점으로 등장하였다. 비정규 고용에 대해 기업 측에서는 국제화된 환경에서 변화하는 시장 수요에 대응하기 위해 유연한 고용조정의 필요성을 강조하면서 옹호하였지만, 근로자 측에서는 근로자의 고용 안정과 생활 안정을 위협하는 사안으로 받아들여 강력하게 반대하였다. 이렇게 비정규 고용 증가는 사회적 대립의 초점이 되어 한국 사회의 지속적인 발전을 위해서 해결해야만 할 중대한 도전이 되고 있다. 본 연구는 우리나라 비정규 고용 문제의 실태를 진단하고 비정규 고용 증가의 원인과 결과를 분석하며 비정규 고용 관련 사회정책에 대한 평가를 수행하는 것을 목적으로 한다.[1)] 특히 본 연구에서는 다수의 기존

1) 본 연구에서 정규직은 고용기간이 제한되어 있지 않은 전일제 일자리(permanent full-time employment)를 말하며 비정규직은 시간제 근로(part-time work), 고용기

연구에서 이루어진 국내적 시각의 분석과 함께 국제비교적 시각에서의 검토를 새로이 시도한다.

서구의 노동시장 유연화 개혁

서구국가에서는 1980년대 이후 신자유주의의 부상과 함께 지속적인 고실업을 초래하고 여성 경제활동참여를 제약하는 주요 요인으로 노동시장의 경직성(labor market rigidity)이 지목되었고, 그에 따라 노동시장 유연성(labor market flexibility)[2)]을 강조하는 규제완화의 필요성이 부각되었다. 세계화와 빠른 기술변화가 시장 수요를 급변시키고 경쟁을 격화시키면서 탈규제가 이러한 변화에 대한 대응책으로 제시되었다. 유럽의 고실업에 대비되는 "미국의 일자리 신화(American job miracle)"가 확산되면서[3)] 유럽 국가들은 1980년대부터 노동시장규제완화를 추진하였다. OECD, IMF와 같은 대표적인 국제경제기구들도 국제화되고 한층 경쟁이 강화된 시장에 기업들이 처해 있음을 강조하면서 유연화를 옹호하였다(OECD, 1994; IMF, 1999).[4)] 특히 임금교섭

간이 일시적인 임시직 근로(temporary work), 자영업과의 구분이 분명하지 않은 비전형 근로(atypical work)를 포함한다. 또 고용보호규제는 근로자의 고용안정을 위해 채용과 해고의 사유를 제한하고, 절차・보상 등을 규정하는 법적 규제를 말한다. 고용보호규제는 정규직 해고에 대한 규제와 임시직 사용에 대한 규제로 구분된다.

2) 일반적으로 유연성은 변화에 신속하고 효과적으로 반응하는 것으로 이해할 수 있다. 특히 경제학에서 유연성은 임금과 고용의 단기적 조정(short-term adjustment)이 원활히 이루어져 수요와 공급의 일치(match)가 이루어지는 것을 말한다.

3) 1973년 미국의 실업률은 4.8%였고 유럽의 대다수 국가들은 3% 정도 혹은 그 미만의 실업률을 보였다. 1980년대와 1990년대를 거치며 유럽 국가들의 실업률은 크게 상승하여 1999년 EU 국가들의 평균실업률은 8.7%를 보였다. 반면 미국의 실업률은 4.2%로 낮은 수준을 보였다(Blau and Kahn, 2002). 그러나 유럽 국가들 중 미국보다 낮은 실업률을 보인 국가들도 적지 않다. 반대로 미국보다 한층 높은 실업률을 보인 국가들은 독일, 프랑스, 이탈리아, 스페인 등을 들 수 있다(Howell, 2005).

구조, 실업급여 등의 소득보장제도에 대한 구조적 개혁과 함께 노동시장 탈규제의 필요성이 제기되었다(IMF, 1999).

서구국가들에서 고용보호규제의 정착은 복지국가의 성숙과 동시에 이루어졌다. 많은 유럽 국가들에서는 1950년대에 시작해서 1960년대 중반부터 본격화되어 1970년대 초반에 이르는 시기 동안에 법적으로 혹은 단체교섭상으로 해고를 제한하는 규정이 도입되고 강화되었다. 미국은 이와 대비되는 예외적인 경우로, 1990년대 이전까지는 고용재량(employment at will) 원칙이 지배하여 법적인 해고제한이 전무한 상태였고 단체교섭상의 보호도 매우 소수의 근로자에게만 적용되는 상황이었다(Buechtemann, 1993; Siebert, 1997). 하지만 1970년대 두 번의 오일쇼크를 거친 후 1980년대 이래로 미국 등을 제외하고는 많은 선진산업국가에서 고용보호규제를 벗어난 고용형태가 증가하였다. 서유럽 국가들에서 파트타임 노동이 빠르게 증가하였으며, 일본도 그 증가세가 빠르고 총고용에서 차지하는 비중이 25%에 달하는 매우 높은 수준을 보인다. 또 임시직 고용의 경우, 자유방임주의 모델에 가장 근접한 미국에서는 상대적으로 큰 변화 없이 낮은 수준을 유지하였지만 다수의 유럽 국가들에서는 실업 증가에 대한 대처로 규제완화가 추진되면서 상당한 변화가 나타났다.

---

4) David Howell(2005)은 이 국제기구들의 견해를 OECD-IMF 정통주의(OECD-IMF orthodoxy)라 칭하며 다음과 같이 요약한다. "OECD-IMF 정통주의는 완전경쟁시장을 가정하는 수요-공급 분석틀에 뿌리를 두고 있다. 높은 최저임금과 광범위한 단체교섭은 임금을 상승시키고 임금구조를 압축시켜 저숙련 근로자를 노동시장에서 탈락시킨다. 생산성 하락, 유가상승, 급격한 기술변화, 통상경쟁 강화 등의 수요충격은 이러한 상황을 가중시키고 저숙련 근로자를 중심으로 하향 임금유연성의 필요를 증가시킨다. 하지만 가족소득을 관대하게 보조하는 사회지출로 인해 저숙련 노동자들이 시장에서 제공되는 일자리를 받아들일 인센티브가 떨어진다. 요컨대, 복지국가 개입은 임금최저선과 기대임금을 올리고 노동수요를 줄인다."

이러한 규제완화의 양상을 임시직 고용에 초점을 맞추어 보면, 영국처럼 '전반적인' 탈규제를 추진하여 유연성을 노동시장의 일반적인 작동원리로 정착시킨 예가 발견된다. 영국의 경우 1980년대 이전까지 노동조합은 강한 편이었지만 다른 유럽 국가들과는 달리 강력한 노동시장규제가 도입된 적은 없다(Siebert, 1997). 한편 독일이나 프랑스, 이탈리아, 스페인 등 다수의 유럽 국가들에서는 영국과는 상이한 모습의 개혁이 진행되었다. 이 국가들은 한편으로는 정규직에 대해 적용하던 엄격한 수준의 해고제한 규제는 대체로 유지하면서, 다른 한편으로는 이러한 해고제한이 적용되지 않는 임시직의 사용규제를 완화하는 부분적 탈규제(partial deregulation), 주변적 유연화(flexibility at the margin) 혹은 이층전략(two-tier strategy)을 추진하였다(Bentolila and Dolado, 1994; Cahuc and Postel-Vinay, 2002; Esping-Andersen, 2000). 1970년대까지 임시직은 계절적인 수요 변화가 있는 특정 업무에만 허용되었지만 1980년대 이후에는 임시직의 이용제한을 대폭 완화하는 개혁이 추진되었다. 기존 노동시장의 내부자를 보호하면서 비정규직 고용을 통해 노동시장 유연성을 증대시키고자 하는 전략을 취한 것이었다. 스페인, 프랑스 등 몇몇 국가에서는 이러한 전략을 추진한 결과 프랑스는 신규고용의 80%, 스페인은 신규고용의 90% 이상이 임시직으로 구성되는 등 임시직 노동의 급격한 증가를 경험하게 되었다(OECD, 2002: 135~137). 그러나 노동시장 유연화 개혁과 비정규직 고용 제한의 완화가 실업 감소로 이어졌는가에 대해서는 이견이 많다. 비정규직 근로자가 겪는 고용과 소득의 불안정이 심각한 문제로 나타났다. 또 과도한 노동시장 탈규제가 저숙련 균형(low-skill equilibrium) 상태를 낳아 생산성 하락과 경쟁력 상실로 이어진다는 지적도 제기되었다(Soskice, 1990; Snower, 1997).

실업, 노동시장규제, 고용보호에 대한 다양한 시각

이러한 이유로 서구에서는 노동시장 탈규제, 보다 구체적으로는 고용보호규제 완화와 비정규직 고용 증가에 대해서는 찬반을 둘러싸고 논란이 많았고 다양한 관점에서 연구가 진행되었다. 서구의 많은 연구는 노동시장규제가 실업을 증대시키는지를 밝히는 맥락에서 진행되었다. 일각에서는 유럽에서 보이는 노동시장의 경직성이 실업 증대의 원인임을 주장하며 영미식의 전면적인 탈규제를 옹호하는 견해가 제기되었다(Siebert, 1997). 이어 노동경제학에서는 유럽의 고실업과 미국의 임금불평등은 모두 기술변화와 세계화 등의 변화가 초래한 노동수요 변화에 뿌리를 둔 것으로 노동시장제도의 차이로 인해 그 발현 양상이 다르게 나타난 것이라는 통합이론(unified theory)이 주요 이론으로 등장하였다. 이 가설에 따르면, 선진 산업국가에서는 공통적으로 저숙련 노동력에 대한 수요 감소가 일어났는데, 규제가 약한 미국 노동시장에서는 이러한 노동수요 변화가 상대임금 변화와 임금불평등 증대로 나타난 데 비해 노동시장규제가 강한 유럽에서는 노동수요 변화가 고용주들의 고용 행태를 변화시켜 실업이 증가했다는 것이다(Blank, 1997). 그간의 몇몇 경험적 연구는 통합이론을 지지하는 결과를 보여준다(Blank, 1997; Blau and Kahn, 2002). 이러한 통합이론은 자유방임적 정책과 개입주의 모두 평등과 고용을 동시에 실현하는 데 성공하지 못했음을 시사한다. 이 이론은 불평등과 실업의 상충관계(inequality-unemployment tradeoff)를 강조하는 경향이 강하며, 유럽의 노동시장규제가 고실업의 한 원인이며 고실업을 줄이기 위해 노동시장규제를 완화하는 경우에는 임금불평등 악화를 수용하는 것이 불가피함을 시사한다.

수요 변화 상황에서 실업과 불평등의 상충관계를 강조하는 이러한 경제학 주류의 설명에 대해 비판적 견해도 많다. Howell and Huebler(2005)에 따르면 노동시장제도가 임금불평등을 줄이고 고용성과를 높이는 데에 긍정적인 영향을 미치며 실업과 불평등 사이에는 정적인 관계가 존재한다. 노동시장제도는 임금불평등을 압축시키면서 작업장에서의 신뢰와 협력, 근로자 숙련 수준 향상을 촉진하여 고용성과에 대해서도 긍정적인 영향을 미친다는 것이다(Estevez-Abe, Iversen and Soskice, 2001). 수요 변화보다는 제도적 요인의 변화가 임금불평등도를 결정하며, 실업이 반드시 이에 큰 영향을 받지는 않고 오히려 실업이 저임금과 임금불평등을 증가시키는 경우도 많다고 한다. 이들 견해에 따르면 몇몇 유럽 국가들에서 심화된 실업은 노동시장규제보다는 거시정책상의 문제로 인해 발생하였다(Howell and Huebler, 2005). 따라서 실업에 대한 대응책으로 전반적인 탈규제를 추진하는 것은 적절하지 못하다는 결론에 이른다.

전반적인 탈규제를 둘러싼 이러한 이론적 대립 상황에서 규제와 탈규제의 비용과 편익에 대한 구체적 검토를 통해 정책을 모색하는 실용적 접근이 강조되기도 한다. Esping-Andersen(2000)은 노동시장 경직성이 유럽의 실업수준에 영향을 미치지는 않았지만, 실업자의 구성에 영향을 미친다고 본다. 규제가 안정적인 산업인력을 확보하는 데에서 긍정적인 역할을 한다는 점을 강조하고 전반적인 탈규제에는 반대하지만, 내부자 중심의 노동시장 보호규제가 청년, 여성, 저숙련층 등의 취약근로자들의 고용기회를 제약했다는 것이다. 따라서 이 실업위험군들에게 고용기회를 확대하기 위해서는 탈규제의 접근을 선별적으로 고려할 필요가 있다. 또 확대되는 서비스 산업에서 탈규제와 유연화의 필요성이 있음을 시사하는 한편, 그러한 조치가 안정된 고임금의 제조업과 불안정한 저임금의 서비스업의 이중경제로 귀

결되지 않도록 사회적 보장을 유지한 상태에서 제한적 유연화(flexibility at the margin)를 도입하는 것을 옹호한다. 결론적으로 전반적인 규제와 탈규제 노선의 중간적 방안으로 내부자(insider)에 대한 보호는 유지한 상태에서 외부자(outsider)를 대상으로 한 '부분적 탈규제(partial deregulation)'를 해법으로 제시한다.

고용보호규제와 규제완화의 영향

노동시장규제와 실업의 전반적 관계에 대한 이러한 다양한 이론적 시각과는 별도로 고용보호규제에 초점을 맞추어 실업과의 관계를 이론적으로 살펴볼 필요가 있다. 이 경우에도 고용보호규제가 실업에 미치는 영향은 복잡한 양상을 보이며 그 영향의 방향이 이론적으로 분명하지 않다. Blau and Kahn(2002)은 고용보호규제의 영향을 직접적인 것과 간접적인 것으로 나누어 이론적으로 설명한다.

먼저 고용보호규제는 기업이 근로자를 고용하고 해고할 때 작용하는 인센티브를 변화시켜 실업에 직접적인 영향을 미친다. 고용보호규제는 해고수당, 해고예고기간, 해고의 사유와 절차를 규정한다. 이러한 고용보호규제는 기업이 지불해야 하는 해고비용을 증대시킴으로 경기위축 시기 동안에는 해고를 줄인다.[5] 반면에 경기확장 시기에는 장래의 불황 시 예상되는 해고비용에 대한 우려로 인해 기업의 신규고용 폭을 줄인다. 결국 고용보호규제는 경기순환에 따른 노동수요 변화의 폭을 줄이는 영향을 미친다. 그런데 고용보호규제가 고용수준

---

5) Lazear(1990)에 따르면, 기업은 신규 근로자에게 입사요금을 부과하거나 초임수준을 낮추는 방식으로 기업이 부담해야 하는 해고비용을 상쇄할 수 있다. 그러나 근로자가 그러한 부담을 받아들일 수 없는 상황에서는 기업의 부담전가에 제약이 있으므로 고용보호규제는 기업의 노동수요에 영향을 미치게 된다.

에 미치는 영향은 경기위축 시 해고를 줄이는 정도와 경기확장 시 신규고용을 줄이는 정도, 각각의 상대적인 크기에 따라 달라질 것임으로 그 방향을 이론적으로 예측하기 어렵다. 해고비용의 증대로 인한 해고 감소와 신규고용 감소는 한계노동생산성(marginal product of labor)의 변화형태, 할인율(discounting), 자발적인 이직 정도에 따라 달라질 것이기 때문이다(Bentolila and Bertola, 1990; Bertola, 1992; Lazear, 1990).[6]

고용보호규제로 인한 해고비용 증대는 임금결정에 대한 영향을 통해 간접적으로 고용에 영향을 미친다. Lindbeck and Snower(1986)에 따르면, 해고비용 증대는 임금 협상 등에서 지대추구를 하는 내부자의 교섭력을 강화시킴으로써 외부자의 신규고용을 억제하여 장래의 고용수준을 감소시킨다. 그러나 Blanchard and Portugal(2001)에 따르면, 고용보호규제 강화와 해고비용 증대로 인한 내부자 중심 노동조합의 교섭력 강화는 외부자의 실업기간을 늘리지만 동시에 내부자의 해고로 인한 실업을 줄임으로 이론적으로 고용보호규제가 고용에 미치는 영향의 방향을 예측하기 어렵고 경험적으로도 뚜렷한 상관관계가 확인되지 않는다.

고용보호규제 개혁의 영향에 대해서는 고용보호규제 영향의 논의의 연장선상에서 검토할 수 있다. 고용보호규제의 영향과 마찬가지로 고용보호규제를 완화하는 개혁이 실업에 미치는 영향은 이론적으로

---

6) 경기위축 시 낮은 고용수준에서의 한계생산성 변화양상과 경기확장기 높은 고용수준에서의 한계생산성 변화양상에 따라 고용수준은 달라진다. 그리고 시차에 따른 할인율과 자발적 이직율이 클수록 해고비용 증대로 인한 신규고용의 감소는 적어질 것이다. 해고비용의 증가는 해고 시에는 당장 영향을 미치지만, 신규고용 시에는 시간을 두고 영향을 미치며 자발적인 퇴직자들에 대해서는 전혀 영향을 미치지 않기 때문이다. 할인율과 자발적 이직율이 클 경우에는 한계생산성의 변화양상과 상관없이 해고비용 증대가 고용수준을 늘리는 영향을 미칠 것이다(Blau and Kahn, 2002).

예측하기 어렵다. 고용보호규제 전반을 완화하여 정규 고용(permanent employment)의 해고비용을 낮추는 개혁은 정규직 일자리의 제공 비용을 낮추어 그러한 일자리를 늘릴 수 있다. 하지만 이러한 개혁은 다른 한편으로는 정규직 일자리의 근로자를 해고하는 것을 용이하게 하여 고용수준이나 정규직 일자리의 비중을 줄일 수 있다(Bertola, 1999).

정규직에 대한 고용보호규제는 그대로 유지한 상태에서 임시직 고용을 용이하게 하는 부분적 개혁은 비정규직 일자리 제공 비용을 낮추어 일자리 창출을 돕지만 동시에 이들 일자리의 소멸 확률도 높아지므로 전반적인 실업수준에 미치는 영향은 모호하다(Blanchard and Landier, 2002; Cahuc and Postel-Vinay, 2002). 임시직 고용 제한 완화는 일자리 창출을 늘리는 한편 일자리 파괴를 촉진하는 경향이 있다. 그런데 정규직에 대한 고용보호로 해고비용이 높은 상황에서는 고용주가 임시직을 정규직으로 전환하기보다는 연속적으로 임시직을 사용할 인센티브가 작용하게 되므로 일자리 파괴로 인한 실업증대 효과가 더 커지게 된다(Cahuc and Postel-Vinay, 2002). 정규직 보호 수준이 높은 상황에서 임시직 규제 완화는 임시직 일자리를 증가시키고 임시직 고용으로부터 정규직 고용으로의 이행 확률을 떨어뜨려 생산성이 낮은 초기경력 수준의 일자리를 늘리고 정규직을 줄이게 되는 것이다. 그 결과 근로자의 전반적인 생산성이 떨어지고 근로자의 복지 수준도 낮아지게 된다(Blanchard and Landier, 2002). 이들 연구에 따르면, 정규직에 대한 고용보호를 엄격하게 유지한 상태에서 임시직 규제를 완화하는 부분적 개혁에서는 고용만이 아니라 생산성과 복지 수준에서도 긍정적인 효과를 기대하기 어렵다.

이상의 이론적 논의를 종합하여 보면, 고용보호규제가 실업수준에 부정적 영향을 미친다는 근거는 분명하지 않고 고용보호규제를 완화하는 개혁에 대해서도 실업에 대한 긍정적인 효과를 기대하기 어렵다. 하지만 고용보호규제가 실업에 미치는 영향을 Blau and Kahn (2002)이 제시한 논의보다 폭넓은 관점에서 검토할 필요가 있다.

우선, 기업의 진입과 퇴출, 근로자의 숙련수준 등 고용보호규제에 영향을 받을 수 있지만 기존 논의에서 고려되지 않은 요인을 고려할 필요가 있다. 기업의 진입과 퇴출을 고려할 경우, 높은 수준의 고용보호규제는 실업에 부정적 영향을 미칠 가능성이 있다. 고용보호규제는 고용조정으로 인한 부담을 근로자에게서 고용주로 옮기는 것이므로 기업의 이윤과 기업 가치를 낮춘다. 따라서 고용보호규제는 신규기업의 창출을 줄이고 기존 기업의 퇴출을 늘려 실업을 늘릴 가능성이 있다(Saint-Paul, 1996: 9~10). 또 고용보호는 신속한 고용조정을 어렵게 하여 사양산업에서 신흥산업으로의 자원 이동을 늦추고 고용조정이 수반되는 기술혁신을 억제하는 경향이 있다(OECD, 2004).

이와는 반대로 고용보호규제가 근로자 숙련수준을 높여서 고용성과를 향상시킬 가능성이 있다. 고용보호규제는 재직자의 기업특수적 숙련 향상을 통해 해고비용 상승을 상쇄하는 영향을 미칠 것이므로 고용에 부정적 영향을 미치지 않는다는 것이다. 고용보호규제는 장기고용을 통해 근로자들이 숙련형성 투자의 수익을 회수할 수 있도록 보장하므로 근로자의 숙련형성 노력이 촉진되기 때문이다(Estevez-Abe, Iversen and Soskice, 2001). 그와 반대로 단기적인 고용관계에 있는 근로자들은 훈련에 대한 동기를 잃게 된다. 또 고용보호규제는 장기 고용관계의 비용을 상쇄하기 위해 고용주가 근로자 숙련형성에 투자할 인센티브를 높인다(Sorge and Streeck, 1998).

이러한 고용보호의 긍정적, 부정적 영향의 가능성을 고려하면 근로자의 숙련형성과 고용보호규제의 조응관계가 중요함을 알 수 있다.

고용보호는 근로자의 숙련향상을 통해 경제적 효율에도 기여한다. 한편 숙련수준에 조응하지 않는 과도한 고용보호규제는 실업과 고용에 부정적인 영향이 나타날 수 있다는 결론을 내릴 수 있다.

다음으로 실업 문제에 대해서 그 수준이 아니라 실업 기간에 비중을 두고 평가한다면, 높은 수준의 고용보호규제의 부정적인 영향을 발견할 수 있다. 고용보호규제는 남성 가장 중심의 기존 재직자의 고용안정성을 높이고 이직율을 줄이지만 청년, 여성, 저숙련자 등 취약 근로자의 취업진입을 제약한다. 따라서 고용보호규제가 실업 수준에 영향을 미치지 않더라도 저숙련층 중심으로 실업자의 실업기간을 늘리는 영향을 미친다(Esping-Andersen, 2000; Saint-Paul, 1996: 10). 이러한 실업의 장기화는 노동시장의 분단으로 이어진다. 노동시장 참가자는 높은 임금과 고용안정을 누리는 내부자와 실업상태에 있거나 고용불안정에 처해 있는 취약근로자로 이루어진 외부자로 나누어지고 이들 사이의 이동이 단절되면서 노동시장의 분단이 고착된다(Lindbeck and Snower, 1986; Rueda, 2005; Saint-Paul, 1996).

이러한 논의에 따르면 실업 문제에 대한 대책의 일환으로 고용보호규제를 완화하고 외부자의 고용을 촉진하는 개혁을 추진할 필요성이 인정된다. 서구의 경우 고용성장이 안정적으로 이루어지던 1960년대에는 고용보호규제의 존재가 큰 비용을 초래하지 않았던 것으로 보인다. 하지만 1970년대와 1980년대를 거치면서 노동수요가 불안정해지고 그 증가속도가 떨어지고 생산성 증가도 낮아지면서 엄격한 고용보호규제가 초래하는 부작용이 증대하고 고용보호규제 개혁이 등장한 것으로 보인다.

비정규 고용의 기능: 정규직으로의 디딤돌인가 함정인가?

미시적인 차원에서는 비정규직 노동의 기능에 대해서 많은 논의가 있어 왔다. 한편에서는 비정규직 노동이 고용의 측면에서 긍정적인 기능을 하는 면이 있다고 본다. 비정규직 노동은 구직자와 일자리의 매칭이 잘 이루어지게 하여 마찰적 실업을 줄일 수 있다(OECD, 2006: 170). 장기실업자와 같은 취약근로자의 경우에는 비정규직 일자리로 취업을 하는 것이 숙련의 퇴화를 막고 장기적인 고용가능성을 증대시킬 수 있다(정이환, 2006: 135). 이러한 견해는 비정규직 노동을 통한 노동시장 진입이 이후 정규직 일자리로 나아갈 수 있는 발판으로 긍정적으로 작용한다는 디딤돌 가설(stepping-stone hypothesis)로 요약될 수도 있다(OECD, 2006: 170).

반면 비정규직 노동은 고용이 불안정하고 임금 및 기타 급여 수준이 낮다는 점에서 정규직 노동에 비해 취약한 고용형태라는 단점을 갖는다. OECD(2002)의 분석에 따르면, 개인과 일자리의 특성을 통제한 후에도 비정규직 노동은 상용직 노동에 비해 임금 수준이 낮고 부가급여 혜택도 적다. 원론적인 차원에서는, 경쟁시장 상황에서 비정규직 일자리는 정규직에 비해 고용안정성이 떨어지기 때문에 임금 등에서는 더욱 높은 보상으로 이를 상쇄할 것으로 볼 수 있다. 그러나 현실에서는 일반적 인적자본(general human capital)이 중요한 일부 전문직종을 제외하고는 대체로 비정규직은 정규직에 비해 낮은 보상을 받는다. 더욱이 많은 비정규직 근로자는 정규직으로 전환되지 못한 상태에서 비정규 고용과 실업을 반복한다. 이러한 사실들에 기초하여 비정규 고용 경험이 이후의 고용 불안정과 저임금의 덫으로 작용한다는 함정 가설(entrapment hypothesis)이 등장하게 된다.

디딤돌 가설에서는 비정규직 고용이 이후 정규직으로 이동할 수 있는 직업경험을 제공하여 정규직 이동기회를 높인다고 본다. 함정가설은 노동시장 분절론(labor market segmentation)이나 시그널링 이론(signalling theory)으로부터 도출될 수 있다. 시그널링 이론에서는 비정규직 경험이 해당 근로자의 생산성에 대한 부정적인 신호로 작용하여 이후 직업이동에 부정적으로 작용한다고 예상한다. 이중노동시장론에서는 노동시장이 좋은 일자리로 이루어진 일차 부문과 나쁜 일자리로 이루어진 이차 부문으로 나누어져 있고 양 부문 사이에서 이동성이 매우 제한되어 있다고 본다. 따라서 비정규직 등 나쁜 일자리에서 커리어를 시작할 경우 이후 커리어도 이차 부문으로 고착된다고 본다(Scherer, 2004).

디딤돌 가설이나 함정가설과 같은 비정규직 노동의 지위나 기능에 대한 상반된 견해는 비정규 고용을 비정규직 보호규제만이 아니라 정규직에 대한 고용보호와의 관계 속에서 보면 통합적 설명으로 포괄될 수 있다. 가령, 정규직과 비정규직의 처우 차이가 크지 않고 비정규직이 정규직 채용의 통로로 작용하는 노동시장에서는 디딤돌 가설이 적용될 여지가 커질 수 있다. 반면에 정규직과 비정규직의 처우 차이가 큰 상황에서는 함정가설이 현실로 나타날 가능성이 커지고, 노동시장분절이 심화될수록 그 정도가 심해진다.

Bentolila and Dolado(1994)에 따르면, 정규직 고용보호가 강한 상황에서는 임시직 규제 완화가 정규직 중심 내부자의 교섭지위를 강화시켜 정규직의 임금은 상승시키고 교섭에서 배제된 비정규직의 지위는 더욱 하락한다. 정규직의 경우에는 고용지위가 불안정한 임시직이 실업위험에 대한 완충 작용을 하기 때문에 고용주와의 임금교섭에서 지위가 더욱 강해져 높은 임금을 얻게 되는 것이다. 반면에 비정규직은 낮은 수준의 고용보호로 인해 고용주와의 교섭에 강력하게 참여하기가 어렵다. 결국 정규직과 비정규직의 고용보호규제에서의 격차는 이러한 비정규 고용의 완충 효과(buffer effect) 등을 통해 임금 등의 보상에서 격차를 확대시키는 방향으로 작용한다. 또한 정규직과 비정규직의 해고비용 차이 증대는 비정규직을 정규직으로 전환하는 생산성 기준을 높여 비정규직의 정규직 전환보다는 계약해지 가능성을 높인다(Blanchard and Landier, 2002). 고용주에게는 생산성이 비교적 높은 임시직 근로자의 경우에도 이들을 정규직으로 전환하여 얻는 생산성 증대보다는 임시직 근로자를 연속적으로 고용하여 얻는 비용절감 효과가 크기 때문이다. 더욱이 정규직과 비정규직의 임금격차가 크다면 비정규 고용의 비용절감 효과가 더욱 커져 비정규직의 정규직 전환 가능성은 더욱 줄어들어 비정규 고용이 함정으로 작용할 가능성이 커진다.

정규직과 비정규직의 보호 격차가 큰 상황에서 비정규 고용이 함정으로 될 수 있는 반면에 그 보호 격차가 크지 않은 상황에서는 비정규 고용이 디딤돌로 기능할 수도 있다. Booth, Francesconi, and Frank(2002)에 따르면, 규제가 약한 영국의 경우 임시직은 정규직에 비해 직업훈련을 받는 경우가 적고 직무만족도도 낮지만[7] 저임금은 낮은 인적자본 때문일 가능성이 크며 정규직으로의 이행이 일어나면서 부분적·전체적으로 지위회복이 이루어진다. 이러한 분석은 정규직과 비정규직의 고용보호규제 격차가 크지 않은 상황에서도 비정규 고용은 근로자 숙련과 만족도를 떨어뜨리는 등의 부작용이 발생하지

7) 고용 지속을 예상하기 어려운 임시직 고용에서는 근로자가 특수적 인적자본(specific human capital)에 투자하거나 고용주가 그러한 훈련을 제공할 유인이 없기 때문에 비정규직은 정규직에 비해 직업훈련을 받는 경우가 적다. 또 비정규 고용이 비자발적으로 이루어지는 경우 만족도가 낮아진다(Booth, Francesconi, and Frank, 2002).

만 비정규직이 정규직으로의 디딤돌로 작용할 수 있음을 시사한다.

보다 폭넓은 노동시장제도적 맥락에서 비정규직의 기능을 보는 견해도 있다. 이행노동시장적 접근이나 유연안정성 전략에서는 유연성과 안정성이 반드시 대립적인 것은 아니며 정책적·제도적 대응에 따라서 비정규직이 디딤돌로 기능할 수 있음을 강조한다. 이행노동시장론(transitional labor market)에서는 시대적 변화 속에서 교육과 고용의 이행, 고용과 실업의 이행, 고용과 가사의 이행 등 노동시장 이행이 빈번해짐을 강조하면서 비정규직 등의 다양한 고용형태가 미국의 저임금 서비스 일자리와 유사한 역할을 하는 것으로 보고 정규직과 비정규직도 이행의 각도에서 바라본다. 이행노동시장론에서는 생애주기적 시각(life course perspective)에서 고용지위의 이행을 바라보고 그 이행을 원활하게 하기 위해서는 생애주기별 이행에 동반하는 위험(risk)을 방지하는 다양한 안정성 대책이 필요함을 제기한다. 이행노동시장 접근에 따른 적절한 기회구조의 보장은 이행 회피를 줄이고 이동성을 높임으로써 개인들에게는 최적의 고용경력 성취를 가능하게 한다. 불안정 고용상태의 함정에 빠지는 것을 막고 상향적 고용이동을 촉진하여 노동시장의 분절화를 방지할 수 있다고 본다(Schmid, 1995; 2006; Muffles, 2008). 이러한 점에서 이행노동시장론은 유연안정성(flexicurity) 전략과 연결된다. 유연안정성 전략에서는 정책적, 제도적 대응에 따라서 비정규직과 같은 다양한 고용형태의 등장 등의 노동시장 유연화가 고용안정성과 공존할 수 있음을 강조한다(Wilthagen, 1998; Wilthagen and Tros, 2004). 변화하는 경제환경에서 고용주와 근로자를 능동화(activate)하여 고용능력에 대한 투자를 촉진하는 제도적 장치가 잘 작동할 경우에는 높은 수준의 이동성과 고용안정성을 동시에 달성할 수 있다는 것이다.

한국의 고용보호와 비정규직

한국은 어떠한가? 한국에서는 1990년대 전반 이래로 기업들이 구조조정을 추진하였고 이를 위한 고용유연화 요구가 본격화되었다. 그 요구는 1990년대 후반 외환위기를 맞이하여 실시된 구조조정을 계기로 정부 정책에 반영된다. 1998년 정부는 외환위기의 대책 중 하나로 노동시장개혁을 추진하여 긴급한 경영상의 이유로 인한 정리해고를 법적으로 허용하였다. 또 파견근로자법의 입법을 통해 그간 금지되었던 파견근로를 허용하였다. 그리고 2007년 새로운 비정규직 관련법안의 통과로 기간제 근로에 대한 규제를 처음으로 도입하고 비정규직 차별 시정조치 등을 마련하여 고용보호규제는 다시 한 번 변화를 겪었다. 이러한 변화의 시기를 거치며 우리나라에서는 비정규직 고용이 매우 빠르게 증가하여 OECD 회원국 중 비정규직의 규모가 가장 큰 국가들 중 하나가 되었다. 우리나라 노사정위원회의 정의에 따라 외환위기 이후 비정규직 규모의 변화 추이를 보면, 2002년 27.4%였던 비정규직의 비율이 2004년 37.0%로 크게 증가하였다. 2004년 이후 최근까지는 비정규직 비율이 다소 감소하긴 하였지만 여전히 34%가 넘는 임금근로자가 비정규직인 것으로 나타났다. 임금근로자 3명 중에 1명은 비정규직인 것이다. 한국에서의 비정규직 고용은 증가가 너무 빠르고 규모도 너무 커서 사회양극화의 주범으로 지목되는 등 서구의 경우보다 더욱 심각한 우려가 제기되고 있다.

한국에서의 고용보호규제를 둘러싼 논의는 비정규 고용에 초점을 맞추어 진행되었다. 비정규직의 급속한 증대의 원인을 규명하려는 연구가 초기부터 가장 큰 쟁점으로 등장하였고, 비정규직의 정의나 규모를 둘러싼 논쟁이 그 출발이 되었다(안주엽 외, 2001; 2002; 2003). 여기에는 한국에서는 서구의 비정규직과 같은 임시직 근로자 이외에도 형식상 정규직으로 보이지만 열악한 처우를 받는 취약근로자 계층이 광범하게 존재한다는 점이 논의를 복잡하게 하였다. 또 용역, 도급 등 다양한 간접고용형태의 비전형 근로자들이 존재하며, 최근에 법원에서 불법파견으로 판정된 사내하도급 근로가 광범하게 존재한다는 점 등이 계속 쟁점이 되었다(은수미 · 이병희 · 박제성, 2011). 비정규직 급증의 원인과 관련해서는 노동공급 측면보다는 노동수요 측면의 변화가 강조되었다. 임금, 부가급여 등의 복지혜택, 해고비용 등에서 정규직과 비정규직의 노동비용 차이가 커서 기업의 노동수요가 비정규직 중심으로 확대되었다는 설명이다. 이는 기업들이 비정규 고용을 활용하는 이유로 인건비 절감과 고용조정의 용이함을 들고 있다는 데에서 확인된다(안주엽 외, 2001; 2003). 많은 연구들에서는 기업의 수요나 인사관리 전략, 노동조합 등 기업 단위의 노동수요를 중심으로 분석이 이루어졌다(장지연 외, 2008; 이에 대해서는 3장의 논의를 참조).

국내 연구에서는 비정규 고용 증가 원인에 대한 검토 이외에도 비정규직이 임금이나 부가급여, 복지혜택 등에서 정규직에 비해 크게 낮은 수준이고 직무만족도도 낮은 실태가 쟁점으로 등장하면서 정규직과 비정규직의 차별 여부를 중심으로 그 원인을 밝히려는 분석들이 진행되었다. 그러나 아직까지 정규직과 비정규직의 임금격차 등의 추정치에서는 상당한 차이가 나타나고 있다(최근의 분석으로는 이인재 · 김태기, 2009; 홍민기, 2010). 또한 이와 밀접하게 관련을 갖는 문제로 비정규 고용이 정규 고용으로의 디딤돌로 작용하는지, 아니면 함정이 되는지를 밝히는 노력도 지속되고 있다. 다수의 연구는 한국에서 비정규 고용이 함정으로 작용하고 있을 가능성을 시사하며 비정규 고용의 증가로 노동시장 분절화가 고착되고 있다는 우려도 제기된다(최근 연구로는 김용성(2009)을 보라).

국내 연구에서 흥미로운 점은 외환위기를 계기로 한 고용보호규제 변화가 비정규직을 확산시켰다는 여론과는 달리 기존의 비정규직 연구에서는 노동시장의 수요와 공급 요인에 대한 논의가 많으며, 고용보호규제 완화의 효과 등 제도나 정책 요인의 영향이 중요하게 분석되지 않았다는 것이다. 고용보호규제의 효과가 연구의 관심으로 부상한 것은 2007년 비정규직 보호입법의 영향에 대한 논의가 이루어지면서이다. 또한 국내 연구에서는 고용보호규제나 비정규직 제한 완화가 실업이나 고용에 미치는 영향에 대한 관심이 크지 않았다. 이는 서구와는 달리 한국에서는 실업이 주요한 문제로 지속된 적이 없었고 고용보호완화가 실업 대책으로 등장한 것도 아니었기 때문인 것으로 보인다. 그러나 최근 고용의 정체가 쟁점으로 등장하면서 상황은 변화하고 있다. 특히 기간제 근로계약의 최대기간을 2년으로 제한한 2007년 입법으로 2009년 실업대란이 발생한다는 논란이 커지면서, 비정규직 활용에 대한 규제가 고용에 부정적인 영향을 미쳤는지에 대한 분석이 연구의 중심 문제로 부상하였다(유경준・강창희, 2009; 남재량・박기성, 2010; 이병희, 2011). 이러한 변화에도 불구하고 한국에서의 고용보호규제와 관련된 연구에서는 비정규직이 사회적 갈등요인으로 등장할 만큼 급증한 원인을 밝히는 것이 가장 중요한 분석과제로 남아 있다.

한국의 비정규직 급증, 그 원인은?

1990년대 후반 이래 우리나라 비정규 고용 증가의 원인에 대해서는 몇 가지 가설이 존재한다. 우선 비정규 고용 증가를 1997년 외환위기 이후 한국의 신자유주의적 개혁의 흐름 속에서 기업들이 고용유연화를 강력하게 추구한 결과로 보는 입장이 있다(노중기, 2008; 배규식 외, 2008). 이러한 신자유주의론은 지난 10여 년간 경제전반과 노동시장에서 규제가 완화되는 방향으로 진행된 변화를 강조한다는 점에서 설득력을 가진다. 그러나 신자유주의론은 기업의 고용유연화가 비정규직 보호규제 완화 중심으로 이루어지고 정규직 고용보호규제에서는 큰 변화가 이루어지지 않은 선택적 방식으로 이루어졌다는 점을 설명하지는 못한다. 이런 점에서 정이환(2008)은 우리나라에서 기업의 고용유연화 추구와 비정규 고용 증가 현상을 연결시키기 위해서는 노동시장분절론이나 기업내부노동시장론의 설명을 고려할 필요가 있음을 지적한다. 한국에서는 일본처럼 기업내부노동시장이 강력하여, 기업이 내부노동시장의 고용 확대를 우회하여 비정규 고용을 확대하는 방식의 유연화를 추진하게 되었다는 것이다. 실제 외환위기 이후에도 기업내부노동시장이 유지되고 있다는 지적이 있고, 내부노동시장의 존재 때문에 기업은 신자유주의적 노동유연화를 기업의 외부노동시장 확대를 통해 추구하고 있다는 것이다(김영미 · 한준, 2008; 류기락, 2009; 정이환, 2008).

본 연구에서도 우리나라의 고용유연화가 영미식의 무차별적인 고용보호완화가 아니라 정규직 고용보호규제와 관행이 강력한 상태에서 미약한 비정규직 규제를 병존시키는 방식으로 이루어졌음에 주목한다. 이러한 선별적 보호규제 완화는 한국의 특수한 현상이라기보다는 많은 유럽 국가들에서도 공통적으로 나타난 현상이다. 유럽, 특히 대륙의 유럽 국가들에서는 1980년대 이래로 대다수 국가들이 정규직에 대한 보호규제는 대체로 유지하면서 비정규직 보호는 완화하는 방식으로 고용유연화를 추진하였고 이에 따라 비정규 고용 증가 현상이 나타난다. 이와 반대로 영미계열의 국가들에서는 노동시장규제가 발달하지 않아 고용보호가 미약하였고 비정규직에 대한 규제도 미약하였지만 비정규직 고용의 규모는 작은 수준에서 큰 변화를 보이지 않고 있다. 이러한 영미 국가의 경험을 볼 때, 비정규직 규제가 미약하다고 해서 비정규직의 증가가 항상 나타난다고 보기는 어렵다. 유럽 국가들에서처럼 정규직에 대한 고용보호가 엄격한 상황에서 비정규직 규제가 완화될 때 비정규직 증가가 나타나는 것이다. 이러한 관찰로부터 정규직과 비정규직에 대한 고용보호에서의 격차가 클수록 비정규직이 증가하게 된다는 추론을 할 수 있다.

비정규직 고용의 증가가 정규직과 비정규직에 대한 고용보호의 격차와 관련된다는 사실은 서구의 이론과 경험적 분석에서 제기되었다(Bentolila, Cahuc, Dolado and Barbanchon, 2010; OECD, 2004). 앞에서 고용보호규제와 실업의 관계에 대해 논의한 바와 같이, 정규직에 대한 고용보호규제는 유지한 상태에서 비정규 고용 제한을 완화하는 부분적 개혁이 실업에 어떤 영향을 미치는지는 모호하지만 비정규 고용을 늘리는 효과를 갖는다는 점은 분명하다. 부분적 개혁은 비정규 일자리의 비용을 낮추어 그 일자리의 창출을 돕지만, 동시에 비정규직과 정규직의 해고비용 격차 증대로 비정규직의 정규직으로의 전환 비용을 늘려 고용주가 비정규직을 연속적으로 사용할 인센티브를 강화시킨다(Blanchard and Landier, 2002; Cahuc and Postel-Vinay, 2002). 요컨대, 정규직과 비정규직 고용보호에서의 상대적 차이가 고용주들이 비정규직 고용을 촉진하고 정규직 고용을 회피하게 하는 인센티브로 작용하여 비정규 고용 증대가 나타난다는 것이다. OECD 국가들을 비교·분석한 결과에 따르면, 정규직에 대한 고용보호가 강할수록 비정규직에 대한 규제 완화가 비정규직 고용의 증가로 이어지고 비정규직의 정규직 전환도 제한되는 것으로 나타났다(Bentolila, Cahuc, Dolado and Barbanchon, 2010; OECD, 2004). 이러한 현상은 정규직과 비정규직에 대한 고용보호 격차를 해고비용의 차이를 중심으로 파악하여 설명되었다. 계약기간이 제한되어 있는 비정규직의 경우 해고비용이 거의 없지만, 제한된 계약기간이 없는 정규직의 경우에는 고용보호규제의 강도에 비례하여 해고비용이 증가하는 것으로 볼 수 있다. 따라서 기업은 해고비용이 큰 정규직보다는 비정규직 고용을 선호하게 된다.

이러한 가설이 우리나라에도 적용될 수 있을까? 2000년대에 우리나라 비정규직의 규모와 그 증가속도는 OECD 회원국 중 가장 높은 수준이었고, 위의 가설에 따르면 정규직과 비정규직 고용보호의 격차 또한 매우 클 것으로 기대된다. 국제비교적 시각에서 보았을 때 1990년대 후반 이후 우리나라의 정규직 보호는 OECD 회원국 평균 수준보다 다소 강하고 비정규직 보호는 평균보다 약한 편이다. 특히 2007년 규제 도입 이전까지 파견근로에 대한 규제만 존재하고 기간제 근로에 대해서는 규제가 전무하였고 외환위기부터 이 시기까지 기간제 근로가 급증하였다는 점에서 정규직과 비정규직 보호 격차의 가설이 적용될 여지가 있다(Grubb, Lee and Tergeist, 2007). 이러한 점에서 정규직과 비정규직 보호 격차를 줄이는 것이 현재 비정규 고용 증가에 대한 기본 대책이 되어야 한다. 서구에서는 현재의 정규직과 비정규직의 이중적 근로계약 체계(two-tier labor contract system)를 연공수준(seniority)에 따라 증가하는 해고수당 중심의 단일 보호체계로 개편하는 방안이 제기되고 있다(Bentolila, Cahuc, Dolado and Barbanchon, 2010). 우리도 장기적으로는 정규직에 대한 보호체계를 합리화하고 현재의 비정규직을 이러한 보호체계 내로 통합하는 단일 근로계약 체계를 추구해야 한다.

그런데 정규직과 비정규직 보호 격차가 국제적으로 가장 높은 수준인 우리나라 비정규직 규모를 설명할 정도로 큰 것인지는 확실하지 않다. 본 연구에서는 '정규직과 비정규직의 고용보호 격차가 비정규직 고용을 증가시킨다'는 가설만으로는 우리나라의 비정규 고용 급증을 설명하기에는 충분하지 않은 것으로 본다. 한국에서 비정규직 급증을 설명하기 위해서는 정규직과 비정규직 고용의 차이를 고용보호보다 확대된 개념으로 이해할 필요가 있다. 해고비용만이 아니라 채용과 유지를 포함하는 고용비용의 관점에서 정규직과 비정규직의 차이를 바라볼 필요가 있다.

이러한 맥락에서 1990년대에 걸쳐 우리나라에서 정규직과 비정규직의 고용비용 격차를 벌린 중요한 변화가 있었음에 주목할 필요가 있다. 우리나라에서 비정규직 고용 증대는 외환위기를 계기로 본격화되었지만, 1980년대 후반 이래의 노동조합운동의 급증과 대기업 노조 주도의 임금 상승과 기업복지 향상이 이루어진 1990년대 전반기부터 나타나는 현상으로 볼 수 있다. 이 시기 임금 상승 등은 주로 정규직에 한정된 것으로 기업의 시각에서는 정규직의 노동비용 상승으로 볼 수 있다. 그리고 이러한 정규직 고용비용 상승에 이어 비정규직 고용 증가 현상이 두드러지게 되었다. 이렇게 정규직과 비정규직의 보호수준 격차를 해고비용뿐 아니라 임금과 복지급여 등을 포함하는 보다 포괄적인 고용비용으로 본다면 우리나라에서 고용형태별 비용격차는 매우 크다고 볼 수 있다. 이러한 고용비용 격차는 기업별 노조가 시장지배적 지위를 가진 대기업 중심으로 발전하여 단체교섭이 기업 단위에서 내부자의 임금인상 중심으로 분산적으로 이루어져 온 것과 관련되어 있다.[8)]

---

8) 서구의 경우 임금 등의 고용비용 격차가 크게 나타나는 중요한 원인으로는 단체교섭의 중앙화(centralization)나 조정(coordination)의 정도가 지적된다(Polavieja, 2006). 교섭이 중앙화되거나 전국적인 조정이 이루어지는 경우나 교섭이 기업 단위에서

이러한 이유로 본 연구에서는 우리나라에서 비정규직 고용의 유발 요인을 규명하기 위해서는 '정규직과 비정규직 사이의 고용보호의 격차'에 대한 논의를 더욱 확대해서 이해해야 한다고 본다. 정규직과 비정규직 고용의 거래비용(transaction cost)을 해고비용뿐 아니라 임금과 부가적 복지급여 등을 포함한 총노동비용으로 이해하여야 하며, 이를 포함한 정규직과 비정규직의 고용비용 격차가 비정규 고용의 증가와 관련되는 것으로 보는 것이다.

특히 이러한 고용비용의 차이는 해고비용이나 노동비용의 격차만이 아니라 정규직과 비정규직 노동자의 숙련 수준, 생산성 수준의 차이를 같이 고려하여 추정되어야 한다. 정규직에 대한 고용보호나 임금, 부가급여 수준이 유사한 경우이더라도 근로자들의 생산성이나 숙련수준이 그에 상응하는 수준으로 높은 경우도 있고 그렇지 않은 경우도 있을 것이다. 이 두 경우에는 정규직 고용 비용이 명목적으로는 유사해 보여도 실질적으로는 차이가 있고, 그에 따라 고용주가 갖는 정규직과 비정규직 고용의 인센티브도 달라진다. 기업이 노동유연화를 추진한 데에는 1987년 이후 노동조합의 요구에 의해 단기간에 확산된 내부노동시장의 비효율성이 작용하였다는 지적은 우리나라 정규직의 고용비용과 숙련수준 사이의 조응수준이 떨어졌음을 시사한다(노용진·원인성, 2003; 정건화, 2003). 숙련수준과 노동비용을 통합적으로 고려하는 것은 향후 고용보호규제 정책에 대한 함의를 도출할

이루어지는 경우에는 과도한 임금 인상의 영향이 쉽게 교정, 통제되는 것으로 알려져 있다. 반면에 조정이 이루어지지 않는 방식으로 이루어지는 단체교섭은 고용에 미치는 파급효과가 쉽게 분별되지 않아 과도한 임금인상 등도 수용되는 정도가 높다(Calmfors and Driffill, 1988). 더욱이 분산된 단체교섭은 교섭의 내용이 고용보다는 임금에 집중되며 그 혜택은 내부자(insider)에게 제한되는 경향이 크다. 이러한 배제적 단체교섭이 지배하는 나라에서는 비정규 고용의 상대적 비용이 매우 낮아 비정규 고용 제한의 완화가 비정규 급증으로 이어질 수 있다(Polavieja, 2006).

때에도 중요하다. 숙련수준의 차이를 고려하게 되면, 정규직과 비정규직 고용비용의 격차가 비정규직의 급속한 확산에 기여했다는 진단이 정규직의 고용비용을 비정규직 수준으로 하향평준화해야 한다는 결론으로 직결되지는 않는다. 이와는 달리 정규직의 숙련수준을 강화하여 비효율을 해소하고 동시에 비정규직의 숙련수준을 높이기 위한 정책방안을 마련하여 상향평준화하는 것이 더 적극적으로 모색될 수 있다.

비정규 고용 증가와 사회정책

노동시장 산물에 영향을 미치는 요인은 다양하다. 고용보호규제만이 아니라 실업급여(소극적 노동시장정책)와 적극적 노동시장정책 등의 사회정책이 다양한 노동시장산물에 영향을 미치는 중요한 요인으로 지적되어 왔다. 본 연구에서는 실업급여와 적극적 노동시장정책 등의 사회정책 발전정도가 비정규 고용에 영향을 미치는 중요한 요인으로 고려되어야 한다고 본다.

고용보호제도는 실업 등 노동시장 변동에 대하여 근로자의 소득을 보호하는 기능을 한다(Pissarides, 2001). 근로자 실직 시 소득을 지원하는 실업급여는 이러한 고용보호제도의 소득보장기능과 기능적 대체관계에 있는 것으로 볼 수 있다. 가령 실업급여의 수준이 높고 급여기간이 길면 해고수당이나 해고예고기간이 감소해도 근로자에게는 금전적 손해가 발생하지 않기 때문이다. 또한 적극적 노동시장정책(active labor market policy)은 근로자의 (재)취업 가능성을 높여 고용안정성(employment security)에 기여하고, 따라서 고용보호의 주 기능인 직업안정성(job security)과 기능적 대체관계에 있다. 가령 적극적 노동시장정책이 발달하여 있다면 실업을 당하여도 재취업을 하기가 용이하여 고용안정을 기할 수 있으므로 고용보호제도를 통한 직업안정의 필요성은 줄어든다.

실업급여와 적극적 노동시장정책은 고용보호규제에 비해 취약계층 근로자의 지위를 향상시키고 임시직 고용의 질과 규모를 개선하는 영향을 미칠 수 있다. 실업급여는 고용보호규제보다 실업 시의 소득안정기능이 우월하고, 임시직 등 고용보호에서 제외된 대상도 지원을 받을 수 있다는 장점을 가진다. 실업급여는 실직 시 소득안정 효과를 통해 취약 노동자의 유보임금(reservation wage)을 높여 일자리 질이 좋지 않은 임시직 고용에 대한 노동공급을 제한하여 임시직 고용의 질을 개선하고 임시직 고용의 증가를 제한할 것으로 보인다. 또 정규직에 대해 직업안정과 직업훈련기회를 우선 제공하는 고용보호규제에 비해 적극적 노동시장정책은 취약계층에 대한 훈련제공을 우선하므로 비정규직 노동자가 겪는 노동시장에서의 불리함을 줄이는 데 효과적이다. 이렇게 적극적 노동시장정책은 임시직 근로자의 생산성을 높이고 안정적 일자리로의 취업 가능성을 높여 임시직 고용의 질을 개선하고 더 나아가 임시직 고용의 규모를 줄일 가능성이 있다.

본 연구는 비정규직 고용의 증가 원인을 고용보호는 물론 실업급여, 적극적 노동시장정책 발전정도와 관련지어 규명할 때, 각국에서 이들 제도의 관계양상이 몇 가지 유형으로 대표될 수 있음에 주목한다. 자유시장경제와 조정시장경제를 구분하는 자본주의 다양성(Varieties of Capitalism) 이론(Estevez-Abe, Iversen and Soskice, 2001; Iversen, 2005)이나 사회정책의 발전양상의 차이를 자유주의, 사회민주주의, 보수주의 등으로 구분하는 Esping-Andersen(1990; 1999)의 복지체제 유형화 논의를 출발점으로 유형화를 시도한다. 그 결과 정규직 고용보호가 낮은 수준이며 실업급여, 적극적 노동시장정책이 전체적으로 발전되지 않고 비정규직 고용 증가도 두드러지지 않지만 고용의 질이 낮은 영미계열의 자유주의 유형, 실업급여와 적극적 노동시장정책이 고용안정의 주된 제도적 장치로 정착한 북구 사회민주주의 유형, 정규직 고용보호가 비교적 강하나 실업급여 등의 사회정책이 발달하여 비정규직 고용 문제가 심각한 수준으로 악화되지는 않는 유럽형이 나타난다. 이들 서구의 대표적 유형 이외에 사회정책의 발달이 낮은 수준이고 고용보호규제가 엄격하게 유지되는 남유럽 국가들, 기업별 노조나 연공급과 기업복지 등 기업 기반으로 고용안정과 복지제공이 이루어지고 사회정책이 발달하지 않은 일본과 한국 등의 동아시아 국가들이 존재한다.

이러한 고용보호와 사회정책의 결합유형에 따라 비정규 고용의 규모와 질이 다른 모습을 보일 수 있다. 사회정책의 발전수준이 높을수록 고용보호규제의 강도가 낮아져 비정규 고용의 규모가 작고 고용의 질이 개선될 것이다. 또 사회정책의 발전수준이 높으면 엄격한 고용보호규제로 인한 비정규 고용의 문제를 완화할 가능성도 있다. 반면에 사회정책의 발전 수준이 낮고 고용보호규제가 엄격하면 비정규 고용의 규모가 한층 크고 질도 악화될 가능성이 있다. 요컨대, 고용보호규제로 인해 나타날 수 있는 비정규 고용의 부정적 양상이 사회정책 발전수준에 따라 달라질 수 있다.

이러한 분석에 입각하여 우리나라 비정규직 고용 증가를 고용보호와 함께 실업급여 등 사회정책 발전과의 관련 속에서 설명할 수 있다. 본 연구는 우리나라에서는 비정규 고용의 규모가 크고 고용의 질이 낮은 것은 정규직 고용보호가 엄격하지만 기간제 비정규 고용의 규제가 미약한 데 일차적인 원인이 있다고 본다. 더욱이 기업별 노조와 연공급 임금체계, 기업복지의 발전으로 정규직과 비정규직의 고용비용 격차가 큰 것이 비정규 고용 문제를 한층 악화시켰다고 본다. 아울러 사회정책의 미발달로 고용보호규제가 비정규 고용에 미치는 부정적 영향이 완충될 여지가 없어진 것으로 본다.

본 연구의 분석이 보여주는 것

본 연구는 이러한 관점에서 우리나라 비정규직의 실태, 발생원인과 결과 등에 대한 분석을 진행하고자 한다. 그런데 분석의 대상이 되는 비정규직이 무엇을 말하는 것인지를 정하는 것도 쉽지 않다. 우리나라에서는 1997년 외환위기 이후 비정규직의 개념 및 범위를 둘러싼 논쟁이 지속되다가 2002년 7월 노사정위원회 비정규특별위원회에서 대체적인 합의를 이루게 되었다. 이에 따르면, 비정규직 근로자는 각각의 개별적 고용형태에 따라 분류할 수 있으며, 고용계약기간, 근로제공의 방식, 고용의 지속성, 근로시간 등 국제적 기준과 아울러 우리나라 특성을 고려하는 다차원적인 기준에 의거하여 파악되어야 한다. 이러한 고려에 따라 우리나라 비정규직 근로자는 한시적 근로자, 단시간 근로자, 그리고 파견 · 용역 · 호출 등의 비전형 근로자로 구성되는 것으로 정의되었다. 그리고 이러한 비정규직 근로자 이외에 우리나라 노동시장의 특성상 위의 범주에는 포함되지 않으나 고용이 불안정하고 근로기준법상의 보호나 각종 사회보험 혜택에서 누락되어 사회적 보호가 필요한 '취약근로자'가 광범위하게 존재한다는 점이 지적되었다. 이러한 이유로 취약근로자를 비정규직 근로자에 포함시켜 검토하는 경우도 많다. 본 연구에서는 우리나라에서의 비정규직 발생 원인과 결과를 분석하는 경우에는 이러한 비정규직 정의에 따라 분석을 진행한다.

국제적으로 볼 경우에는 정규직 노동과 구분되는 형태로서 임시직 노동과 파트타임 노동이 주로 주목된다. 특히 본 연구의 분석에서는 둘 중 주로 임시직 노동에 초점을 맞추어 분석을 진행한다. 여기서 임시직 근로 개념은 OECD의 정의를 따르는 것으로 우리나라에서 주로 사용하는 한시적 근로자 개념과 다소 차이가 있다. OECD는 임시직 노동을 장기적으로 고용 지속 전망이 없는 노동으로 정의하며, 여기에는 고용계약기간이 정해진 기간제 근로자와 비자발성이나 비경제적인 이유로 계속적 고용을 기대하기 어려운 경우를 포함하는 우리나라의 한시적 근로자가 포함된다. 그러나 임시직 노동의 개념에는 우리나라에서 흔히 비전형 근로로 포괄하는 파견노동과 호출노동도 포함된다(Grubb et al., 2007). 본 연구에서 국제비교를 수행하는 분석에서는 임시직 정의 등에서 이러한 국제적 관행을 따른다.

우리나라에서 비정규직으로 분류하는 대표적 고용형태인 파트타임과 임시직은 고용안정성이나 보상수준 등에서 전일제의 정규직 근로와 구별된다는 공통성을 가지고 있다. 그러나 한편으로는 파트타임 근로와 임시직 근로(temporary employment)는 성격이나 관련 요인들이 상당히 다른 것으로 논의되기도 한다. 비정규직 증가의 거시적 요인으로는 세계화, 탈산업화, 기술 변화, 노동시장의 '여성화' 등이 지적되는데, 이 중 파트타임 노동의 증가는 주로 여성의 경제적 독립성 증가와 무급가사노동의 시장노동 전환과 관련을 갖는 것으로 논의된다. 반면에 임시직 노동의 증가는 주로 비용경쟁과 산업구조 변화로 인해 나타나는 현상으로 받아들여진다(Schmid, 2010). 특히 우리나라에서는 비정규직의 다수가 임시직 근로자로 이루어져 있고 그 규모가 매우 커서 분석의 의의가 크다. 2011년 OECD 국가들의 임금근로자 대비 임시직 근로자의 비율은 평균 12.0%인 것에 비해, 우리나라의 임시직 근로자 비율은 23.8%로 OECD 국가 평균의 2배에 달하는 것으로 나타났다.

본 연구는 이러한 관점에서 몇 가지 연구문제들에 대한 해답을 찾고자 한다. 먼저 2장에서 비정규직의 규모와 실태를 살펴본다. OECD 회원국의 상황을 중심으로 국제비교적인 시각에서 실태를 살펴보고 우리나라 비정규직의 현황에 대해서 검토한다. 한국은 다른 선진국가들에 비해 비정규직의 규모가 매우 크고 고용의 질이 낮은 것으로 알려져 있는 바, 2장의 분석 결과는 이에 대한 판단근거를 제공해준다.

3장에서는 우리나라 비정규직 고용 증가의 원인을 탐색한다. 특히 그 원인을 기업 단위의 고용보호와 노사 관계적 차원에 초점을 맞추어 온 그간의 연구에서 나아가 임금과 부가적 복지급여, 사회보호를 포괄하는 노동비용 요소가 비정규직 증가에 어떻게 관련되는지를 분석한다. 분석 결과는 산업별 임금격차, 부가급여, 사회보험가입률 격차와 사업체 비정규직 비율 사이에 나타나는 흥미로운 관련 양상을 보여준다. 4장에서는 비정규직 증가가 소득불평등과 빈곤 등의 분배문제에 미치는 영향을 살펴본다. 비정규직 근로자와 정규직 근로자 사이에는 임금 등에서 보상의 차이가 존재하고 이것이 비정규 근로자의 빈곤위험을 높이고 소득불평등을 심화시키는 것으로 알려져 왔다. 비정규직 근로자의 빈곤율은 정규직에 비해 어느 정도 차이를 보이는지, 비정규직 중에서는 어느 유형이 빈곤율이 높은지를 보여준다. 또 Oaxaca 분해를 통해서 정규직과 비정규직의 임금격차 중에서 차별로 설명될 수 있는 정도가 어느 정도인지를 보여준다.

5장에서는 국제비교적 시각에서 비정규 고용과 사회정책의 관련을 분석한다는 점에서 3장과 4장의 국내 자료의 분석과 차이가 있다. 고용보호와 실업급여, 적극적 노동시장정책 등의 사회정책이 비정규 고용과 어떠한 관련을 보이는지 OECD 회원국을 중심으로 국제비교적 분석을 한다. 그리고 1990년대 이래의 국내외의 고용보호규제, 임금과 복지급여의 변화 추이, 사회정책 변화의 분석을 통해 이 변화들과 비정규 고용 증가의 관련을 규명한다. 분석의 성격상 양적 분석은 기초적인 수준으로 이루어지고 주로 역사적, 국제비교적인 차원의 질적 분석을 통해 3장과 4장의 분석을 보완한다.

제2장 비정규직 고용 문제의 실태

이원진

1. 비정규직 실태의 국제비교
2. 우리나라 비정규직의 규모와 실태

제 2 장 비정규직 고용 문제의 실태

1. 비정규직 실태의 국제비교

본 절에서는 OECD 국가들을 중심으로 비정규직의 실태를 국제비교 관점에서 살펴본다. 국제비교에서 분석되는 비정규직 고용의 대표적 범주는 파트타임과 임시직이다. 파트타임과 임시직은 모두 정규직에 비해 불리한 위치에 있다고 볼 수 있지만, 파트타임 노동은 개인의 일과 가정, 교육의 양립을 가능하게 하여 경제활동참여를 촉진하는 순기능이 상대적으로 강조되는 반면(Schmid, 2010), 임시직 노동은 고용불안정과 저임금 등으로 인한 역기능이 상대적으로 강조된다. 그리고 각국에서 파트타임과 임시직은 규모나 발전양상에서 차이를 보인다. 이러한 사실은 비정규직 문제에 대한 국제비교에서는 파트타임과 임시직을 명확히 구분해야 할 필요가 있음을 보여준다. 따라서 본 절에서는 파트타임과 임시직을 구분하여 국제비교 관점에서 그 실태를 검토한다.

1) 임시직 고용의 실태

1장에서 논의했듯이, 임시직 노동은 장기적으로 고용 지속 전망이 없는 노동으로 정의된다. 본 절에서 주로 살펴볼 OECD의 자료에서 임시직 노동(temporary employment)은 기간제(fixed-term contracts), 파견(temporary agency work), 계절근로(seasonal work), 호출(on-call work) 등 고용이 지속적으로 유지될 전망이 없는 다양한 고용형태를 포괄한다. 이러한 정의는 국제적으로 통용되는 것으로, Eurostat(유럽통계국) 역시 OECD와 마찬가지로 고용의 한시성을 기준으로 임시직을 정의한다(장신철, 2011: 41).

〈표 2-1〉에는 OECD 국가들의 임금근로자 대비 임시직 근로자 비율의 추이를 제시하였다. 1970년대 후반 이후 실업이 크게 증가하면서 많은 유럽 국가들은 실업에 대처하는 한 방편으로 임시직 고용을 통해 노동시장 유연성을 증대시켜 왔는데, 표를 통해 이러한 추이를 확인할 수 있다. 임금근로자 중 임시직 근로자가 차지하는 비율은 OECD 평균 1983년 9.3%에서 2007년 12.2%로 꾸준히 증가해 왔다. 한편 2007년 이후에는 임시직 고용의 비율이 소폭 감소하였는데, 이는 2008년 경제위기 이후 기업들이 임시직 고용을 축소함으로써 수요충격에 탄력적으로 대응하기 때문일 가능성이 있다(장신철, 2011: 40).

이처럼 평균적으로는 OECD 국가들의 임시직 규모가 증가해 왔지만 국가 간 차이도 크게 나타난다. 2000년대 중반 이후 임시직 고용의 비율을 횡단적으로 살펴보면, 포르투갈, 스페인과 같은 남유럽 국가들과 한국은 임시직 비율이 20%를 넘는 반면, 미국, 호주, 영국 등 영미권 국가들은 약 4~6% 수준으로 상당히 낮고, 그 외 유럽대륙과 북유럽 국가들과 일본이 그 중간에 분포하고 있음이 확인된다.

〈표 2-1〉 전체 임금근로자(dependent employment) 중 임시직 근로자의 비율

(단위: %)

	1983	1987	1991	1995	1999	2001	2003	2005	2007	2009	2011
호주	–	–	–	–	4.6[1)]	4.8	4.3[2)]	5.2[3)]	–	–	–
오스트리아	–	–	–	6.0	7.9	8.0	7.2	9.1	8.9	9.1	9.6
벨기에	5.4	5.6	5.1	5.3	10.3	8.8	8.4	8.9	8.7	8.2	9.0
캐나다	–	–	–	–	12.0	12.8	12.4	13.2	13.0	12.5	13.7
체코	–	–	–	9.3	8.7	9.0	9.9	8.6	8.6	8.5	8.5
덴마크	–	11.1	11.9	12.1	10.2	9.4	9.3	9.8	9.1	8.7	8.8
핀란드	–	–	–	–	16.9	16.4	16.4	16.6	16.0	14.6	15.7
프랑스	3.3	7.1	10.2	12.3	14.0	14.9	13.6	13.9	15.1	14.3	15.3
독일	–	11.6	10.1	10.4	13.1	12.4	12.2	14.2	14.6	14.5	14.7
그리스	16.2	16.6	14.7	10.2	12.9	12.9	11.2	11.8	10.9	12.1	11.6
헝가리	–	–	–	–	6.2	7.5	7.5	7.0	7.3	8.5	8.9
아이슬란드	–	–	14.4	12.7	10.9	9.9	10.7	10.9	12.4	9.7	12.2
아일랜드	6.1	8.6	8.3	10.2	4.9	–	5.2	3.7	8.1	8.6	10.0
이탈리아	6.6	5.4	5.4	7.2	9.8	9.5	9.9	12.3	13.2	12.5	13.4
일본	10.2	10.3	10.4	10.5	11.9	12.8	13.8	14.0	13.9	13.7	13.7
한국	–	–	–	–	–	–	–	27.4	24.7	26.1	23.8
룩셈부르크	3.3	3.5	3.3	–	3.4	4.4	3.1	5.3	6.8	7.2	7.1
멕시코	–	–	–	22.0	20.7	19.6	20.6	–	–	–	–
네덜란드	5.8	9.4	7.7	10.9	12.0	14.3	14.5	15.5	18.1	18.3	18.4
노르웨이	–	–	–	–	10.1	9.3	9.4	9.5	9.5	8.1	7.9
폴란드	–	–	–	–	–	11.7	19.4	25.7	28.2	26.5	27.0
포르투갈	–	16.7	16.4	10.0	18.7	20.3	20.6	19.5	22.4	22.0	22.2
슬로바키아	–	–	–	3.6	3.9	5.0	5.1	5.0	5.1	4.4	6.6
슬로베니아	–	–	–	–	–	–	13.7	17.4	18.5	16.4	18.2
스페인	–	15.6	32.2	35.0	32.7	31.6	31.8	33.3	31.7	25.4	25.3
스웨덴	–	–	–	–	15.9	14.8	14.7	15.8	17.5	15.3	16.4
스위스	–	–	–	–	11.7	11.6	12.1	12.8	12.9	13.3	12.9
터키	–	–	16.2	20.5	22.0	17.4	15.6	11.6	11.9	10.7	12.3
영국	5.5	6.3	5.3	7.0	6.8	6.7	6.1	5.8	5.9	5.7	6.2
미국	–	–	–	5.1	4.5	4.0	–	4.2	–	–	–
에스토니아	–	–	–	–	–	–	2.5	2.7	2.1	2.5	4.5
러시아	–	–	–	–	5.9	7.2	11.9	12.2	12.4	10.6	8.5
OECD 국가	9.3	9.7	10.1	10.6	11.1	11.0	11.3	11.9	12.2	11.8	12.0

주: 호주의 경우 자료가 매년 존재하지 않아 인접한 연도의 값을 제시하였다. 1)은 1998년, 2)는 2004년, 3)은 2006년의 값이다.

자료: stats.oecd.org

이러한 횡단적인 양상은 임시직 노동 규모의 국가 간 차이에 대한 기본적인 정보를 제공해준다.

한편 시간에 따라 임시직 규모가 증가하거나 감소하는 양상도 국가 간에 큰 차이를 보인다. 덴마크, 핀란드, 스웨덴, 노르웨이 등 북유럽 국가들과 미국, 호주, 영국 등 영미권 국가들은 임시직 노동이 별로 증가하지 않은 반면, 이탈리아, 스페인, 포르투갈 등 남유럽 국가들과 오스트리아, 벨기에, 프랑스, 독일, 네덜란드 등 유럽대륙 국가들은 대체로 임시직 노동이 증가해 왔다. 특히 스페인은 일찍부터 임시직 고용이 크게 증가한 대표적인 국가이다. 스페인은 1984년 임시직 사용 규제가 완화된 이후 임시직 비율이 1987년 15.6%에서 1995년 35.0%로 크게 증가하였는데, 1990년대 이후 임시직 문제가 심각해지자 임시직 규제가 다시 강화되면서 2011년 25.3%로 그 비율이 다시 감소하였다. 한편 유럽대륙 국가들은 대체로 1980년대까지는 임시직 비율이 그다지 높은 편이 아니었지만 2000년대 초중반까지 임시직 비율이 증가한 이후 그 비율이 대체로 유지되고 있다. 유럽대륙 국가 중 가장 뚜렷하게 임시직 비율이 증가한 국가는 유연안정성 모델의 대표주자로 거론되는 네덜란드로, 임시직 비율이 1983년에는 5.8%에 불과했으나 2011년에는 18.4%로 크게 증가하였다.

요컨대, 서구국가들의 임시직 규모가 평균적으로 증가해 왔지만 구체적으로 살펴보면 국가별로 상이한 양상이 나타난다. 영미권 국가들은 임시직 비율이 낮을 뿐만 아니라 시간에 따라 그다지 증가하지도 않았다. 유럽대륙 국가들과 북유럽 국가들은 영미권 국가들과 남유럽 국가들의 중간 수준의 임시직 비율을 나타내는데, 유럽대륙 국가들의 임시직 비율은 시간에 따라 증가해 온 반면 북유럽 국가들의 임시직 규모는 그다지 증가하지 않았다. 남유럽 국가들은 임시직 비율이 높을 뿐만 아니라 시간에 따라 대체로 증가해 왔다. 이러한 양상은 노동시장과 복지국가 체제의 특성에 따라 노동시장의 유연화 압력에 대응하는 방식이 서로 다르게 나타났을 가능성을 시사한다. 한편 한국은 2000년대 중후반 현재 스페인, 포르투갈 등 남유럽 국가들과 함께 OECD 국가들 중 임시직 비율이 가장 높은 국가에 속한다. 또한, 〈표 2-1〉의 OECD 통계에서 확인되지는 않지만, 외환위기 이후 2000년대 전반에 임시직 비율이 빠르게 증가한 것으로 알려져 있다.

임시직 고용 문제를 이해하기 위해서는 그 규모와 함께 고용의 질을 함께 살펴보아야 한다. 여러 국가들에서 법과 단체협약을 통해 임시직 근로자들이 상용직 근로자와의 균등대우를 보장받고 있음(정이환, 2006: 110)에도 불구하고, 임시직 고용의 질이 낮기 때문에 임시직의 증가가 빈곤과 불평등의 악화로 이어질 수 있다는 우려가 존재한다. 이하에서는 임시직 일자리의 임금 수준, 상용직으로의 이동 가능성, 일자리 만족도 등을 중심으로 임시직 고용의 질을 살펴본다.

먼저 임시직과 상용직의 임금격차를 살펴보자. 〈표 2-2〉에는 OECD (2002: 143)가 1997년 유럽 13개국의 임시직과 상용직 근로자의 임금격차를 분석한 결과를 제시하였다. 분석된 모든 국가에서 임시직 근로자는 상용직에 비해 평균적으로 낮은 임금을 받고 있었지만, 임금격차의 크기는 국가 간에 큰 차이가 나타났다. 그리스, 포르투갈, 스페인 등의 남유럽 국가들은 임시직의 상대적 임금이 가장 낮은 편에 속했고, 독일, 오스트리아 등 유럽대륙 국가들과 덴마크, 핀란드 등 사민주의 국가들은 임시직의 상대적 임금이 높은 편이었다. 유럽대륙 국가들 중 예외적으로 네덜란드는 임시직의 상대적 임금 수준이 상당히 낮았다. 다양한 개인 및 일자리 특성 변수를 투입한 다변량 회귀분석으로 임시직과 상용직의 구조적 특성 차이를 통제하면 이러

〈표 2-2〉 상용직 대비 임시직 근로자의 임금 수준, 1997년

국가	임금 비	국가	임금 비	국가	임금 비
오스트리아	0.81	독일	0.83	스페인	0.53
벨기에	0.79	그리스	0.67	네덜란드	0.63
덴마크	0.78	아일랜드	0.67	영국	0.74
핀란드	0.77	이탈리아	0.72		
프랑스	0.71	포르투갈	0.65		

주: 임금 비는 임시직 근로자의 평균 시간당 임금을 상용직 근로자의 평균 시간당 임금으로 나눈 값이다.
자료: OECD(2002: 143)

한 임금격차의 크기가 감소하지만, 여전히 모든 국가에서 통계적으로 유의한 수준에서 임시직의 임금이 상용직보다 낮은 것으로 나타났다 (OECD, 2002: 144).

다음으로는 임시직 고용이 상용직으로 이어지는 가교인지 불안정 노동의 함정인지를 판단하기 위해 임시직 노동의 이동성을 살펴보았다. 〈표 2-3〉에는 OECD(2006)가 유럽 국가들에서의 임시직 노동의 이동성을 분석한 결과를 제시하였다. 1998년 임시직 근로자의 2001년 노동시장 지위를 분석한 결과 임시직 근로자의 상당수는 상용직 일자리로 이동하였음이 확인된다. 국가별로 살펴보면 임시직의 상용직으로의 이동 비율이 벨기에, 네덜란드, 오스트리아 등 유럽대륙 국가에서 높았고 포르투갈, 이탈리아, 스페인, 그리스 등 남유럽 국가에서 낮게 나타났다. 한편 이처럼 많은 임시직 근로자가 상용직으로 이동함에도 불구하고 여전히 적지 않은 임시직 근로자가 그대로 임시직에 머무르거나 실업 및 비경제활동 상태로 이동하였는데, 특히 대부분의 국가에서 임시직 근로자가 상용직 근로자에 비해 상대적으로 실업 및 비경제활동 상태로 이동할 확률이 크게 높았다. 따라서 임시직 고용은 가교와 함정의 성격을 동시에 갖고 있는 것으로 판단되는데,

〈표 2-3〉 1998년 상용직/임시직 근로자의 2001년 노동시장 지위 (단위: %)

	1998년 \ 2001년	상용직 (1)	임시직 (2)	실업 (3)	비경제 활동 (4)	비고용 (3)+(4)
오스트리아	상용직	86.6	2.3	3.8	7.4	11.1
	임시직	67.5	22.6	5.3	4.6	9.9
벨기에	상용직	88.0	3.6	2.4	5.9	8.4
	임시직	71.4	23.2	3.6	1.8	5.4
덴마크	상용직	90.2	2.6	2.8	4.3	7.1
	임시직	61.3	20.5	4.7	13.5	18.2
핀란드	상용직	91.2	1.7	2.1	5.1	7.2
	임시직	44.7	30.0	18.0	7.3	25.3
프랑스	상용직	88.6	1.3	2.9	7.2	10.1
	임시직	45.3	30.6	15.7	8.4	24.1
독일	상용직	80.2	7.9	5.0	6.9	11.9
	임시직	60.0	23.5	8.8	7.6	16.4
그리스	상용직	85.1	7.0	3.0	4.9	7.9
	임시직	36.0	47.8	6.3	9.9	16.2
아일랜드	상용직	85.8	4.7	3.2	6.3	9.5
	임시직	66.1	15.8	9.7	8.4	18.2
이탈리아	상용직	89.3	2.8	1.3	6.5	7.8
	임시직	47.2	30.3	10.6	11.9	22.5
룩셈부르크	상용직	90.9	1.9	0.5	6.7	7.2
	임시직	79.7	11.8	1.8	6.7	8.5
네덜란드	상용직	88.5	4.4	1.5	5.7	7.1
	임시직	69.9	17.6	6.7	5.9	12.5
포르투갈	상용직	86.6	4.8	4.2	4.5	8.6
	임시직	55.0	31.3	7.1	6.6	13.7
스페인	상용직	85.3	6.7	3.2	4.8	8.0
	임시직	46.0	37.5	10.0	6.5	16.5
영국	상용직	86.9	1.9	1.3	9.9	11.2
	임시직	63.4	15.1	4.6	16.9	21.5

자료: OECD Employment Outlook 2006, Supplementary material of chapter 5

그중 어떤 성격이 강한지는 국가에 따라 다르게 나타난다.

〈표 2-4〉에서는 OECD(2002: 151)가 임시직 근로자들이 상용직

근로자들에 비해 일자리에 얼마나 만족하는지를 분석한 결과를 제시하였다. 분석된 국가들에서 상용직 대비 임시직의 전반적 일자리 만족도의 평균은 93.9로 나타나 임시직 근로자들이 상용직 근로자들에 비해 일자리에 만족하지 못하는 것으로 나타났지만, 상용직과 임시직의 만족도 격차가 아주 크지는 않았다. 보다 구체적으로 살펴보면, 일자리의 안정성(job security)에 대한 상대적 만족도가 70.5로 가장 낮게 나타났고 임금 만족도는 91.6, 근로조건 만족도는 99.0으로 상대적으로 높게 나타났다. 즉, 임시직 근로자들은 일자리의 불안정성에 큰 불만을 느끼고 있으며 상대적으로 임금이나 근로조건에 대한 불만

〈표 2-4〉 상용직 근로자 대비 임시직 근로자의 상대적 일자리 만족도, 1997년

	전반적 만족도	임금 만족도	일자리 안정성 만족도	근로조건 만족도
오스트리아	96.3	94.9	84.5	99.2
벨기에	100.6	96.0	74.6	105.1
덴마크	98.5	92.0	72.6	96.3
핀란드	101.1	92.4	66.3	101.9
프랑스	95.5	92.8	61.3	102.3
독일	95.1	97.3	82.7	99.0
그리스	76.7	78.9	57.1	80.7
아일랜드	94.4	90.6	64.9	101.4
이탈리아	84.2	84.9	62.1	93.8
룩셈부르크	94.8	96.3	77.9	105.1
포르투갈	91.3	92.6	71.5	98.6
스페인	90.6	89.9	63.6	96.2
네덜란드	98.9	94.7	73.5	107.1
영국	95.9	89.2	74.3	-
평균	93.9	91.6	70.5	99.0

주: 임시직 근로자의 평균 만족도를 상용직 근로자의 평균 만족도로 나눈 비이다. 100이 넘는 값은 임시직 근로자의 만족도가 더 높다는 것을 의미한다.
자료: OECD(2002: 151)

은 그다지 크지 않은 것이다. 하지만 임시직의 만족도 역시 국가에 따라 큰 차이가 나타난다. 핀란드와 벨기에의 경우에는 임시직 근로자의 전반적 만족도가 상용직 근로자에 비해 오히려 더 높은 반면 포르투갈, 스페인, 이탈리아, 그리스 등 남유럽 국가들은 가장 낮은 만족도를 나타내었다.

임시직 노동의 질은 임시직 노동 선택의 비자발성을 통해서도 판단할 수 있다. 〈표 2-5〉에서는 2001년 주요 유럽 국가들의 임시직 근로자의 임시직 선택 이유를 제시하였다. 유럽 15개국 평균을 보면, 연령대를 막론하고 상용직을 원하지 않아서 (자발적으로) 임시직을 선택했다는 응답에 비해 상용직을 구할 수 없어서 (비자발적으로) 임시직을 선택했다는 응답의 비율이 훨씬 높게 나타났다. 특히 25~49세 임시직 근로자의 경우 상용직을 구할 수 없어서 임시직을 선택했다는 응답의 비율이 42.8%로 상당히 높았다. 이러한 결과는 임시직 노동의 비자발적 성격이 비교적 강하다는 사실을 의미한다. 한편 임시직 노동의 자발성 정도에서도 국가 간 차이가 나타나는데, 특히 스페인의 경우 상용직을 구할 수 없어서 임시직을 선택했다는 응답의 비율이 연령대에 따라 70%를 전후로 매우 높게 나타났다.

이상의 분석을 요약하면, 전반적으로 임시직 고용은 상용직에 비해 임금 수준이 낮고 실업이나 비경제활동상태로 이동할 가능성이 높으며, 일자리에 대한 만족도가 낮고 임시직 일자리를 비자발적으로 선택한 경우가 많은 것으로 나타나 상용직에 비해 고용의 질이 상대적으로 낮다고 볼 수 있다. 그 외에도 임시직 근로자들은 짧은 근속기간 등의 이유로 인해 휴가, 연금 등의 복지 혜택 및 직업훈련 혜택의 수준 역시 상용직 근로자에 비해 낮은 것으로 알려져 있다(OECD, 2002). 하지만 이러한 평균적인 경향에도 불구하고 임시직 고용의 질

〈표 2-5〉 임시직 근로자의 임시직 선택 이유, 2001년 (단위: %)

	상용직을 구할 수 없어서	상용직을 원하지 않아서	훈련을 위한 고용계약	수습기간	무응답
EU 15개국					
15~24세	23.9	7.3	37.7	5.8	25.4
25~49세	42.8	4.8	7.8	8.6	36.0
50~64세	40.2	12.5	-	4.8	39.5
독일					
15~24세	3.4	1.5	77.2	5.4	12.5
25~49세	19.6	3.1	15.0	18.8	43.6
50~64세	32.7	3.0	-	9.0	53.8
스페인					
15~24세	69.5	1.1	7.9	2.1	19.5
25~49세	74.8	0.6	1.7	0.8	22.2
50~64세	72.6	(1.6)	-	-	25.5
프랑스					
15~24세	-	-	28.1	5.7	66.2
25~49세	-	-	9.0	7.8	83.2
50~64세	-	-	9.2	7.4	83.4
이탈리아					
15~24세	25.8	4.0	55.5	6.3	8.4
25~49세	51.7	3.3	20.1	3.6	21.4
50~64세	55.6	8.2	8.3	-	26.8
네덜란드					
15~24세	17.1	15.7	-	20.6	46.3
25~49세	28.8	10.4	-	47.4	13.1
50~64세	18.4	22.4	-	24.0	34.9
스웨덴					
15~24세	43.1	31.7	-	16.8	5.6
25~49세	60.8	15.7	-	15.7	7.2
50~64세	62.2	24.6	-	-	-
영국					
15~24세	26.0	32.6	7.8	-	33.5
25~49세	32.7	21.4	5.6	-	40.3
50~64세	24.0	39.3	-	-	34.4

자료: Eurostat, Labor force survey results 2001, 정이환 외(2003: 152) 재인용

이 국가 간에 상당히 다르게 나타나는데, 이는 임시직 고용이 활용되는 방식과 그 결과가 국가 간에 큰 차이가 있음을 시사한다.

2) 파트타임 고용의 실태

다음으로는 파트타임 고용의 실태를 살펴본다. 먼저 〈표 2-6〉에는 OECD 국가들의 전체 근로자 대비 파트타임 근로자 비율의 추이를 제시하였다. 여기서 파트타임 근로자는 주된 일자리에서 주로 주당 30시간 미만 일하는 근로자를 의미한다. 표를 보면 OECD 국가들의 평균 파트타임 비율이 1991년 11.1%에서 2011년 16.5%로 꾸준히 증가하였음이 확인된다. 이처럼 파트타임 고용의 규모 역시 임시직 고용과 마찬가지로 1990년대 이후 2000년대까지 평균적으로 증가하는 추이를 보이고 있지만, 국가별로 살펴보면 상당히 다른 양상이 관찰된다.

임시직 규모와 파트타임 규모를 비교할 때 두드러지는 차이점 중 하나는 포르투갈, 스페인과 같은 남유럽 국가들은 임시직의 규모가 크지만 파트타임의 규모는 비교적 작다는 사실이다. 이 국가들의 경우 1990년대 이후 파트타임 비율이 서서히 증가하고는 있지만 최근까지도 OECD 국가들의 평균 수준에 이르지 못하고 있다. 이처럼 남유럽 국가들의 파트타임 규모가 작은 것은 일정 부분 성별 분업체계의 특징으로 설명될 수 있다. 남유럽 국가들은 여성의 취업보다 가사노동을 장려하는 전통이 강하여 여성의 경제활동참여율이 낮고 여성의 파트타임 취업을 위한 제도도 마련되어 있지 않아 파트타임 고용 비율이 낮게 나타난다(정이환, 2006: 123). 한편 임시직과 같은 다른 형태의 비정규직에 비해 비용과 유연성의 측면에서 고용주가 파트타임

〈표 2-6〉 전체 근로자(total employment) 중 파트타임 근로자의 비율 (단위: %)

	1983	1987	1991	1995	1999	2001	2003	2005	2007	2009	2011
호주	-	-	-	-	-	23.7	24.3	24.0	23.8	24.7	24.7
오스트리아	-	-	-	11.1	12.3	12.4	13.7	16.3	17.3	18.5	18.9
벨기에	9.8	12.5	14.6	14.6	19.9	17.0	18.3	18.5	18.1	18.2	18.8
캐나다	16.8	16.6	18.1	18.8	18.4	18.1	19.0	18.4	18.3	19.3	19.9
칠레	-	-	-	-	4.6	5.6	5.7	7.2	8.0	10.5	17.2
체코	-	-	-	3.4	3.4	3.2	3.2	3.3	3.5	3.9	3.9
덴마크	20.6	19.9	18.7	16.9	15.3	14.7	16.2	17.3	17.3	18.8	19.2
에스토니아	-	-	-	-	-	7.1	7.5	6.7	6.8	8.4	8.8
핀란드	-	-	7.9	8.7	9.9	10.5	11.3	11.2	11.7	12.2	12.7
프랑스	10.3	12.5	12.0	14.2	14.6	13.8	13.0	13.2	13.3	13.3	13.6
독일	13.4	11.0	11.8	14.2	17.1	18.3	19.6	21.5	22.0	21.9	22.1
그리스	7.2	6.5	6.9	7.8	8.0	4.9	5.6	6.4	7.7	8.4	9.0
헝가리	-	-	-	2.8	3.2	2.5	3.2	3.2	2.8	3.6	4.7
아이슬란드	-	-	22.2	22.5	21.2	20.4	16.0	16.4	15.9	17.5	17.0
아일랜드	8.0	9.0	10.4	14.3	17.9	17.9	18.9	19.3	19.8	23.7	25.7
이스라엘	-	-	-	14.5	14.8	15.3	15.3	15.1	14.8	14.8	13.7
이탈리아	8.0	8.5	9.0	10.5	11.8	12.2	11.7	14.6	15.2	15.8	16.7
일본	-	-	-	-	-	-	18.2	18.3	18.9	20.3	20.6
한국	-	-	4.5	4.3	7.7	7.3	7.7	9.0	8.9	9.9	13.5
룩셈부르크	7.3	8.1	8.8	11.3	12.1	13.3	13.3	13.9	13.1	16.4	16.0
멕시코	-	-	-	16.6	13.7	13.7	13.4	16.8	17.6	17.9	18.3
네덜란드	18.5	26.4	28.6	29.4	30.4	33.0	34.5	35.6	35.9	36.7	37.2
뉴질랜드	-	17.4	20.6	20.9	23.0	22.3	22.2	21.6	22.0	22.5	22.0
노르웨이	-	-	22.0	21.4	20.7	20.1	21.0	20.8	20.4	20.4	20.0
폴란드	-	-	-	-	14.0	11.6	11.5	11.7	10.1	8.7	8.3
포르투갈	-	7.4	8.8	8.6	9.4	9.2	9.9	9.4	9.9	9.6	11.5
슬로바키아	-	-	-	2.3	1.8	1.9	2.3	2.6	2.6	3.0	4.0
슬로베니아	-	-	-	-	-	-	5.0	7.4	7.8	8.3	8.6
스페인	-	5.0	4.4	7.0	7.8	7.8	7.8	11.0	10.7	11.9	12.9
스웨덴	-	16.8	14.6	15.1	14.5	13.9	14.1	13.5	14.4	14.6	13.8
스위스	-	-	22.1	22.9	24.8	24.8	25.1	25.1	25.4	26.5	25.9
터키	-	-	11.2	6.4	7.7	6.2	6.0	5.6	8.1	11.1	11.7
영국	18.4	20.8	20.7	22.3	22.9	22.7	23.5	23.0	22.9	23.9	24.6
미국	15.6	14.6	14.7	14.0	13.3	12.8	13.2	12.8	12.6	14.1	12.6
브라질	-	-	-	-	-	16.8	18.0	19.0	18.3	17.8	-
러시아	-	-	-	4.6	8.2	5.2	5.3	5.6	5.1	4.8	4.1
OECD 국가	11.2	11.2	11.1	11.6	12.0	12.0	14.6	15.2	15.4	16.4	16.5

주: 파트타임 근로자는 주된 일자리에서 주로 주당 30시간 미만 일하는 근로자를 의미한다.
자료: stats.oecd.org

고용으로부터 얻을 수 있는 이익이 적다는 점도 스페인과 포르투갈의 낮은 파트타임 비율을 설명하는 하나의 요인이다(Ruivo, González and Varejão, 1998).

영미권 국가들의 경우에는 임시직의 규모가 매우 작지만 파트타임의 규모는 비교적 큰 편이다. 호주와 영국의 경우 파트타임의 비율이 OECD 국가들의 평균을 크게 상회할 뿐만 아니라 시간에 따라서도 증가해 왔다. 미국 역시 1990년대까지는 OECD 국가들의 평균보다 파트타임 비율이 더 높았지만, 다른 국가들과 달리 파트타임 비율이 조금씩 감소하면서 2000년대 이후에는 OECD 국가들의 평균보다 낮은 수준을 유지하고 있다. 이처럼 임시직과 파트타임 규모의 국가 간 차이가 다른 모습으로 나타난다는 사실은 임시직과 파트타임을 서로 다른 고용형태로 이해해야 할 필요성을 잘 보여준다.

독일, 오스트리아, 벨기에, 룩셈부르크, 네덜란드 등 유럽대륙 국가들은 1990년대 이후 최근까지 파트타임 비율이 꾸준히 증가하여 2000년대 후반에 대체로 OECD 국가들의 평균을 상회하는 비율을 나타내고 있다. 특히 네덜란드는 1983년에 이미 파트타임 비율이 18.5%로 상당히 높은 편이었는데 이후 지속적으로 증가하여 2011년에는 37.2%로 파트타임 비율이 가장 높은 국가가 되었다. 한편 스웨덴, 노르웨이, 덴마크와 같은 북유럽 국가들은 대체로 파트타임 비율이 높은 편이지만, 시간에 따라 증가하는 양상은 뚜렷하게 확인되지 않는다. 한국은 파트타임 근로자의 비율이 1991년 4.5%에서 2011년 13.5%로 꾸준히 증가해 왔지만, 여전히 OECD 국가들의 평균에 미치지 못하는 수준이다.

다음으로는 파트타임 고용의 질을 살펴보자. 먼저 〈표 2-7〉에서 2005년 OECD 국가들의 풀타임 근로자 대비 파트타임 근로자의 시

〈표 2-7〉 풀타임 근로자 대비 파트타임 근로자의 시간당 임금 수준, 2005년

	남성	여성	전체		남성	여성	전체
폴란드	0.74	0.82	-	벨기에	0.96	0.90	-
헝가리	0.92	1.00	-	독일	0.88	0.84	-
에스토니아	0.64	0.75	-	영국	0.71	0.69	-
슬로바키아	0.82	0.75	-	핀란드	0.82	0.84	-
포르투갈	1.28	1.07	-	스웨덴	0.85	0.88	-
체코	0.92	0.84	-	덴마크	0.75	0.84	-
뉴질랜드	0.84	0.88	-	오스트리아	0.84	0.90	-
한국	-	-	0.57	호주	0.76	0.88	-
슬로베니아	0.94	-	-	캐나다	-	-	0.65
그리스	0.74	0.80	-	네덜란드	1.20	0.88	-
이탈리아	0.70	0.82	-	아일랜드	0.63	0.75	-
스페인	0.93	0.78	-	미국	-	-	0.55
프랑스	0.92	0.90	-	노르웨이	0.70	0.78	-
일본	0.54	0.70	-	룩셈부르크	0.99	0.95	-

주: 파트타임 근로자의 시간당 평균 임금을 풀타임 근로자의 시간당 평균 임금으로 나눈 값을 의미한다.
자료: OECD(2010: 222)

간당 임금 수준을 살펴보면, 대부분의 국가에서 파트타임 근로자의 임금 수준이 상대적으로 낮다는 사실이 확인된다. 그중에서도 특히 미국, 캐나다, 영국과 같은 영미권 국가들과 한국, 일본의 파트타임 임금 수준이 상당히 낮았다. 파트타임과 풀타임의 임금격차를 분석해 보면, 연령이나 교육수준 등의 개인 특성은 임금격차를 거의 설명하지 못하고 직종·산업·기업규모 등 일자리의 특성이 임금격차를 어느 정도 설명하지만, 전체 임금격차 중 개인 및 일자리의 특성으로 설명되지 않는 부분이 더 크게 나타났다(OECD, 2010: 224).

파트타임 근로자는 풀타임 근로자에 비해 일자리의 안정성(job security)도 상대적으로 낮은 수준이다. 〈표 2-8〉에는 일자리의 안정성을 보여주는 하나의 지표로서 풀타임 근로자 대비 파트타임 근로자의

〈표 2-8〉 풀타임 대비 파트타임 근로자의 상용직(permanent contract) 비율, 2005년

	남성	여성		남성	여성
터키	0.35	0.51	덴마크	0.64	0.86
그리스	0.37	0.58	핀란드	0.72	0.94
아일랜드	0.82	0.61	헝가리	0.59	0.48
스페인	0.38	0.66	슬로바키아	0.12	0.67
영국	0.53	1.00	에스토니아	0.28	0.50
폴란드	0.56	0.74	프랑스	0.72	0.90
포르투갈	0.40	0.31	스웨덴	0.72	0.91
오스트리아	0.79	0.96	독일	0.77	0.91
이탈리아	0.44	0.65	스위스	0.80	1.13
슬로베니아	0.51	0.51	노르웨이	0.77	0.84
체코	0.44	0.46	벨기에	0.92	0.93
네덜란드	0.75	1.06	룩셈부르크	0.88	1.06

자료: OECD(2010: 223)

상용직 비율을 제시하였다. 대부분의 국가에서 파트타임 근로자의 상용직 비율이 풀타임 근로자에 비해 크게 낮았는데, 특히 풀타임과 파트타임의 격차는 여성보다 남성에게서 더 크게 나타나는 경향이 있다. 국가별로 살펴보면 유럽대륙 국가들이나 북유럽 국가들에 비해 그리스, 스페인, 포르투갈, 이탈리아 등 남유럽 국가들에서 풀타임과 파트타임의 격차가 대체로 더 크게 나타났다.

이상에서 살펴본 바와 같이 파트타임 근로자는 풀타임 근로자에 비해 임금과 일자리 안정성 수준이 낮을 뿐만 아니라, 승진 전망, 직업훈련 참여, 노조 가입 등의 측면에서도 대체로 불리한 위치에 있다 (OECD, 2010: 222~223). 하지만 그럼에도 불구하고 파트타임 노동의 자발성과 만족도는 비교적 높은 것으로 알려져 있다. 〈표 2-9〉를 보면, 15개 유럽 국가들에서 파트타임 근로자 중 풀타임 일자리를 원하지 않아서 (자발적으로) 파트타임 일자리에 취업했다는 응답의 비율

〈표 2-9〉 파트타임 근로자의 파트타임 선택 이유, 2001년

(단위: %)

	풀타임 일자리를 구할 수 없어서	풀타임 일자리를 원하지 않아서	교육 또는 훈련 중	질병이나 상해 때문	기타	무응답	아이 등 사람을 돌보느라
EU 15개국	14.8	31.8	10.5	3.0	11.3	2.7	25.9
벨기에	20.0	8.3	1.8	2.4	44.6	-	22.9
덴마크	13.6	50.9	31.9	3.1	-	-	-
독일	11.9	18.3	7.7	2.8	-	4.0	55.2
그리스	46.5	31.1	5.1	2.1	12.6	(1.7)	-
스페인	21.2	9.7	7.2	0.9	50.9	0.9	9.2
프랑스	25.0	62.4	7.5	5.0	-	-	-
아일랜드	14.2	63.3	18.1	1.8	-	2.5	-
이탈리아	33.8	26.3	3.7	1.5	26.5	8.2	-
룩셈부르크	8.3	52.1	(5.6)	-	15.7	(6.2)	11.2
네덜란드	2.5	68.8	13.2	1.2	0.9	7.7	5.6
오스트리아	10.8	16.7	5.9	1.4	25.9	-	39.2
포르투갈	15.9	22.3	5.3	20.3	27.1	-	9.1
핀란드	32.8	25.5	26.6	3.1	4.9	-	6.7
스웨덴	23.2	47.6	12.5	8.4	7.8	-	-
영국	9.0	16.4	15.4	2.1	19.2	0.5	37.5

자료: Eurostat, Labor force survey results 2001, 정이환 외(2003: 148) 재인용

이 31.8%로 풀타임 일자리를 구할 수 없어서 (비자발적으로) 파트타임 일자리에 취업했다는 응답의 비율보다 훨씬 높았고, 아이 등을 돌봐야 하기 때문에 파트타임 일자리에 취업했다는 응답의 비율도 25.9%로 높게 나타났다. Kalleberg and Reynolds(2003: 449~452)의 연구에서도 많은 국가들에서 파트타임 근로자의 일자리 만족도가 풀타임 근로자보다 낮지 않은 것으로 보고되었다. 이들에 따르면 미국, 일본, 서독, 영국, 네덜란드의 파트타임은 풀타임보다 일자리 만족도가 높았고, 프랑스, 덴마크, 노르웨이에서는 파트타임과 풀타임의 만족도가 유사하였으며, 이탈리아, 스페인, 스웨덴에서는 파트타임의 만

족도가 더 낮게 나타났다.

이처럼 파트타임이 풀타임에 비해 상대적으로 고용의 질이 좋지 않음에도 불구하고 자발성과 만족도가 비교적 높은 것은 파트타임 근로자가 일과 돌봄, 학업을 병행하기 위해 임금 및 근로조건의 불이익을 감수한다는 보상 격차(compensating differentials) 이론으로 부분적으로 설명될 수 있다. 파트타임 근로자는 풀타임 근로자에 비해 스스로 근로시간을 통제할 수 있고 휴일근무, 야근 등으로부터 자유로우며 일자리에 대한 스트레스도 낮은 것으로 보고된다(OECD, 2010: 225). 이러한 파트타임 일자리의 특성은 특히 일과 가정의 양립을 원하는 기혼여성들의 욕구에 부합할 가능성이 높다. 그럼에도 불구하고 탄력적 근로시간의 이점에 비해 근로조건의 불이익이 더 커서 파트타임의 불리함을 충분히 보상받지 못하는 파트타임 근로자가 존재한다는 점, 파트타임 근로자로 머무르는 기간이 길어질수록 노동지위의 상향이동 가능성이 감소할 가능성이 있다는 점에서 여전히 파트타임 고용에 대한 정책적 관심이 필요할 것이다.

2. 우리나라 비정규직의 규모와 실태

본 절에서는 우리나라 비정규 고용의 실태를 파악한다. 본격적인 분석에 앞서, 앞 절에서 살펴본 OECD의 임시직, 파트타임 개념과 본 절에서 살펴볼 비정규직의 정의에 어떤 차이가 있는지를 정확하게 이해할 필요가 있다. OECD는 기본적으로 '고용의 한시성'을 기준으로 임시직을 정의하고, '근로시간'을 기준으로 파트타임을 정의한다.

반면 우리나라에서는 2002년 7월 노사정위원회 비정규특위의 합의에 따라 '고용의 지속성', '근로시간', '근로제공방식'을 모두 고려하여 한시적 근로자(고용의 지속성)[1], 시간제 근로자(근로시간)[2], 비전형 근로자(근로제공방식)를 모두 비정규직의 범주에 포함한다. 따라서 우리나라 노사정위원회의 정의에 따른 비정규직의 범위가 OECD의 임시직 범위보다 넓다.

이러한 개념 정의의 차이를 구체적으로 이해하기 위해, 〈표 2-10〉에서는 경제활동인구조사 8월 부가조사 자료를 활용하여 다양한 조작적 정의에 따라 임시직과 비정규직 규모를 집계한 결과를 제시하였다. 표의 첫째 줄에서는 기간제, 반복갱신, 기대불가, 파견, 일일근로를 더하여 임시직 근로를 정의하였는데, 이는 Grubb et al.(2007: 17)의 OECD Social, Employment and Migration Working Papers 보고서에서 사용한 정의이다. 이에 따르면 우리나라의 임시직 근로자는 2005년에 임금근로자의 29.4%로 집계된다. 다음으로 표의 둘째 줄에서는 앞의 정의에서 반복갱신을 제외하고 기간제, 기대불가, 파견, 일일근로로 임시직을 정의하였는데, 이에 따르면 2005년의 임시직 비율은 27.4%이다. 2012년 6월말 현재 http://stats.oecd.org에서 제

1) OECD가 정의하는 임시직 근로와 우리나라 한시적 근로의 개념에도 차이가 있다. 이에 대해서는 다음 단락에서 자세히 확인한다.

2) OECD가 정의하는 파트타임 근로와 우리나라 시간제 근로의 개념에도 차이가 있다. OECD는 주된 일자리에서 주로 주당 30시간 미만 일하는 근로자를 파트타임 근로자로 정의하는 반면, 우리나라 경제활동인구조사 근로형태별 부가조사에서는 시간제 근로를 "직장(일)에서 근무하도록 정해진 소정의 근로시간이 동일 사업장에서 동일한 종류의 업무를 수행하는 근로자의 소정 근로시간보다 1시간이라도 짧은 근로자로, 평소 1주에 36시간 미만 일하기로 정해져 있는 경우"로 정의한다. 또한 〈표 2-6〉에 제시한 OECD 기준 파트타임 근로자의 비율은 임금근로자(dependent employment)가 아니라 전체 근로자(total employment)를 기준으로 한 것임에도 유의할 필요가 있다.

〈표 2-10〉 비정규직 규모와 구성 추이

(단위: %)

		2002	2003	2004	2005	2006	2007	2008	2009	2010	2011
임시직1: 기간제+반복갱신+기대불가+파견+일일근로		18.1	25.9	29.7	29.4	28.3	28.2	25.9	27.0	24.8	25.7
임시직2: 기간제+기대불가+파견+일일근로		16.1	24.1	25.7	27.4	25.4	24.7	23.7	26.0	23.0	23.8
비정규직 (노사정위 기준): 한시적+비전형+시간제		27.4	32.6	37.0	36.6	35.5	35.9	33.8	34.9	33.3	34.2
비정규직	한시적	14.7	21.3	24.7	24.1	23.6	22.3	20.4	21.3	19.2	19.7
	비전형	12.4	11.9	13.4	12.7	12.6	13.9	13.3	13.9	13.4	13.9
	시간제	5.7	6.6	7.3	7.0	7.4	7.6	7.6	8.7	9.5	9.7
한시적	기간제	10.9	17.0	17.1	18.2	17.7	15.9	14.7	17.1	14.6	15.2
	반복갱신	2.0	1.8	4.0	2.0	3.0	3.5	2.3	1.0	1.8	1.9
	기대불가	1.8	2.6	3.6	3.9	2.9	2.9	3.4	3.2	2.8	2.5
비전형	파견	0.7	0.7	0.8	0.8	0.9	1.1	0.9	1.0	1.2	1.1
	용역	2.4	2.4	2.8	2.9	3.2	3.7	4.0	3.8	3.6	3.8
	특수고용	5.5	4.2	4.9	4.2	4.0	4.0	3.7	3.9	3.5	3.5
	가정내근로	1.7	1.2	1.2	0.9	1.1	0.8	0.4	0.6	0.4	0.4
	일일근로	2.9	4.2	4.6	4.8	4.3	5.3	5.1	5.4	5.1	5.5

주: 세부 형태별 중복 때문에 한시적, 비전형, 시간제 비율의 합과 비정규직 비율이 일치하지 않는다.
자료: 각년도 8월 경제활동인구조사 근로형태별 부가조사

공하고 있는 OECD employment database에서는 둘째 줄의 정의에 따라 한국의 임시직 규모를 집계한 것으로 보인다.3) 계약의 반복갱신에 의해 고용이 지속되는 근로자들은 장기 고용 지속 전망이 있는 것으로 본다면 임시직 근로의 범위에서 이들을 제외하는 편이 타당할 것이다. 다음으로 표의 셋째 줄에서는 우리나라 노사정위원회의 합의

3) OECD에서 경제활동인구조사 부가조사 원자료를 활용하여 임시직 근로를 집계할 때 사용하는 기준을 정확하게 확인하기는 어려우나, 본 연구에서 원자료를 활용하여 '기간제+기대불가+파견+일일근로'의 규모를 분석한 값과 2012년 6월말 http://stats.oecd.org에 제시된 임시직 근로자의 규모가 일치하였다.

에 따른 비정규직의 규모를 제시하였다. 이 정의에 따르면 한시적(기간제, 반복갱신, 기대불가), 시간제, 비전형(파견, 용역, 특수고용, 가정내근로, 일일근로) 근로가 모두 비정규직 범주에 포함되고, 2005년의 비정규직 비율은 36.6%이다. 이처럼 정의에 따라 비정규직의 비율이 크게 달라지는 바, 비정규직의 개념과 추정에 대해서는 많은 논의가 존재한다. 본 절에서는 편의상 노사정위원회의 정의를 따라 비정규직을 정의하되 전체 비정규직을 한시적, 시간제, 비전형으로 구분하여 살펴볼 것이다.

먼저 〈표 2-10〉과 〈그림 2-1〉에서 2002년 이후 우리나라 비정규직의 규모와 구성의 추이를 살펴보자. 전체 임금근로자 중 비정규직의 비율은 2002년 27.4%에서 2004년 37.0%로 크게 증가하였다. 2004년 이후 최근까지는 비정규직 비율이 조금씩 감소하고 있지만, 여전히 전체 임금근로자의 1/3이 넘는 근로자가 비정규직이라는 사실은 비정규직 문제가 우리나라 노동시장의 주요 문제로 자리 잡았음을 의미한다. 비정규직의 세부 형태별로 살펴보면, 전체 비정규직 중

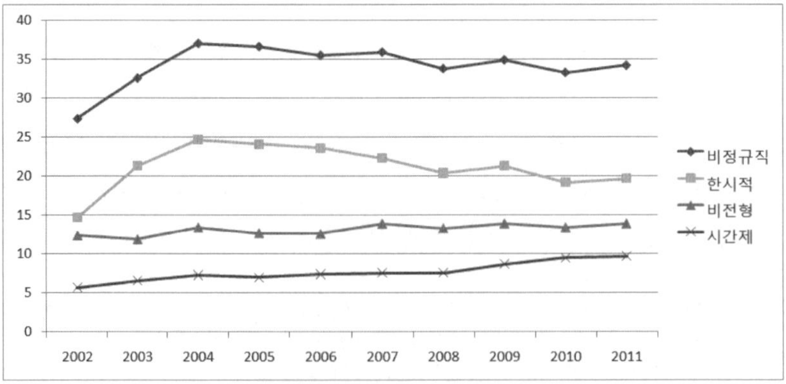

〈그림 2-1〉 전체 임금근로자 대비 비정규직 근로자의 비율

가장 큰 비중을 차지하는 한시적 근로자의 비율이 2004년 24.7%까지 증가한 후 서서히 감소하는 추이를 보이는 반면, 비전형 근로자와 시간제 근로자의 비율은 2002년 이후 최근까지 지속적으로 조금씩 증가하는 것으로 나타났다.

한시적 근로자를 세부 형태별로 살펴보면 기간제 근로자의 비율이 2011년 15.2%로 가장 높게 나타났다. 기간을 정하지 않았으나 계약을 반복갱신하는 근로자는 2011년 1.9%, 기간을 정하지 않았으나 고용이 지속될 것이라 기대할 수 없는 근로자는 2011년 2.5%로 비교적 작은 비중을 차지하고 있다. 한편 비전형 근로자 중에서는 파견, 일일근로와 용역의 비율이 대체로 최근까지 증가하고 있는 반면, 특수고용과 가정내근로는 2000년대 초반에 비해 조금씩 감소하고 있다.[4]

다음으로 〈표 2-11〉에는 2011년 8월을 기준으로 집단별 비정규직 근로자의 비율을, 〈표 2-12〉에는 집단별 비정규직 비율의 시간에 따른 추이를 제시하였다. 먼저 2011년을 기준으로 성별 비정규직 비율의 차이를 보면, 여성의 비정규직 비율이 남성에 비해 크게 높은 것으로 나타나 여성의 노동시장 지위가 상대적으로 낮다는 사실이 뚜렷하게 확인된다. 여성 임금근로자 중 비정규직의 비율은 42.8%로 거의 절반에 이르고 있는데, 한시적, 시간제, 비전형 등 모든 형태의 비정규직 비율이 남성보다 높지만 그중에서도 특히 시간제 근로자의 비율이 남성에 비해 크게 높았다. 한편 〈표 2-12〉를 보면, 남성 임금근로자의 비정규직 비율은 2004년 32.2%로 정점에 이른 후 2011년

4) 전체 노동시장의 특성을 포괄적으로 이해하기 위해서는 임금근로자, 그리고 상용직·임시직·일용직 등 임금근로자의 종사상 지위별 규모 변화도 참고할 필요가 있다. 이와 관련된 정보는 〈부표 2-1〉에 제시하였다.

〈표 2-11〉 집단별 비정규직 비율, 2011년 8월 (단위: %)

		비정규직	한시적	시간제	비전형
성	남성	27.8	16.4	4.7	12.5
	여성	42.8	24.1	16.5	15.7
연령	15~19세	69.4	28.4	52.8	7.4
	20~29세	31.6	21.4	9.3	5.9
	30~39세	24.3	15.3	5.3	8.0
	40~49세	30.5	15.7	7.2	14.2
	50~59세	39.6	19.7	9.3	22.2
	60세 이상	70.5	42.6	28.6	35.8
교육수준	초졸 이하	66.3	34.7	26.1	34.8
	중졸	51.0	25.4	14.9	29.2
	고졸	37.9	19.1	11.5	16.5
	대졸 이상	23.2	16.8	4.8	5.7
산업	농업, 임업 및 어업	69.5	19.0	13.8	49.4
	광공업	15.6	11.7	2.2	3.6
	- 제조업	15.6	11.7	2.2	3.6
	사회간접자본 및 기타서비스업	38.5	21.7	11.5	16.0
	- 건설업	51.4	14.8	6.0	36.4
	- 도소매 · 음식숙박업	34.1	13.6	16.7	10.8
	- 사업 · 개인 · 공공서비스 및 기타	41.3	29.0	13.3	15.1
	- 전기 · 운수 · 통신 · 금융	28.0	14.6	2.3	13.4
사업체규모	1~4인	46.1	17.0	22.0	22.2
	5~9인	38.8	19.3	11.3	17.9
	10~29인	37.3	23.2	8.8	15.9
	30~99인	31.6	22.3	5.1	11.4
	100~299인	21.2	16.7	2.6	5.1
	300인 이상	17.2	15.6	2.9	1.7
전체		34.2	19.7	9.7	13.9

주: 각 집단에 속한 전체 임금근로자 중 비정규직, 한시적, 시간제, 비전형 근로자가 차지하는 비율을 의미한다.

자료: 2011년 8월 경제활동인구조사 근로형태별 부가조사, 통계청; 금재호(2012: 39)

27.8%로 낮아지고 있지만, 여성 임금근로자의 경우에는 시간에 따른 비정규직 비율의 감소 추이가 뚜렷하게 나타나지 않고 있다.

〈표 2-12〉 집단별 비정규직 비율 추이 (단위: %)

		2003	2004	2005	2006	2007	2008	2009	2010	2011
성	남자	27.6	32.2	31.5	30.4	31.5	28.8	28.2	27.1	27.8
	여자	39.5	43.7	43.7	42.7	42.1	40.8	44.1	41.8	42.8
연령	15~19세	62.3	61.8	71.0	71.3	70.7	65.1	74.9	69.8	69.4
	20~29세	29.6	33.3	32.8	30.9	31.2	31.0	31.7	31.3	31.6
	30~39세	26.3	32.1	30.4	29.8	29.8	26.7	25.2	23.3	24.3
	40~49세	31.2	35.9	36.3	34.1	34.1	31.6	32.3	29.8	30.5
	50~59세	40.0	43.1	42.8	41.9	42.6	39.6	40.6	39.3	39.6
	60세 이상	65.9	67.7	66.7	69.0	66.0	65.7	72.7	69.6	70.5
교육수준	초졸 이하	56.8	60.3	62.2	62.1	62.5	62.9	67.7	64.2	66.3
	중졸	46.2	51.5	51.8	49.8	51.7	48.7	54.3	50.6	51.0
	고졸	33.5	37.7	38.2	36.5	37.5	36.8	38.1	36.4	37.9
	대졸 이상	21.4	27.0	25.5	25.7	25.9	23.1	22.6	22.2	23.2
산업	농업, 임업 및 어업	-	75.5	78.1	77.6	67.8	67.8	67.3	70.6	69.5
	광공업	-	23.3	20.7	20.1	20.5	16.5	16.2	14.9	15.6
	- 제조업	-	23.3	20.7	20.1	20.5	16.6	16.2	14.9	15.6
	사회간접자본 및 기타서비스업	-	40.9	40.9	39.5	39.7	38.1	39.1	37.7	38.5
	- 건설업	-	63.2	63.1	58.1	57.9	54.9	54.9	51.8	51.4
	- 도소매 · 음식숙박업	-	38.5	40.2	35.3	35.5	35.1	34.8	33.6	34.1
	- 사업 · 개인 · 공공서비스 및 기타	-	38.8	38.5	38.9	39.6	38.0	41.3	40.4	41.3
	- 전기 · 운수 · 통신 · 금융	-	34.5	33.5	34.9	34.2	31.3	28.6	26.3	28.0
사업체규모	1~4인	46.6	48.8	50.4	46.6	47.2	44.4	44.5	45.6	46.1
	5~9인	38.6	42.6	40.5	38.5	38.2	39.1	40.3	37.6	38.8
	10~29인	33.7	38.4	37.5	37.8	38.2	36.4	40.3	36.0	37.3
	30~99인	28.7	33.5	33.4	32.8	33.0	29.9	32.0	31.6	31.6
	100~299인	21.8	29.4	28.8	27.7	28.9	24.7	23.5	21.0	21.2
	300인 이상	14.7	20.4	19.7	20.0	19.5	17.3	17.1	15.4	17.2
전체		32.6	37.0	36.6	35.5	35.9	33.8	34.9	33.3	34.2

주: 비정규직은 한시적, 시간제, 비전형을 모두 포함한다.
자료: 각년도 8월 경제활동인구조사 근로형태별 부가조사, 통계청

연령대별 비정규직 비율을 살펴보면, 비정규직 비율이 노동시장에

진입하는 연령대에서 높고 중년기에 이르기까지 낮아졌다가 은퇴연령대에 다시 높아지는 U자형 패턴이 나타났다. 특히 15~19세와 60세 이상 임금근로자 집단은 비정규직 비율이 약 70%로 매우 높은데, 세부 형태별로 보면 15~19세의 경우 시간제의 비율이 52.8%로 가장 높고, 60세 이상의 경우 한시적 근로자의 비율이 42.6%, 비전형 근로자의 비율이 35.8%로 높게 나타나 두 집단 간에 차이가 있음을 알 수 있다. 한편 기존 연구에 따르면 이러한 U자형 패턴은 여성보다 남성에게서 더 뚜렷하게 나타나는데, 시간에 따라 30~50대 남성의 비정규직 비율이 감소하고 24세 이하, 60세 이상 남성의 비정규직 비율이 증가하면서 U자형 패턴이 더욱 뚜렷해지는 것으로 보고되었다(성재민, 2011: 59). 이처럼 U자형 패턴이 뚜렷해지는 경향은 〈표 2-12〉를 통해서도 관찰된다. 비정규직 비율이 정점에 이른 2004년 이후 최근까지 20~50대 임금근로자의 비정규직 비율은 다소 감소하였지만, 10대와 60대 이상 임금근로자의 비정규직 비율은 오히려 더 증가한 것으로 나타났다.

교육수준별로 살펴보면, 비정규직의 세부 형태를 막론하고 전반적으로 교육수준이 낮을수록 비정규직 비율이 높다는 사실이 확인된다. 특히 초졸 이하와 중졸 임금근로자의 경우에는 비정규직 비율이 절반을 상회하는 것으로 나타났다. 또한 〈표 2-12〉를 보면 대졸 이상 임금근로자의 비정규직 비율은 2004년 27.0%에서 2011년 23.2%로 감소하고 있지만, 중졸과 고졸 임금근로자의 비정규직 비율은 큰 변화가 나타나지 않고 초졸 이하 임금근로자는 2004년 60.3%에서 2011년 66.3%로 오히려 크게 증가하였음을 알 수 있다. 앞서 살펴본 바와 같이 남성 임금근로자에 비해 여성 임금근로자의 비정규직 비율 감소 속도가 상대적으로 더디고, 청소년과 노인 임금근로자의 비정규직 비율이 증가하고 있으며, 또한 저학력 임금근로자의 비정규직 비율이 증가하고 있다는 사실은 2000년대 중반 이후 전체 비정규직 비율이 감소하고 있지만 취약한 특성을 가진 집단의 비정규직 비율이 상대적으로 높아지는 경향이 있음을 보여준다.

산업별로 살펴보면, 농업, 임업 및 어업 근로자의 경우 비정규직 비율이 69.5%로 가장 높은 가운데 특히 세부 형태별로는 비전형 근로자의 비율이 49.4%로 높게 나타났다. 제조업과 서비스업의 비정규직 비율도 큰 차이를 보이고 있다. 제조업은 비정규직 비율이 15.6%로 비교적 낮은 반면 사회간접자본 및 기타서비스업은 비정규직 비율이 38.5%로 높게 나타났다. 사회간접자본 및 기타서비스업 중에서도 비전형 근로자의 비율이 높은 건설업의 비정규직 비율이 51.4%로 가장 높았고, 한시적 근로자의 비율이 높은 사업·개인·공공서비스 및 기타의 비정규직 비율 역시 41.3%로 높게 나타났다. 특히 사업·개인·공공서비스 및 기타에 종사하는 임금근로자의 경우 다른 산업과 달리 2000년대 중반 이후에도 비정규직 비율이 감소하지 않고 오히려 다소 증가하는 것으로 나타난다.

사업체 규모도 비정규직의 규모와 밀접한 관계가 있다. 〈표 2-11〉을 보면 사업체 규모가 작을수록 일관되게 비정규직 비율이 높아지는 것으로 나타났다. 그런데 비정규직의 세부 형태별로 살펴보면, 시간제와 비전형 근로자의 비율은 대체로 사업체 규모가 작을수록 높아지지만, 한시적 근로자의 비율은 10~29인과 30~99인의 중간 규모에서 가장 높게 나타난다는 점이 특징적이다.

다음으로는 비정규직 일자리의 질을 살펴보자. 〈표 2-13〉에는 정규직과 비정규직의 월평균 임금 추이를 제시하였다. 정규직의 임금을 100이라 할 때 비정규직의 상대적 임금은 2004년 65.0에서 2011년

〈표 2-13〉 근로형태별 월평균 임금 (단위: 만 원, %)

		2004	2005	2006	2007	2008	2009	2010	2011
월평균 임금	정규직	177.1	184.6	190.8	200.8	212.7	220.1	229.4	238.8
	비정규직	115.2	115.6	119.8	127.6	129.6	120.2	125.8	134.8
	한시적	123.2	124.0	131.3	144.0	145.8	130.1	140.0	150.2
	시간제	53.9	52.2	55.1	56.1	57.4	53.5	56.5	60.4
	비전형	106.7	108.1	104.6	111.2	119.7	119.1	124.9	132.1
정규직 대비 상대임금	비정규직	65.0	62.6	62.8	63.5	60.9	54.6	54.8	56.4
	한시적	69.6	67.2	68.8	71.7	68.5	59.1	61.0	62.9
	시간제	30.4	28.3	28.9	27.9	27.0	24.3	24.6	25.3
	비전형	60.2	58.6	54.8	55.4	56.3	54.1	54.4	55.3

자료: 각 년도 8월 경제활동인구조사 근로형태별 부가조사, 통계청

56.4로 감소한 것으로 나타나 시간에 따라 정규직과 비정규직의 임금격차가 확대되는 추이임을 알 수 있다. 세부 형태별로 살펴보면, 2011년 한시적 근로자의 상대적 임금이 62.9, 비전형 근로자의 상대적 임금이 55.3으로 정규직 임금의 절반을 조금 웃도는 수준으로 나타난 반면, 시간제 근로자의 상대적 임금은 25.3으로 정규직 임금의 1/4에 불과한 것으로 나타났다. 하지만 이러한 임금격차는 성, 연령, 교육수준, 근속기간 등 개인의 특성을 고려하지 않았을 때의 임금을 단순 비교한 것이라는 점에서 해석에 주의가 필요하다. 특히 시간제 근로자의 상대적 임금이 매우 낮은 이유 중 하나는 이들의 근로시간이 짧기 때문이라는 점을 고려할 필요가 있다.

개인과 일자리의 특성을 통제했을 때에도 정규직과 비정규직의 임금격차가 나타나는지에 대해서는 활발한 연구가 이루어져 왔다. 최근의 연구에서는 근로자의 인적 특성, 일자리의 특성을 통제할 경우 정규직과 비정규직의 임금격차가 크게 축소되는 것으로 나타나며(이인재 · 김태기, 2009), 심지어 통계적으로 유의한 차이가 존재하지 않는다

〈표 2-14〉 근로형태별 평균근속기간 (단위: 개월)

	2004	2005	2006	2007	2008	2009	2010	2011
정규직	70	72	70	71	74	79	77	79
비정규직	24	24	25	26	24	21	24	27
한시적	26	26	28	32	29	23	27	31
시간제	12	11	12	11	12	12	13	16
비전형	22	22	20	20	21	21	23	24

자료: 각년도 8월 경제활동인구조사 근로형태별 부가조사, 통계청

는 분석 결과도 보고되고 있다(어수봉 · 윤석천 · 김주일, 2005; 남재량, 2007; 김선애 · 김진영, 2011). 하지만 일부 연구는 기존의 연구들이 정규직과 비정규직의 임금격차를 추정할 때 너무 많은 변수를 통제하는 과잉통제의 문제, 관찰되지 않은 이질성을 통제하는 고정효과 모형의 추정 시 편의를 야기하는 측정오차의 문제를 제기하기도 한다(홍민기, 2010). 따라서 정규직과 비정규직의 임금격차에 대해서는 방법론적 측면과 개념적 측면 모두에서 더 많은 논의가 이루어질 필요가 있다. 정규직과 비정규직의 임금격차를 어떻게 설명하느냐는 문제를 차치하더라도, 현실에 존재하는 비정규직 근로자의 저임금은 근로빈곤과 소득분배의 악화로 이어질 수 있기 때문에 중요한 정책적 관심의 대상이 된다는 점은 분명하다.

고용불안정은 저임금과 함께 비정규직 일자리의 질을 낮추는 대표적인 요인이다. 〈표 2-14〉에서는 고용불안정의 정도를 평균근속기간을 통해 살펴보았다. 정규직의 근속기간은 2004년 70개월에서 2011년 79개월로 서서히 증가하고 있는 반면, 비정규직은 25개월 전후에서 증감을 반복하는 양상을 나타내고 있다. 대체로 비정규직의 근속기간은 정규직의 1/3에 불과한 것으로 나타나 비정규직의 고용불안 문제가 심각함을 알 수 있다. 특히 비정규직 중에서도 시간제 근로자

의 근속기간이 11~16개월로 가장 짧게 나타났다.

저임금과 고용불안정에도 불구하고 비정규직이 노동시장 진입 이후 정규직 일자리로 나아가는 가교로서의 역할을 수행한다면 비정규직 문제의 심각성은 그다지 크지 않을 수 있다. 하지만 이 문제를 분석한 기존 연구들은 우리나라에서 비정규직의 정규직 진입이 어려워 비정규직 일자리가 주로 가교보다 함정으로서의 역할을 하는 것으로 보고하고 있다(남재량 · 김태기, 2000; 장지연 · 양수경, 2007; 김우영 · 권현지, 2008). 최근의 연구인 김우영 · 권현지(2008)는 개인의 관찰된 이질성과 관찰되지 않은 이질성을 모두 고려했을 때에도 현재 비정규직 여부와 과거 비정규직 여부에 강한 상관관계가 나타나며, 이러한 비정규직의 상태의존성은 남성보다 여성에게 더 높게 나타난다고 보고하였다.

마지막으로 〈표 2-15〉에서는 정규직과 비정규직의 일자리 형태 선택 동기를 살펴보았다. 표를 보면 비자발적 사유로 일자리의 형태를 선택하였다는 응답의 비율이 정규직 근로자는 23.9%, 비정규직 근로자는 52.4%로 나타나, 비정규직 근로자가 상대적으로 비자발적으로 일자리를 선택하는 경향이 크다는 사실을 확인할 수 있다. 비자발적으로 비정규직을 선택한 근로자를 대상으로 그 구체적인 사유를 살펴보면, 비정규직의 세부 형태를 막론하고 당장 수입이 필요해서 일자리를 선택했다는 응답의 비율이 약 70~80%로 가장 높게 나타났다. 한편 자발적으로 비정규직을 선택한 근로자 중에서는 근로조건에 만족해서 일자리를 선택했다는 응답의 비율이 44.4%로 가장 높았다. 그런데 비정규직의 세부 형태별로 살펴보면, 시간제 근로자의 경우에는 직장이동, 육아와 가사 병행, 학업이나 취업준비 병행 등을 이유로 자발적으로 시간제 일자리를 선택했다는 응답의 비율이 상대

〈표 2-15〉 지난주 일자리 형태 선택 동기, 2011년 8월 (단위: %)

	정규직	비정규직	한시적	시간제	비전형
계	100.0	100.0	100.0	100.0	100.0
자발적사유	76.1	47.6	55.1	44.7	35.4
소 계	(100.0)	(100.0)	(100.0)	(100.0)	(100.0)
- 근로조건에 만족	(45.0)	(44.4)	(49.5)	(35.3)	(40.4)
- 안정적인 일자리	(47.4)	(23.2)	(30.7)	(3.5)	(17.2)
- 직장이동 등[1)]	(5.1)	(19.0)	(14.1)	(43.5)	(14.1)
- 노력한 만큼 수입 등[2)]	(2.6)	(13.4)	(5.6)	(17.7)	(28.4)
비자발적 사유	23.9	52.4	44.9	55.3	64.6
소 계	(100.0)	(100.0)	(100.0)	(100.0)	(100.0)
- 당장 수입이 필요	(72.9)	(76.5)	(74.6)	(68.3)	(83.5)
- 원하는 일자리 없음 등[3)]	(19.0)	(13.0)	(15.4)	(12.7)	(10.3)
- 직장이동 등[1)]	(6.7)	(7.8)	(8.4)	(15.1)	(3.0)
- 노력한 만큼 수입 등[2)]	(1.4)	(2.7)	(1.6)	(4.0)	(3.2)

주: ( )는 근로형태별 자발적 사유 또는 비자발적 사유별 구성비이다.
1) 경력을 쌓아 다음 직장으로 이동하기 위하여, 육아·가사 등을 병행하기 위하여, 학업·학원 수강·직업훈련·취업준비 등을 병행하기 위하여
2) 노력한 만큼 수입을 얻을 수 있어서, 근무시간을 신축적으로 조절할 수 있어서, 기타
3) 원하는 분야의 일자리가 없어서, 전공이나 경력에 맞는 일자리가 없어
자료: 2011년 8월 경제활동인구조사 근로형태별 부가조사, 통계청(2011)

적으로 높게 나타났다. 이와 관련하여 김대일(2009: 99)은 청년층의 경우에는 경험축적과 학업 및 직업훈련과의 병행 필요성이, 여성 장년층의 경우에는 가사나 육아로 인한 시간적 제약이, 남성 장년층의 경우에는 비전형 근로를 통해 정규직보다 더 높은 소득을 기대할 수 있는 가능성이 자발적으로 비정규직을 선택하는 주요 원인이라고 설명하였다.

지금까지 살펴본 내용을 요약하면 우리나라 비정규직의 실태에 관한 전반적인 밑그림을 그려볼 수 있다. 우리나라의 비정규직은 외환위기 이후 2000년대 중반까지 크게 증가하였고 2011년 현재까지 전체 임금근로자의 1/3 수준을 유지하고 있다. 임금근로자 중에서도 여

성, 청년층과 중고령층, 영세사업체 근로자 등 상대적으로 사회경제적 지위가 낮은 집단의 비정규직 비율이 높게 나타났다. 특히 2000년대 중반 이후 전체 비정규직 비율은 다소 감소하고 있지만 여성, 청년층과 중고령층, 저학력 임금근로자 등 상대적으로 취약한 특성을 가진 근로자 집단의 비정규직 비율은 뚜렷한 감소 추이가 확인되지 않거나 오히려 증가하는 것으로 나타났다. 또한 비정규직 근로자는 정규직 근로자에 비해 임금 수준이 낮고 근속기간이 짧아 상대적으로 일자리의 질이 낮은데, 정규직과 비정규직의 임금격차도 시간에 따라 확대되고 있다. 이러한 사실은 2000년대 중반 이후 전체 비정규직 비율의 감소 추이에도 불구하고 비정규직 고용의 질이 더욱 하락하고 있을 가능성을 시사한다. 게다가 비정규직 일자리가 주로 가교보다는 함정으로 기능한다는 기존의 연구 결과들은 비정규직 문제의 심각성을 더하고 있다.

제3장 비정규직 증가의 원인과 사회적 보호

전병유

제 3 장 비정규직 증가의 원인과 사회적 보호

1. 문제제기

앞 장에서도 검토되었듯이, 우리나라의 경우 외환위기 이후 비정규직이 매우 빠르게 증가하였으며 외국에 비해서도 매우 높은 비정규직 비율을 유지하고 있다. 이 절에서는 비정규직 고용 증가의 원인을 분석하고자 한다. 특히 그 원인을 기업이나 노사 관계적 차원에 초점을 맞추어 온 그간의 연구에서 나아가, 복지정책을 중심으로 한 사회정책과의 관련성을 중심으로 분석하고자 한다.

이 장에서는 '정규직과 비정규직의 고용비용 격차 확대가 비정규직 고용을 증가시킨다'는 가설을 검증해 봄으로써 우리나라의 비정규직 증가 현상을 설명하고자 한다. 특히 본 연구에서는 비정규직 고용의 유발 요인으로서 '정규직과 비정규직 사이의 고용비용 격차'를 분석할 때, 비정규직에 대한 사회적 보호(social protection) 정도까지를 포함한 확대된 개념으로 검토해야 한다고 본다. 우리나라에서 OECD 기준 정규직과 비정규직의 고용보호지수는 그다지 큰 격차를 보이지 않았지만, 비정규직의 증가속도는 가장 빨랐다. 이는 '정규직과 비정규직의 고용보호 격차가 비정규직 고용을 증가시킨다'는 OECD 국가 비교에 근거한 가설을 우리나라에 그대로 적용하는 것이 어려움을 보여준다. 내부노동시장의 거래비용(transaction cost), 비정규직 고용보호의 등가물이 될 수 있는 사회적 보호(social protection) 정도 등이 같이 고려되어야 하는 것이다.

이렇게 본 연구에서는 비정규직에 대한 사회적 보호 비용이 낮은 것이 비정규직 확대의 원인이라는 가설을 제기하고 이를 검토해 본다. 최근 비정규직에 대한 사회보험감면 논의가 제기되고 있다. 비정규직에 대한 고용보호 비용을 개별 근로자와 기업이 감당하기보다는 사회가 감당하도록 할 경우 비정규직화를 차단할 수 있는지를 중점적으로 검토해 보기로 한다.

2. 기존 연구 검토

우리나라에서 비정규직 증가의 원인과 관련해서는 주로 사업체조사자료 분석을 통해서 기업의 행태를 분석하는 데 집중되었다. 비정규직 원인과 관련된 연구에서는 노동시장 유연화론과 비용절감론이 대표적이다. 노중기(2008)는 비정규 고용 증가를 1997년 외환위기 이후 한국의 신자유주의화로 기업이 고용유연화를 강력하게 추구한 결과로 본다. 비용절감론은 임금과 고용조정비용이 정규직에 비해서 낮기 때문에 기업들이 비정규직을 활용한다는 것이다. Cappelli(1995)는 비용절감전략이 비정규직 고용을 가장 잘 설명한다고 분석하고 있다.

비정규직의 원인을 기업의 인사관리전략 변화에서 찾을 때 대부분 이 두 가지 원인이 같이 검토된다. 김유선(2003a)은 핵심노동자층은 유지하고 내부노동시장 외곽에 더 많은 노동자를 배치함으로써 수량적 유연성과 노동비용 절감을 추구하는 기업 전략을 비정규직 증가의 원인으로 보고 있다. 인적자원 구성의 변화나 수요의 불확실성과 같은 경제환경 변화보다는 기업의 인사관리변화전략이 비정규직 증가에 유의한 영향을 미치는 것으로 분석하고 있다.

한편, 비정규직 증가를 중심과 주변의 직무 특성의 차이에서 찾기도 한다. 자산특수성(숙련)에 기초한 거래비용이론에 따르면 숙련 수준이 낮은 노동에 대해 위계적으로 기업 내부에서 조직하기보다는 시장거래에 의존하게 되며, 비정규직 증가는 이러한 기업 전략의 결과로 해석한다. 이러한 맥락에서 김성훈(2009)은 낮은 기술 수준이 요구되는 곳에서 비정규직 비중이 높다고 분석하고, 관리직의 경우에는 비정규직 비중이 낮고 단순노무직의 경우 높다고 분석하고 있다. 이른바 노동시장의 이중구조화가 비정규직 확산의 중요한 원인이라는 것이다. 그러나 Abraham(1988)의 경우 비정규직, 파견직을 활용하는 이유로 '정규직 근로자의 고용안정성 확보'라고 응답한 비중은 매우 낮은 것으로 분석하고 있다.

비정규직 증가의 원인과 관련해 노동조합의 역할도 많이 연구되는 주제이다. 노동조합이 비정규직에 미치는 효과와 관련해서는 다양한 분석 결과들이 제출되고 있다. 이시균(2008)은 노동조합이 비정규 노동을 억제하는 것으로 분석하고 있는 반면, 이병훈・홍석범(2010)은 노동조합이 사용주의 비정규직 활용에 영향을 주지 못하는 것으로 분석하고 있다. 김대일(2009)도 노동조합이 비정규직 활용비율을 높이는 것으로 분석 결과를 제출하고 있으나, 고용보호협약이 체결되어 있는 경우에는 비정규직 비율이 낮아지는 것으로 분석하고 있다.

한편 사회적 보호 비용과 관련한 본격적인 연구는 많지 않은 편이다. 비정규직 원인과 관련한 여타 분석 과정에서 기업의 부가급여 비용이 비정규직 고용에 미치는 영향을 분석하는 정도에 그치고 있다. 예를 들어 Montgomery(1988)는 기업복지비중(연금과 사회보험 등의 부가급부의 비중, 고용 및 훈련 비용) 등이 파트타임 비중에 미치는 영향을 분석하였으며, Abraham and Taylor(1996), Davis-Blake and Uzzi 1993), Gramm and Schnell(2001) 등도 기업의 비임금비용이 미치는 영향을 분석하였다. 우리나라도 노용진(2007)이 기업의 정규직고용에 따른 준고정비용으로서 비임금비용(모집선발비용, 훈련비용, 복리후생비용, 정리해고비용 등)이 높을수록 비정규직 고용비율이 높다는 사실을 분석해서 보여주고 있다. 본 연구에서는 정규직과 비정규직 사이의 격차, 특히 사회적 보호 비용의 격차가 비정규직 증가에 미치는 효과를 분석하고자 한다.

3. 비정규직 증가 추이와 사회보험 가입

1) 고용형태상의 비정규직과 임시 · 일용직 추이

비정규직은 노사와 정부가 문제의식에 따라서 서로 다르게 정의하고 있다. 물론 2000년 노사정위에서 고용형태상의 비정규직을 분류 · 정의하는 데 합의했고, 그에 기초하여 정부는 매년 경제활동인구조사 부가조사를 실시하고 있다. 그러나 넓은 의미에서의 비정규직의 문제는 고용형태상의 비정규직 문제뿐만 아니라 취약근로자의 문제까지도 포함한다.

이는 우리나라 노동시장에는 '노동시장의 유연화의 문제'와 '전근대적인 고용관계의 잔존'이라는 두 가지 문제가 공존하기 때문이다. 이러한 두 가지 문제를 간접적으로나마 보여줄 수 있는 두 개의 중요한 통계 기준이 '고용형태'와 '종사상지위'이다. 정확하게 구분되는 것은 아니지만 노동시장 유연화의 문제는 고용형태 지표로 접근할 수 있고, 전근대적인 고용관계의 문제는 종사상지위 지표를 통해서 볼 수 있다. 고용형태상의 비정규직은 전통적인 정규직 고용형태와 다른 것으로 한시적 근로, 시간제 근로, 비전형 근로(파견, 용역, 특수고용 등)로 파악하고 있다. 다른 한편 종사상지위에 따른 분류에서는 상용직, 임시직, 일용직으로 분류하고 있다. 이는 이미 1960년대부터 조사되어 오던 기준이다. 상용직이 아닌 임시직, 일용직은 대부분 중소기업에 종사하는 비중이 높고 근로기준이 지켜지지 않거나 퇴직금이나 상여금을 포함한 기업복지가 적용되지 못하는 비율이 높은 계층으로 파악할 수 있다. 정부는 고용형태상의 비정규직만 비정규직으로 계산하는 반면, 노동계의 경우, 고용형태상의 비정규직과 임시·일용직까지를 비정규직으로 포함시킨다. 이 두 기준은 상당 부분 중첩되는 경우가 많겠지만, 고용형태상의 비정규직과 임시·일용직의 경우 문제의 성격이 다를 수 있기 때문에 정책 방향이나 내용이 다를 수 있다.

임시·일용직 근로자는 막다른 일자리를 담당하는 취약계층으로 볼 수 있다. 이들은 근로빈곤층, 저임금근로자, 중소영세업 취약노동자 등으로 볼 수 있으며, 간병인, 파출부, 영세식당근로자, 택배기사, 대리운전기사, 일용건설근로자, 청소경비용역근로자, 청년알바 등에서 많이 나타나는 형태이다. 이들은 전반적으로 임금이나 보수 수준이

〈표 3-1〉 비정규직 문제의 성격과 취업자 구성, 2010년 8월(경활부가조사 자료)

(단위: 천 명, %)

	경활인구 부가조사의 고용형태상 분류					
	구 분	정규직	비정규직			소 계
			한시적	시간제	비전형	
경활인구 본조사 종사상 지위 분류	상용직	A 8,455천 명 (49.6%)	B 1,695천 명 (9.3%)			10,150천 명 (59.5%)
	임시직 · 일용직	C 2,914천 명 (17.6%)	D 3,983천 명 (23.4%)			6,897천 명 (42.9%)
	소 계	11,369천 명 (66.7%)	5,678천 명 (33.3%)			

	조사 변수	문제의 성격
비정규직	고용형태상의 비정규직 (기간제, 시간제, 비전형)	· 고용불안 · 고용차별
취약근로자[1)]	종사상 지위상의 임시직* · 일용직	· 근로기준 · 최저임금 · 근로빈곤

주: * 고용계약기간이 1년 이상이더라도 상여금 · 퇴직금을 지급받지 못할 것으로 예상되는 경우 임시직으로 분류한다.

낮고 근로기준이나 근로복지가 적용되지 못하기 때문에 일을 통해 최저생계를 확보하기가 쉽지 않고 더 좋은 일자리로의 상향이동이 매우 어렵다는 의미에서 이른바 '막다른 일자리(dead-end job)'로 볼 수 있다.

따라서 이 절에서는 고용형태상의 비정규직과 임시 · 일용직을 모

---

1) 2001년 7월 노사정위원회 『비정규직근로자 대책특별위원회』에서는 "우리나라의 비정규 근로자는 1차적으로 고용형태에 의해 정의되는 것으로 ① 한시적근로자 또는 기간제근로자, ② 단시간근로자, ③ 파견 · 용역 · 호출 등의 형태로 종사하는 근로자를 대상으로 하지만, 우리나라 노동시장의 특성상 위의 범주에는 포함되지 않으나 고용이 불안정하고 근로기준법상의 보호나 각종 사회보험의 혜택에서 누락되어 사회적 보호가 필요한 근로계층이 광범위하게 존재한다는 점을 인식하며 우리 특위는 이를 '취약근로자'로 파악하고 이에 대한 보호방안도 필요하다는 데 공감한다"라고 합의하였다.

두 비정규직의 범주로 포괄하여, 이들의 최근 변화를 규모, 산업, 직업 기준으로 검토해 보고자 한다.

앞 장에서도 보았듯이, 우리나라의 경우 2000년대 들어와 고용형태상의 비정규직은 매우 빠르게 증가하였다. 특히, 2000년대 전반부에 급속히 증가하였으며, 2006년 이후에는 정체 또는 완만한 감소세로 나타나고 있다. 반면, 임시·일용직의 경우에는 2000년 이후 점차적으로 감소하는 추세를 나타내고 있다. 노동수요 측면에서의 주요 지표는 사업체 규모, 산업, 그리고 직종이라고 할 수 있다. 이러한 기준에 따라서 비정규직의 규모 변화 추이를 2000, 2005, 2010년을 기준으로 검토해 보고자 한다.

〈표 3-2〉에서 볼 때, 고용형태상의 비정규직은 2000년 394만 명에서 2005년 548만 명, 2010년 569만 명으로 증가하였다. 규모별로 볼 경우, 비중과 규모 면에서 소규모 사업장이 커다란 비중을 차지하고 있다. 2010년의 경우 전체 비정규직 569만 명 중에서 30인 미만 사업체가 394만 명으로 69.2%를 차지하고 있다. 비정규직 증가율도 10-299인 규모에서 가장 빠르게 증가한 것으로 보인다. 다만, 2005년 이후에는 100인 이상 사업장에서는 더 이상 비정규직이 절대적으로 늘지는 않고 있다. 이는 이미 대기업들에서는 비정규직의 과도한 사용은 경제적으로도 합리적이지 않은 수준까지 높아졌다는 것을 의미하며, 2007년부터 적용된 비정규직법으로 인하여 규모가 어느 정도 되는 기업에서는 비정규직 사용을 자제한 것에 기인하는 것으로 판단된다.

〈표 3-3〉에서 산업별 비정규직 수와 증가 추이를 보면, 제조업에서 비정규직 비중이 낮고 건설업이 가장 높으며 서비스업에서 전반적으로 높은 비중을 나타내고 있다. 특이한 것은 도소매업이나 운수통

〈표 3-2〉 규모별 비정규직 수, 비율, 증감, 증감률 (단위: 천 명, %)

규모	2000년			2005년			2010년		
	전체	비정규직	비중	전체	비정규직	비중	전체	비정규직	비중
1-4인	2,808	1,187	42.3	2,974	1,499	50.4	3,196	1,457	45.6
5-9인	2,267	754	33.3	2,484	1,006	40.5	2,905	1,092	37.6
10-29인	2,614	821	31.4	3,186	1,193	37.5	3,859	1,387	36.0
30-99인	2,652	668	25.2	2,941	981	33.3	3,485	1,100	31.6
100-299인	1,230	228	18.5	1,484	428	28.8	1,675	351	21.0
300인 이상	1,631	285	17.5	1,899	375	19.7	1,928	297	15.4
전체	13,202	3,944	29.9	14,968	5,482	36.6	17,048	5,685	33.3
규모	2000-2005년간 증감			2005-2010년간 증감			2000-2010년간 증감		
	전체	비정규직	증가율	전체	비정규직	증가율	전체	비정규직	증가율
1-4인	166	312	26.3	222	-42	-2.8	388	270	22.7
5-9인	217	252	33.4	422	86	8.5	638	338	44.8
10-29인	573	373	45.4	672	194	16.3	1,245	567	69.0
30-99인	290	313	46.8	543	119	12.2	833	432	64.6
100-299인	254	200	87.7	191	-77	-17.9	445	123	54.0
300인 이상	268	89	31.3	29	-77	-20.6	297	12	4.2
전체	1,766	1,539	39.0	2,080	203	3.7	3,846	1,742	44.2

신업 등 유통서비스업이 오히려 비중이 낮은 것이다.

지난 10년간 제조업에서는 비정규직이 오히려 크게 감소한 반면, 비정규직이 빠르게 증가한 산업은 사회서비스업과 사업서비스업 그리고 전체 규모는 크지 않지만 전기가스수도업 등이다. 취업자 수가 줄어드는 제조업에서는 비정규직이 감소하는 반면, 취업자 수가 크게 증가하는 사회서비스와 사업서비스업에서 비정규직이 증가한 것이다. 이는 새롭게 만들어지는 일자리의 고용형태가 주로 비정규직이라는 것을 의미한다. 특히 보건복지서비스업이나 공공행정, 전기가스업 등에서 비정규직의 증가율이 가장 높아 우리 사회에서 공공부문이 비정규직화를 주도하고 있다는 것을 보여준다.

그러나 제조업에서의 비정규직의 비율이 낮거나 감소하는 현상은

〈표 3-3〉 산업별 비정규직 수, 비율, 증감, 증감률 (단위: 천 명, %)

산업	2000년			2005년			2010년		
	전체	비정규직	비중	전체	비정규직	비중	전체	비정규직	비중
농림광업	187	136	72.5	163	119	72.8	189	123	64.9
제조업	3,357	577	17.2	3,387	701	20.7	3,482	520	14.9
① 경공업	1,425	276	19.4	1,167	306	26.2	933	188	20.2
② 중화학	1,487	226	15.2	1,639	285	17.4	1,796	228	12.7
③ 전자산업	597	100	16.7	713	137	19.2	753	104	13.8
전기가스	59	11	17.9	68	13	19.2	140	21	15.3
건설업	1,253	653	52.1	1,328	838	63.1	1,388	719	51.8
유통서비스	2,264	630	27.8	2,304	771	33.5	2,710	739	27.3
사업서비스	2,229	777	34.8	2,955	1,323	44.8	3,464	1,508	43.5
개인서비스	1,627	647	39.8	1,936	883	45.6	1,928	732	38.0
사회서비스	2,225	514	23.1	2,827	834	29.5	3,746	1,323	35.3
① 교육	704	175	24.8	780	170	21.8	964	324	33.6
② 공공행정	936	248	26.5	1,239	458	36.9	1,414	537	38.0
③ 보건복지 기타	585	91	15.6	808	206	25.5	1,368	462	33.8
전체	13,202	3,944	29.9	14,968	5,482	36.6	17,048	5,685	33.3
	2000-2005년간 증감			2005-2010년간 증감			2000-2010년간 증감		
	전체	비정규직	증가율	전체	비정규직	증가율	전체	비정규직	증가율
농림광업	-24	-17	-12.6	26	4	3.6	2	-13	-9.4
제조업	30	124	21.5	95	-181	-25.9	124	-57	-9.9
① 경공업	-258	30	10.8	-234	-118	-38.6	-492	-88	-31.9
② 중화학	151	59	26.1	158	-57	-20.0	309	2	0.8
③ 전자산업	116	37	36.8	40	-32	-23.7	156	4	4.4
전기가스	9	2	23.1	72	8	64.5	81	11	102.5
건설업	76	185	28.3	60	-119	-14.2	135	66	10.1
유통서비스	40	141	22.4	407	-33	-4.2	446	109	17.2
사업서비스	726	546	70.3	509	185	14.0	1,235	731	94.1
개인서비스	309	236	36.5	-8	-151	-17.1	301	85	13.2
사회서비스	602	320	62.4	919	489	58.7	1,520	810	157.7
① 교육	76	-5	-2.9	184	154	90.6	260	149	85.1
② 공공행정	303	210	84.8	175	80	17.4	478	290	116.9
③ 보건복지 기타	223	115	126.8	560	256	124.0	783	371	408.2
전체	1,766	1,539	39.0	2,080	203	3.7	3,846	1,742	44.2

〈표 3-4〉 직종별 비정규직 수, 비율, 증감, 증감률 (단위: 천 명, %)

직종	2000년			2005년			2010년		
	전체	비정규직	비중	전체	비정규직	비중	전체	비정규직	비중
관리직	190	21	11.3	261	37	14.1	388	48	12.5
전문직, 준전문직	2,708	542	20.0	3,245	875	27.0	3,689	902	24.4
사무직	2,289	347	15.1	3,039	695	22.9	3,549	643	18.1
서비스	1,422	568	39.9	1,621	723	44.6	1,548	593	38.3
판매직	1,022	500	48.9	1,050	535	51.0	1,475	700	47.5
농림어업직	55	37	67.0	60	42	70.4	67	34	51.4
조립원	1,934	601	31.1	1,710	727	42.5	1,630	621	38.1
기능원	1,690	279	16.5	1,753	367	20.9	1,820	313	17.2
단순직	1,891	1,049	55.5	2,230	1,481	66.4	2,882	1,830	63.5
전체	13,202	3,944	29.9	14,968	5,482	36.6	17,048	5,685	33.3
직종	2000-2005년간 증감			2005-2010년간 증감			2000-2010년간 증감		
	전체	비정규직	증가율	전체	비정규직	증가율	전체	비정규직	증가율
관리직	71	15	72.1	127	12	31.5	199	27	126.3
전문직, 준전문직	537	333	61.4	444	27	3.0	981	360	66.3
사무직	749	348	100.5	510	-51	-7.4	1,259	297	85.6
서비스	199	155	27.3	-73	-130	-18.0	125	25	4.4
판매직	28	35	7.0	425	165	30.8	453	200	40.0
농림어업직	4	5	13.5	7	-8	-18.5	11	-3	-7.5
조립원	-223	126	21.0	-80	-106	-14.6	-303	20	3.3
기능원	63	88	31.5	66	-53	-14.6	129	34	12.3
단순직	339	433	41.3	653	349	23.5	992	782	74.5
전체	1,766	1,539	39.0	2,080	203	3.7	3,846	1,742	44.2

사내하도급의 문제를 같이 고려해서 파악되어야 한다. 공식통계상으로는 사내하도급은 비정규직으로 조사되지 않는다. 백두주・조형제(2009)의 사례조사에 따르면, 사내하도급 근로자들은 조사상으로는 대부분 정규직으로 간주되고 있는 것이다. 2010년 8월 현재 고용노동부의 '300인 이상 사업장 하도급 활용 현황' 조사에 따르면, 300인 이상 사업장 1,939개 중에서 799개 사업장에서 32만 6천 명이 사내하도급을 활용하고 있는 것으로 조사되었다. 이 중 제조업이 19만 3천 명에 달하는 것으로 조사되었다. 따라서 사내하청근로를 비정규직

에 포함시킬 경우, 전체 비정규직 비중은 2% 이상 높아질 것이고, 제조업에서의 비정규직 비중도 5% 이상 높아질 것이며 300인 미만 사업장까지 고려하면 더 높아질 것이다.

한편 〈표 3-4〉에서 직종별 비정규직 수와 증가 추이를 보면, 역시 단순직과 판매서비스직에서 고용형태상의 비정규직의 비중이 가장 높다는 것을 알 수 있다. 지난 10년간 관리직, 전문직, 사무직 등에서도 높은 증가율을 나타낸다. 그러나 이러한 추세는 2000~2005년 사이에 이루어진 것이며 2005년 이후에는 전문직과 사무직의 비정규직은 정체되거나 감소하였다. 반면 단순직에서는 꾸준하게 비정규직이 증가하고 있다.

생산직(조립원과 기능원)은 2005년 이후 비정규직의 비중이 크게 감소하고 있으며, 정규직 감소보다 더 큰 폭으로 비정규직이 감소하거나 정규직은 증가하는데 비정규직은 감소하는 현상이 나타났다. 그러나 제조업이나 생산직에서는 앞에서도 지적하였듯이 이른바 사내하도급의 규모가 공식통계상으로는 비정규직으로 분류되어 파악되지 않는다는 점을 고려할 필요가 있다.

다음으로 막다른 일자리에 있는 취약근로자의 현황과 추세를 임시·일용직 지표를 중심으로 검토해 보고자 한다. 〈표 3-5〉에서 볼 때, 임시·일용직은 2000~2005년에 21만 8천 명, 3.2% 증가하는데 그쳤고, 2005년 이후에는 2.1% 감소하였다. 이는 우리의 경제구조가 대-중소기업 간 양극화하면서 소기업들의 사정이 매우 어려워져 이 부문의 일자리가 크게 줄어든 데 기인하는 것으로 보인다. 표에서도 볼 수 있듯이, 임시·일용직은 대부분 10인 미만 사업체에 존재하고 있다. 2010년의 경우, 전체 임시·일용직 690만 명 중에서 10인 미만 사업체에 424만 명, 61.4%가 존재하는 것으로 나타나고 있다.

〈표 3-5〉 규모별 임시 · 일용직 수, 비율, 증감, 증감률 (단위: 천 명, %)

규모	2000년			2005년			2010년		
	전체	임시 · 일용직	비중	전체	임시 · 일용직	비중	전체	임시 · 일용직	비중
1-4인	2,808	2,495	88.8	2,974	2,631	88.5	3,196	2,552	79.9
5-9인	2,267	1,647	72.6	2,484	1,652	66.5	2,905	1,691	58.2
10-29인	2,614	1,360	52.0	3,186	1,480	46.5	3,859	1,498	38.8
30-99인	2,652	867	32.7	2,941	820	27.9	3,485	820	23.5
100-299인	1,230	232	18.8	1,484	290	19.6	1,675	194	11.6
300인 이상	1,631	224	13.7	1,899	169	8.9	1,928	141	7.3
전체	13,202	6,825	51.7	14,968	7,043	47.0	17,048	6,897	40.5
규모	2000-2005년간 증감			2005-2010년간 증감			2000-2010년간 증감		
	전체	임시 · 일용직	증가율	전체	임시 · 일용직	증가율	전체	임시 · 일용직	증가율
1-4인	166	136	5.4	222	-78	-3.0	388	58	2.3
5-9인	217	6	0.3	422	38	2.3	638	44	2.7
10-29인	573	120	8.8	672	18	1.2	1,245	138	10.2
30-99인	290	-48	-5.5	543	0	0.0	833	-48	-5.5
100-299인	254	59	25.3	191	-96	-33.1	445	-37	-16.2
300인 이상	268	-55	-24.5	29	-28	-16.4	297	-83	-36.9
전체	1,766	218	3.2	2,080	-146	-2.1	3,846	72	1.1

지난 10년간 100인 이상 사업체에서는 상용직은 증가한 반면, 임시 · 일용직은 꾸준하게 감소하고 있다. 이는 일정 규모 이상 사업체에서는 근대적인 고용계약관계를 중심으로 전환하고 있는 것이라고 평가할 수 있다. 반면, 29인 이하 사업장의 경우 비중은 꾸준하게 감소하고 있지만 여전히 임시 · 일용직 비중이 거의 50%대의 높은 수준을 유지하고 있다.

산업별로 볼 경우, 임시 · 일용직은 개인서비스업, 유통서비스업, 건설업, 경공업 등에서 높은 비율을 나타내고 있다. 반면에 사회서비스업의 경우 상대적으로 비중이 낮지만, 추세적으로 보면 임시 · 일용

〈표 3-6〉 산업별 임시 · 일용직 수, 비율, 증감, 증감률 (단위: 천 명, %)

산업	2000년			2005년			2010년		
	전체	임시 · 일용직	비중	전체	임시 · 일용직	비중	전체	임시 · 일용직	비중
농림광업	187	161	86.1	163	137	83.9	189	147	77.9
제조업	3,357	1,381	41.1	3,387	1,042	30.8	3,482	840	24.1
① 경공업	1,425	825	57.9	1,167	581	49.8	933	431	46.2
② 중화학	1,487	419	28.2	1,639	358	21.8	1,796	289	16.1
③ 전자산업	597	195	32.8	713	142	19.9	753	120	15.9
전기가스	59	10	17.6	68	10	14.6	140	14	10.2
건설업	1,253	908	72.5	1,328	945	71.2	1,388	839	60.4
유통서비스	2,264	1,307	57.7	2,304	1,348	58.5	2,710	1,331	49.1
사업서비스	2,229	941	42.2	2,955	1,126	38.1	3,464	960	27.7
개인서비스	1,627	1,395	85.7	1,936	1,582	81.7	1,928	1,509	78.2
사회서비스	2,225	721	32.4	2,827	853	30.2	3,746	1,256	33.5
① 교육	704	158	22.5	780	153	19.6	964	301	31.3
② 공공행정	936	370	39.5	1,239	445	35.9	1,414	515	36.4
③ 보건복지 기타	585	193	33.0	808	256	31.7	1,368	440	32.2
전체	13,202	6,825	51.7	14,968	7,043	47.0	17,048	6,897	40.5
	2000-2005년간 증감			2005-2010년간 증감			2000-2010년간 증감		
	전체	임시 · 일용직	증가율	전체	임시 · 일용직	증가율	전체	임시 · 일용직	증가율
농림광업	-24	-24	-15.1	26	11	7.9	2	-14	-8.5
제조업	30	-340	-24.6	95	-202	-19.4	124	-542	-39.2
① 경공업	-258	-244	-29.6	-234	-150	-25.8	-492	-394	-47.7
② 중화학	151	-61	-14.7	158	-68	-19.1	309	-130	-31.0
③ 전자산업	116	-53	-27.4	40	-22	-15.7	156	-76	-38.7
전기가스	9	0	-4.0	72	4	43.5	81	4	37.8
건설업	76	38	4.2	60	-107	-11.3	135	-69	-7.6
유통서비스	40	41	3.1	407	-16	-1.2	446	24	1.9
사업서비스	726	185	19.6	509	-166	-14.7	1,235	19	2.0
개인서비스	309	187	13.4	-8	-73	-4.6	301	114	8.2
사회서비스	602	132	18.4	919	403	47.2	1,520	535	74.2
① 교육	76	-6	-3.5	184	149	97.3	260	143	90.4
② 공공행정	303	75	20.3	175	71	15.9	478	146	39.3
③ 보건복지 기타	223	63	32.7	560	184	71.7	783	247	127.9
전체	1,766	218	3.2	2,080	-146	-2.1	3,846	72	1.1

〈표 3-7〉 직종별 임시 · 일용직 수, 비율, 증감, 증감률 (단위: 천 명, %)

직종	2000년			2005년			2010년		
	전체	임시 · 일용직	비중	전체	임시 · 일용직	비중	전체	임시 · 일용직	비중
관리직	190	4	2.4	261	10	4.0	388	18	4.7
전문직, 준전문직	2,708	728	26.9	3,245	769	23.7	3,689	820	22.2
사무직	2,289	670	29.3	3,039	706	23.2	3,549	562	15.8
서비스	1,422	1,161	81.7	1,621	1,267	78.2	1,548	1,005	65.0
판매직	1,022	858	83.9	1,050	903	86.0	1,475	1,027	69.6
농림어업직	55	47	84.8	60	46	76.5	67	53	80.2
조립원	1,934	1,273	65.8	1,710	1,077	63.0	1,630	865	53.0
기능원	1,690	551	32.6	1,753	530	30.2	1,820	452	24.8
단순직	1,891	1,532	81.0	2,230	1,735	77.8	2,882	2,095	72.7
전체	13,202	6,825	51.7	14,968	7,043	47.0	17,048	6,897	40.5
직종	2000-2005년간 증감			2005-2010년간 증감			2000-2010년간 증감		
	전체	임시 · 일용직	증가율	전체	임시 · 일용직	증가율	전체	임시 · 일용직	증가율
관리직	71	6	133.8	127	8	73.0	199	14	304.5
전문직, 준전문직	537	41	5.6	444	51	6.7	981	92	12.6
사무직	749	36	5.3	510	-144	-20.4	1,259	-108	-16.2
서비스	199	106	9.1	-73	-262	-20.7	125	-156	-13.4
판매직	28	45	5.2	425	124	13.7	453	169	19.7
농림어업직	4	-1	-2.6	7	8	17.2	11	7	14.1
조립원	-223	-196	-15.4	-80	-212	-19.7	-303	-408	-32.1
기능원	63	-22	-3.9	66	-78	-14.6	129	-99	-18.0
단순직	339	203	13.3	653	360	20.7	992	563	36.7
전체	1,766	218	3.2	2,080	-146	-2.1	3,846	72	1.1

직의 비중 감소 현상이 여타 부문과 달리 뚜렷하게 나타나지 않고 있다. 교육서비스업은 2005년 이후 임시 · 일용직이 오히려 크게 증가하였으며 보건복지서비스업에서도 비중이 낮아지지 않고 있다. 임시 · 일용직의 감소 현상이 가장 뚜렷한 업종은 제조업이다. 제조업에서는

임시·일용직이 지속적으로 감소추세에 있는 것을 알 수 있다.

〈표 3-7〉에서 직종별로 볼 경우, 서비스직, 판매직, 단순직 등에서 임시·일용직이 높은 비율을 나타내고 있다. 지난 10년간의 임시·일용직의 변화 추이를 보면, 생산직, 사무직, 서비스직에서 감소를 주도하였다면, 전문직, 판매직, 단순직에서는 오히려 증가하였다는 점을 확인할 수 있다. 이것은 2005년 이후에도 여전히 나타나는 추세이다. 즉 전문직이나 판매직, 단순직에서는 여전히 전근대적인 고용계약관계에 놓인 취약근로자가 오히려 확대되고 있다고 볼 수 있다.

2) 사회보험가입 현황

〈표 3-8〉은 고용형태상의 정규직-비정규직 간의 사회보험가입 현황과 추이를 나타낸 것이다. 우선 규모별로 볼 경우, 정규직-비정규직 구분 못지않게 사업체규모별로 사회보험가입 현황에서 커다란 차이가 존재한다는 것을 확인할 수 있다. 2010년에도 1~4인 규모의 정규직 근로자의 경우 3대사회보험 전부 가입한 근로자의 비율이 29.1%에 불과하다. 물론 이 규모에서 비정규직의 사회보험가입률은 13.7%로 더 낮기는 하다. 그러나 사회보험가입률 격차의 문제는 고용형태의 문제일 뿐만 아니라 규모의 문제(이는 임시·일용직의 비율과도 관련되어 있다)라는 것을 알 수 있다.

산업별로 볼 경우에는 건설업과 개인서비스업에서 사회보험가입률이 현저하게 낮다는 것을 알 수 있다. 사회서비스업의 경우 사회보험가입률이 낮은데, 공무원연금과 사학연금 등에 가입된 경우 3대 사회보험에 가입하지 않게 되기 때문에 이러한 통계 수치가 나타나는 것이다.

〈표 3-8〉 규모, 산업, 직종별 비정규직 사회보험가입률 추이

(단위: %)

□ 규모별 사회보험가입률: 고용형태상 비정규직근로자

사회보험 가입률	2000년								2005년								2010년							
	정규직				비정규직				정규직				비정규직				정규직				비정규직			
	전부 가입	국민 연금	건강 보험	고용 보험	전부 가입	국민 연금	건강 보험	고용 보험	전부 가입	국민 연금	건강 보험	고용 보험	전부 가입	국민 연금	건강 보험	고용 보험	전부 가입	국민 연금	건강 보험	고용 보험	전부 가입	국민 연금	건강 보험	고용 보험
1~4인	7.5	9.7	11.3	11.7	2.7	3.5	4.2	4.3	20.1	22.5	22.3	21.4	6.8	7.8	8.3	7.1	29.1	42.0	94.3	29.8	13.7	25.6	93.3	15.7
5~9인	25.7	31.7	35.3	32.1	9.5	11.3	13.4	12.2	48.3	52.8	52.4	50.5	19.3	22.4	23.4	21.2	58.7	67.2	97.3	60.2	27.0	39.6	94.6	31.0
10~29인	46.9	56.9	60.6	51.8	22.4	27.4	29.8	26.4	66.8	70.5	71.3	67.7	36.4	39.6	41.1	38.1	73.0	80.3	98.8	74.3	42.9	54.0	95.8	47.4
30~99인	58.0	74.4	77.6	62.0	32.5	39.8	43.8	36.5	75.7	81.5	82.4	76.7	53.0	58.6	60.8	55.0	79.8	86.5	99.3	81.2	55.0	68.0	97.6	58.4
100~299인	73.7	88.2	90.0	75.9	50.9	58.7	60.9	53.2	85.7	91.5	91.2	86.3	69.4	74.7	75.2	70.5	92.4	95.0	99.6	93.1	70.3	77.5	97.8	72.3
300인 이상	77.3	91.5	93.0	78.5	51.5	61.3	64.9	54.5	91.6	96.4	96.6	91.8	73.2	79.6	79.9	73.9	96.5	98.4	99.7	96.8	73.2	80.6	98.0	75.6
전체	44.8	54.9	57.6	48.8	19.5	23.5	25.7	22.3	61.8	66.1	66.4	62.9	33.2	36.6	37.7	34.5	67.9	75.7	98.0	69.0	37.7	49.5	95.5	41.0

□ 산업별 사회보험가입률: 고용형태상 비정규직근로자

사회보험 가입률	2000년								2005년								2010년							
	정규직				비정규직				정규직				비정규직				정규직				비정규직			
	전부 가입	국민 연금	건강 보험	고용 보험	전부 가입	국민 연금	건강 보험	고용 보험	전부 가입	국민 연금	건강 보험	고용 보험	전부 가입	국민 연금	건강 보험	고용 보험	전부 가입	국민 연금	건강 보험	고용 보험	전부 가입	국민 연금	건강 보험	고용 보험
농림광업	23.0	26.1	26.3	24.1	3.5	4.1	4.1	3.9	44.6	46.3	46.3	44.6	2.5	3.2	4.5	2.5	29.9	47.9	89.6	34.1	13.3	24.6	89.0	18.4
제조업	63.1	65.7	68.0	67.9	35.2	36.7	38.0	38.1	80.7	82.5	82.4	82.0	53.0	55.1	55.3	54.2	83.8	87.3	99.1	84.7	56.3	62.9	96.6	57.4
① 경공업	45.4	48.8	51.9	51.2	18.2	19.5	20.9	20.4	65.9	69.0	68.2	67.6	38.6	41.2	40.3	40.0	65.5	72.7	98.6	66.6	37.4	45.9	94.9	38.9
② 중화학	75.1	77.0	78.9	79.4	55.2	57.1	59.0	59.8	86.4	88.1	88.5	87.8	63.5	65.6	66.9	64.9	90.2	92.9	99.5	91.2	67.6	71.8	97.4	69.1
③ 전자산업	74.0	76.4	77.9	77.9	33.8	35.2	36.4	35.2	90.3	91.2	91.0	90.9	65.7	67.0	66.8	66.0	89.1	90.6	98.9	89.5	65.6	74.4	97.9	65.6
전기가스	70.8	92.9	92.4	71.9	50.3	52.7	52.7	53.9	93.8	97.6	97.6	93.8	53.3	63.0	63.0	53.3	90.8	92.9	98.6	93.1	75.2	78.5	100.0	79.5
건설업	39.1	42.5	46.3	45.7	4.9	5.5	6.6	7.5	62.3	65.5	65.6	63.5	10.7	11.6	11.3	11.9	79.6	87.7	99.2	81.3	17.3	39.5	93.1	19.3

유통서비스	40.5	45.1	48.5	45.2	23.4	25.6	28.1	26.2	54.5	57.6	56.7	55.8	30.2	32.8	32.7	31.4	61.8	69.8	97.8	62.7	28.8	40.4	95.9	30.1
사업서비스	58.2	64.9	68.0	62.2	35.0	40.4	44.8	39.3	70.4	74.1	75.9	72.0	51.5	56.3	60.6	54.1	75.3	83.3	99.2	77.1	53.0	64.0	97.6	60.2
개인서비스	15.0	16.8	18.1	16.9	4.3	4.8	4.9	5.4	25.5	27.6	27.8	26.0	12.2	13.7	13.7	12.6	30.0	40.7	93.7	30.4	14.8	26.0	92.6	15.7
사회서비스	28.4	68.1	71.2	31.2	14.8	31.6	35.3	18.6	51.8	67.5	67.6	52.0	39.1	47.1	47.6	40.1	65.4	77.3	97.9	66.1	43.4	53.2	95.9	46.1
① 교육	20.2	86.4	90.6	20.9	7.7	30.2	33.0	9.7	37.0	81.0	81.1	37.0	28.0	37.6	39.1	29.0	69.7	92.2	100.0	70.9	38.6	46.4	95.6	45.6
② 공공행정	22.1	62.1	64.2	25.8	13.3	29.6	33.1	17.5	36.3	55.5	55.0	36.6	35.4	43.4	43.6	36.3	42.8	63.1	95.7	43.4	33.4	49.6	94.6	34.5
③ 보건복지 기타	46.6	57.3	60.9	50.6	32.4	39.8	45.8	38.5	71.4	76.3	76.9	71.7	56.6	63.4	63.5	57.7	79.0	85.1	99.2	79.8	57.3	62.2	97.7	58.9
전체	44.8	54.9	57.6	48.8	19.5	23.5	25.7	22.3	61.8	66.1	66.4	62.9	33.2	36.6	37.7	34.5	67.9	75.7	98.0	69.0	37.7	49.5	95.5	41.0

□ 직종별 사회보험가입률: 고용형태상 비정규직근로자

사회보험 가입률	2000년								2005년								2010년							
	정규직				비정규직				정규직				비정규직				정규직				비정규직			
	전부 가입	국민 연금	건강 보험	고용 보험	전부 가입	국민 연금	건강 보험	고용 보험	전부 가입	국민 연금	건강 보험	고용 보험	전부 가입	국민 연금	건강 보험	고용 보험	전부 가입	국민 연금	건강 보험	고용 보험	전부 가입	국민 연금	건강 보험	고용 보험
관리직	71.4	88.0	90.7	73.4	39.7	59.0	66.9	41.1	86.4	94.8	97.2	87.9	66.7	80.8	82.6	67.3	87.1	92.7	100.0	90.9	73.4	87.7	100.0	77.6
전문직	51.4	70.1	72.5	55.0	36.1	45.3	48.8	40.0	71.9	79.4	79.3	72.1	52.4	58.4	59.0	52.9	77.8	85.0	98.7	78.3	51.5	63.0	96.3	52.4
사무직	62.0	76.9	79.3	65.5	40.2	50.2	54.3	44.7	82.0	85.5	85.2	82.6	66.5	70.1	70.1	67.8	90.4	93.5	99.4	90.8	69.1	76.6	97.6	69.7
서비스	13.1	22.0	23.5	14.6	6.9	9.6	9.8	8.5	19.4	23.9	24.1	20.1	19.2	20.9	20.8	19.7	34.7	46.0	94.5	35.3	34.0	40.9	94.5	35.3
판매직	13.7	16.5	19.2	17.8	9.2	11.3	12.2	11.3	24.2	28.1	26.7	25.7	13.5	17.1	16.1	15.1	37.4	53.1	97.0	37.7	20.3	42.6	95.8	21.0
농림어업직	15.9	22.1	22.1	15.9	3.7	5.1	7.3	3.7	50.4	54.3	54.3	50.4	13.9	15.2	16.3	13.9	38.9	49.2	89.6	42.8	22.9	37.1	94.3	33.1
조립원	40.6	44.6	47.5	46.9	12.1	13.7	14.6	15.2	57.6	60.9	61.1	59.8	19.5	21.1	21.0	20.9	70.6	79.7	99.1	71.9	31.1	51.4	95.6	32.1
기능원	67.8	72.4	75.0	72.5	55.3	59.5	61.0	57.8	82.4	84.7	84.2	83.6	58.6	61.8	63.0	59.9	84.1	88.6	98.9	85.2	65.9	72.2	97.2	69.7
단순직	27.6	33.3	38.0	32.6	10.6	12.7	16.0	13.4	42.9	46.4	50.5	45.7	20.4	23.7	27.4	22.5	38.5	47.4	95.4	41.9	25.0	33.5	94.2	32.4
전체	44.8	54.9	57.6	48.8	19.5	23.5	25.7	22.3	61.8	66.1	66.4	62.9	33.2	36.6	37.7	34.5	67.9	75.7	98.0	69.0	37.7	49.5	95.5	41.0

〈표 3-9〉 규모, 산업, 직종별 비정규직 부가급여혜택적용률 추이

(단위: %)

□ 규모별 부가급여혜택률: 고용형태상 비정규직근로자

부가급여 혜택률	2000년								2005년								2010년							
	정규직				비정규직				정규직				비정규직				정규직				비정규직			
	전부혜택	퇴직금	상여금	시간외수당	전부혜택	퇴직금	상여금	시간외수당	전부혜택	퇴직금	상여금	시간외수당	전부혜택	퇴직금	상여금	시간외수당	전부혜택	퇴직금	상여금	시간외수당	전부혜택	퇴직금	상여금	시간외수당
1~4인	5.2	13.4	18.2	7.8	1.8	3.8	4.7	3.8	5.9	15.7	15.8	7.4	2.3	5.2	4.7	3.6	8.9	27.1	40.6	12.6	3.7	13.1	17.8	7.9
5~9인	17.1	34.7	39.6	22.1	4.5	10.2	10.9	7.8	21.7	40.8	38.2	24.1	7.2	15.8	13.2	9.8	22.7	55.5	61.3	26.4	8.7	26.8	26.7	13.1
10~29인	37.0	57.7	56.3	42.7	14.0	26.3	24.8	19.9	40.0	58.4	56.6	44.0	17.2	30.2	26.5	20.9	40.4	71.6	72.0	45.2	16.5	40.4	38.6	21.8
30~99인	55.8	73.7	72.0	59.5	22.5	36.6	35.0	26.5	57.0	73.6	69.9	59.7	29.7	47.2	40.4	32.8	53.2	80.2	76.7	58.1	28.8	52.9	47.9	36.5
100~299인	69.8	86.9	85.1	72.4	42.2	56.0	53.2	45.9	69.4	84.4	82.0	71.7	44.0	61.5	56.0	48.5	71.7	92.5	91.0	74.4	41.2	65.5	62.9	47.9
300인 이상	80.8	91.6	90.7	83.6	45.4	60.5	58.9	49.8	86.6	94.4	93.0	88.2	55.4	68.2	65.1	60.1	83.7	97.1	96.2	84.9	43.6	62.7	61.3	50.5
전체	40.6	56.0	56.9	44.4	13.9	22.4	21.9	17.5	42.7	57.6	55.6	45.2	18.3	28.8	25.5	21.1	41.9	67.2	69.9	45.7	17.0	35.9	35.5	22.5

□ 산업별 부가급여혜택률: 고용형태상 비정규직근로자

부가급여 혜택률	2000년								2005년								2010년							
	정규직				비정규직				정규직				비정규직				정규직				비정규직			
	전부혜택	퇴직금	상여금	시간외수당	전부혜택	퇴직금	상여금	시간외수당	전부혜택	퇴직금	상여금	시간외수당	전부혜택	퇴직금	상여금	시간외수당	전부혜택	퇴직금	상여금	시간외수당	전부혜택	퇴직금	상여금	시간외수당
농림광업	19.4	26.3	27.2	22.0	0.8	3.5	3.1	1.2	22.8	41.6	41.2	24.9	0.7	2.4	2.4	1.1	16.4	32.0	37.4	19.9	5.1	14.2	14.4	6.9
제조업	52.0	67.6	67.5	59.0	27.5	35.3	34.7	35.0	63.4	75.9	74.0	68.1	36.6	46.2	44.9	41.2	62.4	82.8	83.2	68.1	39.7	55.4	55.4	47.8
① 경공업	35.0	51.6	52.1	44.2	10.7	18.7	18.0	18.1	44.7	58.0	56.5	49.7	21.6	30.8	29.2	26.3	43.5	65.1	68.3	51.7	20.4	32.8	35.0	25.7
② 중화학	63.7	79.3	78.8	69.4	47.8	56.2	56.4	54.9	71.5	83.1	80.8	75.8	45.9	57.8	55.8	50.8	69.2	89.0	89.0	73.6	48.2	66.6	65.3	58.9
③ 전자산업	61.7	75.8	75.0	67.1	23.8	30.8	28.9	32.9	72.1	87.2	85.3	76.0	48.0	58.2	58.3	51.3	67.4	88.1	86.4	73.4	56.0	71.9	70.7	63.7
전기가스	81.4	91.8	91.6	84.2	46.3	50.0	49.4	49.4	89.0	97.6	97.6	89.0	23.6	35.6	26.8	26.4	66.9	90.4	86.1	70.0	45.9	73.1	78.0	45.9

건설업	26.8	44.2	43.0	32.3	3.9	5.7	6.0	6.4	40.1	57.5	55.3	43.5	5.0	8.5	7.4	6.9	39.9	75.2	77.4	43.4	5.6	11.9	12.2	10.3
유통서비스	26.7	45.9	47.9	28.8	13.8	25.4	24.8	17.1	28.2	45.3	44.1	29.4	15.0	24.6	21.9	16.9	32.0	59.6	64.4	34.7	14.8	25.7	29.2	18.1
사업서비스	43.0	63.3	63.6	46.4	17.4	36.5	35.0	21.2	45.6	64.5	60.5	47.3	26.0	45.3	38.5	29.5	45.9	75.3	75.4	48.2	24.5	59.2	54.2	30.1
개인서비스	10.6	16.7	18.6	13.0	2.0	3.7	3.4	4.9	13.6	20.4	19.7	15.6	6.2	10.2	9.0	8.5	13.5	28.5	39.9	17.6	6.0	13.8	19.1	11.6
사회서비스	59.6	71.8	73.5	61.1	23.5	32.0	32.4	26.6	43.1	60.1	59.1	44.7	22.0	35.6	31.0	25.1	38.6	68.3	68.8	42.6	13.7	34.1	32.8	20.1
① 교육	86.4	89.7	90.9	87.0	25.9	29.4	32.5	26.9	72.5	77.9	78.6	72.5	12.2	18.6	18.5	15.1	79.4	89.7	84.8	83.7	5.2	11.8	16.7	8.5
② 공공행정	54.0	63.4	64.4	56.2	20.7	29.9	27.6	26.2	34.8	46.8	46.0	36.9	20.0	35.5	28.4	23.7	29.8	50.4	53.2	34.8	13.1	32.9	30.4	23.3
③ 보건복지 기타	39.0	65.2	68.5	40.5	26.8	42.7	45.4	27.3	43.7	69.0	67.3	45.2	34.4	49.6	46.9	36.2	38.5	77.8	77.4	41.7	20.5	51.0	46.7	24.6
전체	40.6	56.0	56.9	44.4	13.9	22.4	21.9	17.5	42.7	57.6	55.6	45.2	18.3	28.8	25.5	21.1	41.9	67.2	69.9	45.7	17.0	35.9	35.5	22.5

□ 직종별 부가급여혜택률: 고용형태상 비정규직근로자

부가급여 혜택률	2000년								2005년								2010년							
	정규직				비정규직				정규직				비정규직				정규직				비정규직			
	전부혜택	퇴직금	상여금	시간외수당	전부혜택	퇴직금	상여금	시간외수당	전부혜택	퇴직금	상여금	시간외수당	전부혜택	퇴직금	상여금	시간외수당	전부혜택	퇴직금	상여금	시간외수당	전부혜택	퇴직금	상여금	시간외수당
관리직	62.8	89.0	89.2	63.6	43.9	62.9	67.5	43.9	61.9	93.9	88.8	64.8	54.6	78.8	77.6	54.6	57.7	94.5	96.2	58.1	41.5	86.7	85.8	43.6
전문직	53.0	71.6	73.2	55.2	29.4	44.9	44.9	33.1	52.3	73.0	72.2	53.4	34.0	50.1	47.8	36.8	46.8	79.6	81.3	48.5	24.6	49.3	49.4	30.1
사무직	57.4	77.6	77.8	59.6	35.0	48.2	47.8	39.7	56.6	76.2	74.8	57.9	40.4	58.2	54.7	42.6	56.6	89.9	90.0	58.0	34.1	60.0	62.3	40.0
서비스	16.5	22.3	22.8	18.9	4.8	8.5	7.2	7.6	12.3	18.8	17.2	14.2	5.8	14.8	10.4	8.7	16.2	33.4	38.7	20.9	10.2	30.8	28.9	15.0
판매직	8.4	16.7	21.1	11.1	3.6	9.0	11.2	7.0	10.4	16.9	16.1	12.2	4.0	8.5	6.6	5.7	16.1	34.3	41.7	19.4	8.8	17.3	21.1	11.9
농림어업직	7.3	23.2	21.7	12.8	2.5	5.1	3.7	3.9	33.6	46.0	49.9	33.6	5.2	9.0	9.3	6.4	19.1	36.4	42.3	22.4	6.5	12.8	13.6	10.0
조립원	34.0	48.1	48.8	41.8	9.3	14.4	13.1	13.9	36.8	48.8	47.2	42.1	11.3	16.2	15.3	14.3	44.2	64.8	71.6	52.2	14.9	26.5	26.5	21.9
기능원	56.5	72.9	73.5	61.4	39.4	54.5	54.4	46.1	64.3	76.9	74.2	67.7	38.9	49.9	48.2	44.7	63.8	82.0	82.0	69.1	44.9	61.9	59.5	55.9
단순직	19.3	33.6	32.1	25.3	4.1	11.9	10.7	7.0	23.0	35.3	29.5	28.4	7.6	16.9	11.4	10.4	19.5	37.8	40.6	27.3	8.1	27.5	24.9	13.3
전체	40.6	56.0	56.9	44.4	13.9	22.4	21.9	17.5	42.7	57.6	55.6	45.2	18.3	28.8	25.5	21.1	41.9	67.2	69.9	45.7	17.0	35.9	35.5	22.5

〈표 3-10〉 규모, 산업, 직종별 임시 · 일용직 사회보험가입률 추이

(단위: %)

□ 규모별 사회보험가입률: 임시 · 일용직

사회보험 가입률	2000년								2005년								2010년							
	상용직				임시 · 일용직				상용직				임시 · 일용직				상용직				임시 · 일용직			
	전부 가입	국민 연금	건강 보험	고용 보험	전부 가입	국민 연금	건강 보험	고용 보험	전부 가입	국민 연금	건강 보험	고용 보험	전부 가입	국민 연금	건강 보험	고용 보험	전부 가입	국민 연금	건강 보험	고용 보험	전부 가입	국민 연금	건강 보험	고용 보험
1~4인	7.5	9.7	11.3	11.7	3.3	4.0	5.0	6.1	20.1	22.5	22.3	21.4	7.0	8.5	8.4	7.7	29.1	42.0	94.3	29.8	9.7	24.2	92.3	10.4
5~9인	25.7	31.7	35.3	32.1	9.5	12.2	14.5	13.8	48.3	52.8	52.4	50.5	16.9	20.4	20.2	18.5	58.7	67.2	97.3	60.2	19.2	34.6	93.5	21.0
10~29인	46.9	56.9	60.6	51.8	18.0	21.7	24.9	23.5	66.8	70.5	71.3	67.7	24.0	27.6	28.3	25.5	73.0	80.3	98.8	74.3	26.6	40.9	94.6	29.6
30~99인	58.0	74.4	77.6	62.0	25.9	30.7	34.8	31.6	75.7	81.5	82.4	76.7	31.1	36.2	37.7	33.7	79.8	86.5	99.3	81.2	31.8	49.5	95.3	34.1
100~299인	73.7	88.2	90.0	75.9	33.6	40.1	43.1	38.9	85.7	91.5	91.2	86.3	42.6	45.8	45.9	44.0	92.4	95.0	99.6	93.1	38.8	49.9	94.1	41.7
300인 이상	77.3	91.5	93.0	78.5	27.4	33.2	37.3	31.8	91.6	96.4	96.6	91.8	42.2	47.7	47.5	44.7	96.5	98.4	99.7	96.8	43.0	54.1	96.1	47.1
전체	44.8	54.9	57.6	48.8	12.4	15.1	17.4	16.6	61.8	66.1	66.4	62.9	18.0	21.0	21.2	19.4	67.9	75.7	98.0	69.0	19.8	34.7	93.6	21.6

□ 산업별 사회보험가입률: 임시 · 일용직

사회보험 가입률	2000년								2005년								2010년							
	상용직				임시 · 일용직				상용직				임시 · 일용직				상용직				임시 · 일용직			
	전부 가입	국민 연금	건강 보험	고용 보험	전부 가입	국민 연금	건강 보험	고용 보험	전부 가입	국민 연금	건강 보험	고용 보험	전부 가입	국민 연금	건강 보험	고용 보험	전부 가입	국민 연금	건강 보험	고용 보험	전부 가입	국민 연금	건강 보험	고용 보험
농림광업	23.0	26.1	26.3	24.1	1.5	2.5	2.5	1.8	44.6	46.3	46.3	44.6	1.7	2.5	2.9	2.1	29.9	47.9	89.6	34.1	8.8	24.8	92.2	12.3
제조업	63.1	65.7	68.0	67.9	22.4	25.0	27.5	28.5	80.7	82.5	82.4	82.0	29.6	33.4	33.1	31.6	83.8	87.3	99.1	84.7	29.7	41.3	94.2	31.1
① 경공업	45.4	48.8	51.9	51.2	15.1	18.1	20.7	21.8	65.9	69.0	68.2	67.6	23.5	27.4	26.5	25.1	65.5	72.7	98.6	66.6	20.8	35.1	93.5	22.5
② 중화학	75.1	77.0	78.9	79.4	32.8	34.8	37.4	38.6	86.4	88.1	88.5	87.8	36.3	40.5	41.2	39.3	90.2	92.9	99.5	91.2	40.7	50.8	95.6	42.1
③ 전자산업	74.0	76.4	77.9	77.9	31.0	33.2	35.0	36.0	90.3	91.2	91.0	90.9	39.9	43.0	42.2	40.3	89.1	90.6	98.9	89.5	35.3	40.6	93.5	35.3
전기가스	70.8	92.9	92.4	71.9	25.5	43.4	40.1	29.2	93.8	97.6	97.6	93.8	30.3	48.0	48.0	30.3	90.8	92.9	98.6	93.1	46.6	56.4	93.0	52.9

건설업	39.1	42.5	46.3	45.7	4.4	5.4	7.1	8.5	62.3	65.5	65.6	63.5	8.2	9.6	9.1	9.3	79.6	87.7	99.2	81.3	15.2	38.9	93.4	17.3
유통서비스	40.5	45.1	48.5	45.2	12.4	14.6	17.6	16.9	54.5	57.6	56.7	55.8	18.6	22.1	21.0	20.3	61.8	69.8	97.8	62.7	19.0	34.3	94.5	20.0
사업서비스	58.2	64.9	68.0	62.2	23.4	28.6	32.5	28.1	70.4	74.1	75.9	72.0	28.9	33.5	37.0	31.7	75.3	83.3	99.2	77.1	24.2	42.9	94.9	27.9
개인서비스	15.0	16.8	18.1	16.9	2.9	3.9	4.6	4.5	25.5	27.6	27.8	26.0	6.4	7.7	7.8	6.8	30.0	40.7	93.7	30.4	8.1	21.1	91.5	8.6
사회서비스	28.4	68.1	71.2	31.2	9.4	15.7	18.8	15.1	51.8	67.5	67.6	52.0	23.4	27.6	27.6	24.1	65.4	77.3	97.9	66.1	28.8	38.9	93.9	31.3
① 교육	20.2	86.4	90.6	20.9	4.8	11.9	15.8	7.1	37.0	81.0	81.1	37.0	25.8	30.4	31.9	27.0	69.7	92.2	100.0	70.9	35.1	41.6	95.2	42.2
② 공공행정	22.1	62.1	64.2	25.8	7.8	14.7	15.8	14.9	36.3	55.5	55.0	36.6	15.0	18.6	18.0	15.7	42.8	63.1	95.7	43.4	15.3	30.2	91.7	16.0
③ 보건복지 기타	46.6	57.3	60.9	50.6	16.3	20.8	26.9	22.0	71.4	76.3	76.9	71.7	36.4	41.5	41.7	37.2	79.0	85.1	99.2	79.8	40.0	47.3	95.6	41.6
전체	44.8	54.9	57.6	48.8	12.4	15.1	17.4	16.6	61.8	66.1	66.4	62.9	18.0	21.0	21.2	19.4	67.9	75.7	98.0	69.0	19.8	34.7	93.6	21.6

□ 직종별 사회보험가입률: 임시・일용직

사회보험 가입률	2000년								2005년								2010년							
	상용직				임시・일용직				상용직				임시・일용직				상용직				임시・일용직			
	전부 가입	국민 연금	건강 보험	고용 보험	전부 가입	국민 연금	건강 보험	고용 보험	전부 가입	국민 연금	건강 보험	고용 보험	전부 가입	국민 연금	건강 보험	고용 보험	전부 가입	국민 연금	건강 보험	고용 보험	전부 가입	국민 연금	건강 보험	고용 보험
관리직	71.4	88.0	90.7	73.4	27.9	40.3	40.3	27.9	86.4	94.8	97.2	87.9	26.5	31.2	31.2	26.5	87.1	92.7	100.0	90.9	31.9	64.5	100.0	31.9
전문직	51.4	70.1	72.5	55.0	15.8	21.2	23.9	20.9	71.9	79.4	79.3	72.1	23.6	26.7	26.8	24.0	77.8	85.0	98.7	78.3	24.4	39.1	93.0	25.3
사무직	62.0	76.9	79.3	65.5	25.6	31.0	35.7	33.2	82.0	85.5	85.2	82.6	37.8	41.5	40.5	39.5	90.4	93.5	99.4	90.8	39.2	52.8	95.4	39.7
서비스	13.1	22.0	23.5	14.6	3.4	4.4	5.0	5.1	19.4	23.9	24.1	20.1	7.8	9.7	9.6	8.4	34.7	46.0	94.5	35.3	12.3	23.8	91.9	12.8
판매직	13.7	16.5	19.2	17.8	6.3	8.1	9.4	9.1	24.2	28.1	26.7	25.7	11.1	14.4	13.3	12.5	37.4	53.1	97.0	37.7	12.4	32.7	94.5	12.9
농림어업직	15.9	22.1	22.1	15.9	0.0	1.1	1.1	0.0	50.4	54.3	54.3	50.4	7.0	7.8	7.8	7.0	38.9	49.2	89.6	42.8	16.1	31.1	91.0	24.1
조립원	40.6	44.6	47.5	46.9	11.4	13.6	15.8	16.6	57.6	60.9	61.1	59.8	15.3	17.7	17.5	17.0	70.6	79.7	99.1	71.9	19.9	43.1	95.1	21.2
기능원	67.8	72.4	75.0	72.5	29.1	32.6	35.4	35.0	82.4	84.7	84.2	83.6	37.0	42.5	41.9	39.3	84.1	88.6	98.9	85.2	39.4	53.7	95.3	41.0
단순직	27.6	33.3	38.0	32.6	10.4	12.6	15.6	14.1	42.9	46.4	50.5	45.7	14.7	17.7	20.0	16.4	38.5	47.4	95.4	41.9	15.8	26.6	92.7	19.6
전체	44.8	54.9	57.6	48.8	12.4	15.1	17.4	16.6	61.8	66.1	66.4	62.9	18.0	21.0	21.2	19.4	67.9	75.7	98.0	69.0	19.8	34.7	93.6	21.6

〈표 3-11〉 규모, 산업, 직종별 임시 · 일용직 부가급여혜택적용률 추이

(단위: %)

□ 규모별 부가급여혜택률: 임시 · 일용직

부가급여 혜택률	2000년								2005년								2010년							
	상용직				임시 · 일용직				상용직				임시 · 일용직				상용직				임시 · 일용직			
	전부혜택	퇴직금	상여금	시간외수당	전부혜택	퇴직금	상여금	시간외수당	전부혜택	퇴직금	상여금	시간외수당	전부혜택	퇴직금	상여금	시간외수당	전부혜택	퇴직금	상여금	시간외수당	전부혜택	퇴직금	상여금	시간외수당
1~4인	5.2	13.4	18.2	7.8	1.7	5.8	9.2	4.0	5.9	15.7	15.8	7.4	0.2	2.0	2.6	1.5	8.9	27.1	40.6	12.6	0.1	5.7	19.3	4.0
5~9인	17.1	34.7	39.6	22.1	5.1	13.0	17.4	9.9	21.7	40.8	38.2	24.1	0.3	4.5	4.0	2.7	22.7	55.5	61.3	26.4	0.3	11.1	19.5	5.6
10~29인	37.0	57.7	56.3	42.7	8.1	21.5	19.8	15.5	40.0	58.4	56.6	44.0	1.7	6.3	5.4	7.3	40.4	71.6	72.0	45.2	0.6	14.2	17.1	9.5
30~99인	55.8	73.7	72.0	59.5	12.3	25.0	23.3	19.5	57.0	73.6	69.9	59.7	3.6	9.7	6.2	9.1	53.2	80.2	76.7	58.1	1.4	16.2	15.3	11.7
100~299인	69.8	86.9	85.1	72.4	22.3	34.4	33.8	28.8	69.4	84.4	82.0	71.7	3.6	12.1	6.7	11.2	71.7	92.5	91.0	74.4	1.1	15.3	15.8	15.8
300인 이상	80.8	91.6	90.7	83.6	18.5	29.1	27.7	26.2	86.6	94.4	93.0	88.2	3.6	10.5	7.5	15.0	83.7	97.1	96.2	84.9	3.1	11.3	12.1	13.0
전체	40.6	56.0	56.9	44.4	6.4	14.8	16.5	11.2	42.7	57.6	55.6	45.2	1.2	5.0	4.2	4.6	41.9	67.2	69.9	45.7	0.5	10.5	18.1	7.0

□ 산업별 부가급여혜택률: 임시 · 일용직

부가급여 혜택률	2000년								2005년								2010년							
	상용직				임시 · 일용직				상용직				임시 · 일용직				상용직				임시 · 일용직			
	전부혜택	퇴직금	상여금	시간외수당	전부혜택	퇴직금	상여금	시간외수당	전부혜택	퇴직금	상여금	시간외수당	전부혜택	퇴직금	상여금	시간외수당	전부혜택	퇴직금	상여금	시간외수당	전부혜택	퇴직금	상여금	시간외수당
농림광업	19.4	26.3	27.2	22.0	0.4	1.9	2.5	1.4	22.8	41.6	41.2	24.9	0.0	0.3	0.3	0.7	16.4	32.0	37.4	19.9	0.0	4.1	7.7	2.0
제조업	52.0	67.6	67.5	59.0	15.5	25.7	28.0	27.7	63.4	75.9	74.0	68.1	4.7	10.9	9.3	16.0	62.4	82.8	83.2	68.1	1.8	17.8	25.3	20.5
① 경공업	35.0	51.6	52.1	44.2	10.4	19.5	21.9	21.9	44.7	58.0	56.5	49.7	2.4	7.5	6.4	10.9	43.5	65.1	68.3	51.7	0.9	14.1	22.9	15.8
② 중화학	63.7	79.3	78.8	69.4	22.7	36.3	39.3	35.4	71.5	83.1	80.8	75.8	6.0	13.6	12.6	19.4	69.2	89.0	89.0	73.6	2.1	22.3	30.1	22.2
③ 전자산업	61.7	75.8	75.0	67.1	20.7	29.3	30.7	35.2	72.1	87.2	85.3	76.0	9.8	18.1	12.8	24.3	67.4	88.1	86.4	73.4	4.1	20.1	22.2	32.9
전기가스	81.4	91.8	91.6	84.2	12.5	37.0	31.6	22.3	89.0	97.6	97.6	89.0	4.2	12.1	4.2	4.2	66.9	90.4	86.1	70.0	0.0	25.3	17.7	8.4

건설업	26.8	44.2	43.0	32.3	2.3	6.3	6.6	5.5	40.1	57.5	55.3	43.5	0.2	1.4	1.5	2.4	39.9	75.2	77.4	43.4	0.1	5.3	8.7	5.3
유통서비스	26.7	45.9	47.9	28.8	5.2	15.2	17.9	8.0	28.2	45.3	44.1	29.4	0.8	4.8	4.6	2.6	32.0	59.6	64.4	34.7	0.4	12.0	22.2	4.9
사업서비스	43.0	63.3	63.6	46.4	8.0	24.6	24.7	12.0	45.6	64.5	60.5	47.3	1.2	8.7	4.8	4.1	45.9	75.3	75.4	48.2	0.6	16.5	17.5	5.8
개인서비스	10.6	16.7	18.6	13.0	1.0	3.4	4.8	3.3	13.6	20.4	19.7	15.6	0.2	1.5	1.7	1.9	13.5	28.5	39.9	17.6	0.0	5.3	18.4	4.9
사회서비스	59.6	71.8	73.5	61.1	6.0	16.2	19.4	9.3	43.1	60.1	59.1	44.7	0.4	4.6	4.8	2.8	38.6	68.3	68.8	42.6	0.4	9.7	16.9	5.4
① 교육	86.4	89.7	90.9	87.0	7.2	9.2	13.4	9.1	72.5	77.9	78.6	72.5	0.7	4.2	6.9	3.8	79.4	89.7	84.8	83.7	0.9	3.5	10.2	3.5
② 공공행정	54.0	63.4	64.4	56.2	4.5	13.1	14.1	9.4	34.8	46.8	46.0	36.9	0.1	3.6	2.8	2.5	29.8	50.4	53.2	34.8	0.2	5.0	13.6	7.9
③ 보건복지 기타	39.0	65.2	68.5	40.5	7.8	27.8	34.3	9.4	43.7	69.0	67.3	45.2	0.6	6.7	7.2	2.5	38.5	77.8	77.4	41.7	0.2	19.5	25.3	3.8
전체	40.6	56.0	56.9	44.4	6.4	14.8	16.5	11.2	42.7	57.6	55.6	45.2	1.2	5.0	4.2	4.6	41.9	67.2	69.9	45.7	0.5	10.5	18.1	7.0

□ 직종별 부가급여혜택률: 임시 · 일용직

부가급여 혜택률	2000년								2005년								2010년							
	상용직				임시 · 일용직				상용직				임시 · 일용직				상용직				임시 · 일용직			
	전부혜택	퇴직금	상여금	시간외수당	전부혜택	퇴직금	상여금	시간외수당	전부혜택	퇴직금	상여금	시간외수당	전부혜택	퇴직금	상여금	시간외수당	전부혜택	퇴직금	상여금	시간외수당	전부혜택	퇴직금	상여금	시간외수당
관리직	62.8	89.0	89.2	63.6	20.7	40.3	45.6	26.1	61.9	93.9	88.8	64.8	0.0	8.7	8.7	0.0	57.7	94.5	96.2	58.1	0.0	17.8	35.0	3.2
전문직	53.0	71.6	73.2	55.2	6.9	21.2	24.6	10.8	52.3	73.0	72.2	53.4	0.3	4.6	5.3	2.7	46.8	79.6	81.3	48.5	0.2	11.5	20.6	5.7
사무직	57.4	77.6	77.8	59.6	11.2	30.8	32.2	15.3	56.6	76.2	74.8	57.9	0.8	7.5	7.1	3.2	56.6	89.9	90.0	58.0	0.5	17.0	27.0	6.3
서비스	16.5	22.3	22.8	18.9	0.9	3.6	4.4	3.2	12.3	18.8	17.2	14.2	0.3	2.2	1.6	2.1	16.2	33.4	38.7	20.9	0.2	7.5	17.8	3.8
판매직	8.4	16.7	21.1	11.1	2.1	7.0	10.4	5.0	10.4	16.9	16.1	12.2	0.4	2.6	3.0	1.9	16.1	34.3	41.7	19.4	0.2	7.8	17.7	4.0
농림어업직	7.3	23.2	21.7	12.8	0.0	1.7	0.6	3.0	33.6	46.0	49.9	33.6	0.0	0.0	1.0	1.1	19.1	36.4	42.3	22.4	0.0	8.7	14.3	3.9
조립원	34.0	48.1	48.8	41.8	8.5	15.8	18.3	16.3	36.8	48.8	47.2	42.1	0.9	4.0	3.9	6.2	44.2	64.8	71.6	52.2	0.3	8.1	18.1	11.0
기능원	56.5	72.9	73.5	61.4	18.1	30.6	34.5	26.9	64.3	76.9	74.2	67.7	6.3	14.9	11.5	15.7	63.8	82.0	82.0	69.1	3.0	22.3	28.5	19.5
단순직	19.3	33.6	32.1	25.3	4.8	11.6	10.8	9.7	23.0	35.3	29.5	28.4	1.3	5.3	3.1	5.2	19.5	37.8	40.6	27.3	0.4	9.6	12.9	6.5
전체	40.6	56.0	56.9	44.4	6.4	14.8	16.5	11.2	42.7	57.6	55.6	45.2	1.2	5.0	4.2	4.6	41.9	67.2	69.9	45.7	0.5	10.5	18.1	7.0

직종별로 볼 경우, 판매직, 서비스직, 단순직 등에서 사회보험가입률이 낮고 이는 비정규직만을 놓고 볼 때도 마찬가지이다.

〈표 3-9〉는 고용형태상의 정규직-비정규직 간의 부가급여혜택 적용의 현황과 추이를 나타낸 것이다. 퇴직금, 상여금, 시간외 수당 등 부가급여혜택 적용률은 사회보험가입률과 마찬가지로 규모가 크게 작용한다. 그러나 고용형태에서도 정규직에 비해서 비정규직은 거의 절반 수준이다. 산업별로 볼 경우에도 건설업과 개인서비스업에서 부가급여혜택 적용률이 낮은 것으로 나타나고 있고, 직종별로도 사회보험가입률과 마찬가지로 판매서비스직, 단순직 등에서 낮은 것으로 나타나고 있다.

한편 임시·일용직을 대상으로 하여 사회보험가입률과 부가급여혜택적용률 추이를 규모, 산업, 직종별로 본 것이 〈표 3-10〉과 〈표 3-11〉이다. 앞에서 고용형태상의 비정규직의 추이와 구성이 거의 비슷하기 때문에 자세한 설명은 달지 않기로 한다.

4. 정규-비정규직 간 보호 격차와 비정규직

이 절에서는 정규직과 비정규직의 격차 차이가 비정규직의 확대를 가져왔는가라는 가설을 검토하고자 한다. 이는 비정규직에 대한 사회적 보호의 확대가 비정규직의 확산을 방지할 수 있는가라는 문제제기와도 관련된다. 비정규직에 대한 사회적 보호 확대가 비정규직 사용의 인센티브를 줄일 경우, 비정규직 확산을 억제할 수 있다고도 볼 수 있다. 이는 최근 논의되고 있는 비정규직-저임금근로자에 대한 사회보험 감면 정책 효과 분석과도 같은 맥락에서 검토될 수 있다고 판단된다.

우선 통계청의 경제활동인구조사 부가조사 자료를 비정규직 비율과 정규직과 비정규직 간 격차의 상관관계를 검토해 보고자 한다. 경제활동인구조사 부가조사 자료는 고용형태상의 비정규직, 임시·일용직 등의 변수를 포함하고 있고 동시에 임금과 사회보험가입, 부가급여 적용 등의 변수가 있기 때문에 이들 사이의 관계를 보는 데 적절하다고 판단된다. 다만, 가계조사이기 때문에 기업의 비정규직 채용행위를 분석하기에는 적절하지 않다. 따라서 경제활동인구조사 부가조사 자료에서 규모-산업-직종별 셀을 하나의 분석 단위로 하여 비정규직 비율과 여타 변수들 사이의 관계를 검토해 보고자 한다.

여기서 규모 6개 분류, 산업 10개 분류, 직종 9개 분류로 구분된 셀이 이론적으로는 540개가 만들어진다. 대상년도를 2000, 2005, 2010년으로 하였다. 따라서 총 셀은 1,620개가 나온다. 그러나 가중치를 고려한 셀의 근로자 수 기준을 5,000명 이상으로 제한하였다. 따라서 셀 규모는 매년 200개 내외이다.

이렇게 구성된 셀별로 비정규직 비율과 여타 변수들 사이의 상관관계를 구한 것이 〈표 3-12, 13〉이다. 3개년도 전체(pooling) 자료를 분석한 결과와 개별 연도 분석 결과를 같이 제시하였다. 분석 결과를 보면, 정규직이든 비정규직이든 임금 수준은 비정규직 비율과 부의 상관관계를 가지는 것으로 나타났다. 그런데 정규직과 비정규직의 임금격차는 오히려 유의도는 낮지만 정의 상관관계를 가지는 것으로 나타났다. 정규직과 비정규직의 임금격차가 큰 셀에서 비정규직 비율이 반드시 높은 것은 아니라는 것이다.

반면, 비정규직의 사회보험가입률의 크기는 비정규직 비율의 크기

〈표 3-12〉 비정규직 비율과 여타 변수들 간의 상관관계

	전체(pooling)	2000	2005	2010
정규직시간당임금	-0.281	-0.490	-0.409	-0.523
비정규직시간당임금	-0.219	-0.388	-0.522	-0.428
정규직과의임금격차[1]	0.011	0.051	-0.261	0.079
정규직과의임금격차[2]	0.039	0.117	-0.248	0.100
비정규직사회보험가입률	-0.291	-0.393	-0.491	-0.422
비정규직부가급여지급률	-0.369	-0.419	-0.534	-0.356
관측치 수	660	233	220	227

주: 정규직과의 임금격차[1]은 정규직시간당임금의 로그값에서 비정규직의 시간당임금의 로그값을 뺀 것이며, 정규직과의 임금격차[2]은 비정규직시간당임금을 정규직의 시간당 임금으로 나눈 것이다.
자료: 통계청, 경제활동인구조사 부가조사, 2000, 2005, 2010년 자료

〈표 3-13〉 임시 · 일용직 비율과 여타 변수들 간의 상관관계

	전체(pooling)	2000	2005	2010
상용직시간당임금	-0.522	-0.647	-0.632	-0.607
임시 · 일용직시간당임금	-0.179	-0.438	-0.279	-0.302
상용직과의임금격차[1]	0.172	0.184	0.248	0.192
상용직과의임금격차[2]	0.186	0.204	0.273	0.200
임시 · 일용직사회보험가입률	-0.518	-0.587	-0.571	-0.516
임시 · 일용직부가급여지급률	-0.273	-0.408	-0.209	-0.175
관측치 수	648	231	196	221

주: 정규직과의 임금격차[1]은 정규직시간당임금의 로그값에서 비정규직의 시간당임금의 로그값을 뺀 것이며, 정규직과의 임금격차[2]은 비정규직시간당임금을 정규직의 시간당 임금으로 나눈 것이다.
자료: 통계청, 경제활동인구조사 부가조사, 2000, 2005, 2010년 자료

와 상대적으로 더 유의하고 큰 부의 상관관계를 가지는 것으로 나타났다. 이는 비정규직에 대한 부가급여지급률의 차이도 마찬가지로 나타났다.

한편, 〈표 3-13〉에서 고용형태상의 비정규직이 아니라 막다른 일자리의 취약근로자를 대표한다고 할 수 있는 임시 · 일용직의 경우에도 거의 비슷한 관계가 나타나고 있다. 특히 사회보험가입률에서 임시 · 일용직의 사회보험가입률이 큰 셀에서 임시 · 일용직의 비율은

낮은 상관관계가 더욱 뚜렷한 것으로 나타났다.

다음으로 이러한 사회보험가입률과 비정규직 비율 사이의 관계를 좀 더 자세히 보기 위해 고용노동부의 근로형태별 고용실태조사(2007년까지는 사업체근로실태조사)를 활용하여 사업체 단위의 분석을 해 보았다. 사업체가 해당되어 있는 노동시장에서 사회보험가입의 압력이 클 경우 이것이 비정규직의 활용 비율에 영향을 미치는지를 검토했다. 최근에는 근로형태별 고용실태조사에서 사업체별로 구분할 수 있는 변수를 주지 않고 있기 때문에 2005년 자료를 활용해서 분석했다.

2005년 사업체근로실태조사는 약 2만 개가 넘는 사업체와 약 56만 명에 달하는 근로자에 대해서 매우 자세하게 비정규직 고용형태를 조사하고 있으며, 사업체에 관한 기본적인 정보와 사회보험가입여부 및 부가급여혜택 적용 등을 조사하고 있다.

따라서 이 자료를 활용하여 사업체 단위로 비정규직 비율을 종속변수로, 그리고 사회보험가입률과 부가급여혜택 적용률 등을 설명변수로, 규모, 산업, 사업체의 인적 구성(성, 연령, 학력 등), 사업체의 임금 수준, 상여금지급여부, 노동조합 여부, 근로자의 노조가입비율 등을 통제변수로 하는 회귀분석 모델을 분석해 볼 수 있다. 〈표 3-14〉는 이러한 변수들의 기초 통계를 보여주고 있다. 사업체의 비정규직 비율은 평균 27.0%로 나타나고 있으며, 여성은 44.4%, 대졸자 비중은 25.2%, 청년은 29.2% 등으로 나타나고 있고, 노동조합에 가입된 사업체의 비율은 11.8%로 나타났다. 상여금을 지급하는 사업체는 약 50%에 달하는 것으로 나타났다.

한편, 설명변수인 정규직과 비정규직의 임금격차, 사회보험가입률과 부가급여혜택적용률 등은 사업체 단위로 계산하기가 어렵다. 왜냐하면 비정규직을 하나도 활용하지 않고 있는 사업체가 전체 사업체의

〈표 3-14〉 기초통계

변수명	정의	단위	평균값	표준편차	최댓값	최소값
ngr	비정규직	%	27.0	38.3	100.0	0.0
female	여성	%	44.4	36.7	100.0	0.0
hedu	대졸자	%	25.2	33.1	100.0	0.0
medu	고졸-전문대졸 비율	%	64.3	35.3	100.0	0.0
youth	청년 비율	%	29.2	32.0	100.0	0.0
old	55세 이상 비율	%	8.0	18.5	100.0	0.0
oc1	전문직/준전문직 비율	%	18.2	32.6	100.0	0.0
oc2	판매서비스직 비율	%	35.9	39.6	100.0	0.0
oc3	생산직 비율	%	16.2	30.7	100.0	0.0
oc4	단순직 비율	%	25.9	39.8	100.0	0.0
k3	10-29인	%	16.4	37.0	100.0	0.0
k4	30-99인	%	9.3	29.0	100.0	0.0
k5	100-299인	%	5.0	21.8	100.0	0.0
k6	300-499인	%	1.8	13.4	100.0	0.0
k7	500인 이상	%	9.7	29.6	100.0	0.0
in1	제조업(경공업)	%	8.2	27.4	100.0	0.0
in2	제조업(중화학공업)	%	10.4	30.5	100.0	0.0
in3	건설업	%	4.1	19.8	100.0	0.0
in4	사업서비스업	%	15.8	36.5	100.0	0.0
in5	사회서비스업	%	20.2	40.1	100.0	0.0
in6	유통서비스업	%	21.0	40.7	100.0	0.0
in7	개인서비스업	%	13.0	33.6	100.0	0.0
gen_est	일반사업체 비율	%	93.6	24.5	100.0	0.0
nojo	노동조합 여부	%	11.8	32.3	100.0	0.0
ujoin	노조가입자	%	4.0	17.1	100.0	0.0
lwage	시간당임금로그값		1.86	0.49	5.54	-0.57
f1c1	상여금지급	%	48.9	50.0	100.0	0.0
w_dif_ind	정규-비정규 임금격차(산업)		0.24	0.27	1.14	-0.84
i_dif	정규-비정규 사회보험가입률 차이(산업)	%P	38.4	24.1	97.5	-72.6
b_dif	정규-비정규 부가급여 차이(산업)	%P	35.9	19.1	100.0	-17.1
N	사업체 수	20,351				

자료: 고용노동부, 사업체근로실태조사, 2005년

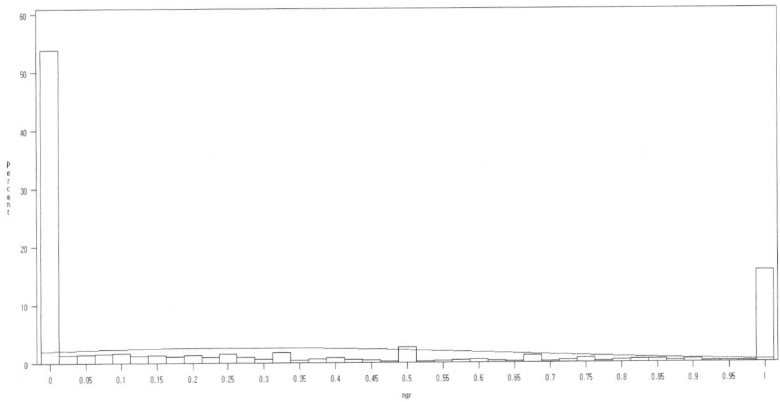

자료: 고용노동부, 사업체근로실태조사, 2005년

〈그림 3-1〉 사업체별 비정규직 비율 분포

절반을 넘는 53.5%의 10,888개에 달하기 때문에(〈그림 3-1〉 참조), 이러한 변수를 사업체 단위로 계산하는 것이 무의미하다. 따라서 이러한 변수값은 산업 3자리 단위로 계산하여 기존 사업체 자료에 결합하였다. 즉 사업체들이 직면하는 노동시장에서의 압력은 산업 세분류 업종별로 나누어질 수 있다는 가정을 하고 있는 것이다. 즉, 사업체가 속해 있는 산업별 노동시장에서 정규직과 비정규직의 임금격차, 정규직과 비정규직의 사회보험가입률격차, 부가급여혜택적용률 격차 등을 계산하여 적용하였다.

한편 앞에서 지적했듯이, 〈그림 3-1〉에서 비정규직 비율이 0인 사업체가 50%를 넘어 정규분포를 하고 있지 않기 때문에 일반적인 OLS 모형을 적용하는 데에는 문제가 있다. 이렇게 표본이 좌측절단(left-censored)된 경우에는 일반적으로 최우도추정법(MLE)의 Tobit 모형을 적용한다. 분석 모형은 아래와 같이 표현된다. Xi는 비정규직사용에 영향을 미치는 설명변수, β는 추정계수, 그리고 ε는 오차항으로 ~ N(0, σ 2)이다. 이와 같이 Tobit 모형을 사용하면, 비정규직을 고용하고 있는 기업들에 대해서는 전통적 회귀분석에 대응되는 추정치를 제공할 뿐만 아니라, 비정규직을 한 명도 고용하고 있지 않은 기업에 대해서도 적절한 확률을 추정하도록 해주어 종속변수가 가지고 있는 정보를 왜곡 없이 활용할 수 있다. 본 연구의 분석에서도 Tobit 모델을 적용하여 비정규직 비율의 결정 요인을 분석하고자 하였다. 분석 결과는 〈표 3-15, 16, 17〉에 제시되어 있다.

$$y^* = X\beta + \varepsilon$$
$$y = y^* \quad \text{if } y^* > 0$$
$$y = 0 \quad \text{if } y^* \leq 0$$
$$\varepsilon \sim N(0, \sigma 2)$$

분석 결과를 보면, 대부분의 변수들이 기존의 연구에서 확인된 결과들과는 일치하는 모습을 보여준다. 우선, 여성과 저학력층 및 청년을 더 많이 활용하는 사업체는 유의하게 비정규직 비율이 높은 것으로 나타나고 있으며, 55세 이상의 중고령층 비율은 비정규직 비율에 유의한 영향을 미치지는 않는 것으로 분석되었다. 직종과 산업도 앞에서 경제활동인구조사 자료에서 검토한 것과 유사한 결과를 보여주고 있다. 생산직이나 단순직의 비율이 높은 사업체일수록 비정규직 비율이 높게 나타났다. 산업에서도 사회서비스업과 개인서비스업에서 비정규직 비율이 높은 것으로 나타났다. 그러나 규모 변수의 경우에는, 가구조사인 경제활동인구조사와는 다른 결과를 나타내고 있다. 규모가 큰 기업체에 속한 사업체일수록 유의하게 비정규직 비율이 오히려 더 큰 것으로 나타나고 있다. 다른 조건들이 다 동일할 경우 규모가 큰 기업일수록 오히려 비정규직을 활용하는 성향이 더 높은 것으로 판단된다. 한편 노동조합 가입 여부는 비정규직 비율에 유의한 영향을 미치지는 않는 것으로 나타났으며 노동조합에 가입한 종업원 비중 변수는 유의하지는 않지만 비정규직 비율을 낮추는 것으로 나타났다.

한편 본 연구의 관심사항인 임금 수준, 정규직과 비정규직 사이의 임금격차, 그리고 정규직과 비정규직 사이의 사회보험가입률 차이나 부가급여적용률의 차이가 비정규직에 미치는 효과를 검토해 보았다. 우선 전반적으로 사업체의 임금 수준이 높을 경우 비정규직 비율은 낮은 것으로 나타났다. 이는 비정규직 비율이 높을수록 당연히 임금 수준이 낮을 것이기 때문에 당연한 결과라고 생각되지만, 비정규직을 낮은 질의 일자리에 비용절감의 목적으로 활용한다는 점을 시사한다고도 볼 수 있다. 이는 임금 수준과 비정규직 비율 사이의 관계는 내생성의 문제를 통제하는 좀 더 나은 자료와 계량 분석 모델을 활용해서 분석해야 할 것이다. 본 연구에서는 이를 분석할 수 있는 패널자료의 구축이 가능하지 않기 때문에 이는 추후의 연구 과제로 남겨두고자 한다.

한편, 사업체가 포함되어 있는 동종의 산업에서 정규직과 비정규직의 격차가 어느 정도 자기 사업체의 비정규직 비율에 영향을 주는지를 분석한 결과를 보자. 일단 규모를 구분하지 않고 전체 사업체를 대상으로 분석한 〈표 3-15〉를 보면, 정규직과 비정규직의 임금격차는 비정규직 비율에 유의한 영향을 미치지는 못하는 것으로 나타났다. 유의하지는 않지만, 임금격차가 클수록 오히려 비정규직 활용 정도는 낮은 것으로 나타나고 있다. 부가급여혜택에서의 정규직과 비정규직의 차이도 비정규직 비율에 유의한 영향을 미치지는 못하는 것으

〈표 3-15〉 비정규직 비율에 관한 토빗 모형의 추정 결과(전사업체)

변수명	정의	계수값	표준편차	유의도
Intercept		0.073	(0.071)	
female	여성	0.150	(0.017)	***
hedu	대졸자	-0.367	(0.029)	***
medu	고졸-전문대졸 비율	-0.339	(0.024)	***
youth	청년 비율	0.121	(0.018)	***
old	55세 이상 비율	0.004	(0.032)	
oc1	전문직/준전문직 비율	0.319	(0.060)	***
oc2	판매서비스직 비율	0.416	(0.060)	***
oc3	생산직 비율	0.462	(0.060)	***
oc4	단순직 비율	0.578	(0.058)	***
k3	10-29인	0.103	(0.015)	***
k4	30-99인	0.178	(0.019)	***
k5	100-299인	0.205	(0.025)	***
k6	300-499인	0.252	(0.039)	***
k7	500인 이상	0.386	(0.023)	***
in1	제조업(경공업)	-0.078	(0.028)	***
in2	제조업(중화학공업)	-0.041	(0.027)	
in3	건설업	-0.142	(0.037)	***
in4	사업서비스업	-0.050	(0.024)	**
in5	사회서비스업	0.067	(0.027)	**
in6	유통서비스업	-0.052	(0.024)	**
in7	개인서비스업	0.172	(0.028)	***
gen_est	일반사업체비율	-0.066	(0.021)	***
nojo	노동조합 여부	0.00003	(0.022)	
ujoin	노조가입자	-0.023	(0.032)	
lwage	시간당임금로그값	-0.125	(0.014)	***
f1c1	상여금지급	-0.303	(0.012)	***
w_dif_ind	정규-비정규임금격차(산업)	-0.029	(0.025)	
i_dif	정규-비정규사회보험가입률차이(산업)	0.103	(0.029)	***
b_dif	정규-비정규부가급여차이(산업)	0.001	(0.037)	
_Sigma		0.638	(0.005)	***
관찰치수			20,308	

주: ***, **, * 는 각각 유의수준 0.01, 0.05, 0.1 등을 의미한다.

로 나타났다. 반면, 사회보험가입률에서의 정규직과 비정규직의 격차가 클수록 비정규직 사용비중은 더 높은 것으로 나타났다.

이러한 결과는 비정규직 고용형태를 좀 더 세분해서 볼 경우 약간 달라진다. 〈표 3-16〉에서 계약직, 시간제, 간접고용(독립도급, 파견, 용역)을 구분해서 볼 경우, 사회보험가입률에서의 정규직과 비정규직의 격차가 클수록, 비정규직 사용비중이 더 높게 나타나는 고용형태는 간접고용인 것으로 나타났다. 계약제나 시간제의 경우 이러한 효과는 유의하게 부의 값을 나타내고 있다.

또한 규모별로 구분해서 추정해 볼 경우에도 약간 다른 결과를 보인다. 〈표 3-17〉에서 기업체 규모를 기준으로 1~29인, 30~299인, 300인 이상 세 범주로 구분해서 분석해 볼 경우, 사회보험가입률의 정규직-비정규직 격차는 1~29인의 소규모 사업체에서만 유의하게 나타나고 있다. 반면, 30인 이상 사업체에서는 유의한 영향을 주지 못하는 것으로 나타난다.

한편, 정규직과 비정규직의 임금격차는 300인 이상 대기업에 속한 사업체에서는 유의하게 정의 값을 나타내고 있고, 30인 미만 기업규모에 속한 사업체에서는 유의하게 부의 값을 나타내고 있다. 즉 대기업의 경우 정규직과 비정규직의 임금격차가 비정규직 비율을 높이는 요인으로 작용한다면, 영세사업장의 경우 정규직과 비정규직의 임금격차는 큰 요인으로 작용하지 않는다는 것을 확인할 수 있다. 영세기업들의 경우 정규직과 비정규직의 임금격차가 실제로 그리 크지 않고 노동시장에서의 격차가 기업들에게 직접적인 영향을 주지 않는 것으로 볼 수 있다. 한편 부가급여의 정규직-비정규직 차이는 규모별로 구분해 볼 때에도 비정규직에 대해 유의한 영향을 주지는 않는 것으로 나타났다.

〈표 3-16〉 비정규직 비율에 관한 토빗 모형의 추정 결과(비정규직 고용형태별)

변수명	정의	계약직			시간제			간접고용		
		계수값	표준편차	유의도	계수값	표준편차	유의도	계수값	표준편차	유의도
Intercept		-1.908	(0.210)	***	-1.022	(0.111)	***	-2.238	(0.204)	***
female	여성	0.262	(0.034)	***	0.097	(0.027)	***	0.133	(0.043)	***
hedu	대졸자	0.122	(0.062)	**	0.108	(0.048)	**	-0.223	(0.073)	***
medu	고졸-전문대졸 비율	-0.093	(0.053)	*	0.014	(0.042)		-0.161	(0.060)	***
youth	청년 비율	0.532	(0.034)	***	0.042	(0.029)		-0.451	(0.052)	***
old	55세 이상 비율	-0.193	(0.076)	*	0.200	(0.051)	***	0.363	(0.074)	***
oc1	전문직/준전문직 비율	0.797	(0.189)	***	0.062	(0.091)		0.895	(0.180)	***
oc2	판매서비스직 비율	1.062	(0.190)	***	0.141	(0.092)		0.735	(0.182)	***
oc3	생산직 비율	0.736	(0.193)	***	0.103	(0.093)		0.792	(0.182)	***
oc4	단순직 비율	1.044	(0.185)	***	0.196	(0.088)	**	1.006	(0.175)	***
k3	10-29인	-0.113	(0.035)	***	0.267	(0.022)	***	0.451	(0.038)	***
k4	30-99인	-0.123	(0.047)	*	0.407	(0.026)	***	0.615	(0.045)	***
k5	100-299인	-0.081	(0.061)		0.461	(0.032)	***	0.964	(0.053)	***
k6	300-499인	-0.096	(0.101)		0.538	(0.047)	***	0.964	(0.077)	***
k7	500인 이상	0.228	(0.050)	***	0.422	(0.030)	***	1.153	(0.051)	***
in1	제조업(경공업)	0.087	(0.076)		-0.107	(0.041)	***	0.140	(0.070)	
in2	제조업(중화학공업)	-0.020	(0.079)		-0.213	(0.039)	***	0.293	(0.068)	**
in3	건설업	-0.796	(0.158)	***	-0.328	(0.059)	***	-0.106	(0.106)	***
in4	사업서비스업	0.024	(0.067)		0.063	(0.032)	**	0.515	(0.057)	***
in5	사회서비스업	0.544	(0.068)	***	0.084	(0.034)	**	0.462	(0.063)	***
in6	유통서비스업	0.296	(0.064)	***	-0.134	(0.033)	***	0.489	(0.058)	***
in7	개인서비스업	0.539	(0.069)	***	-0.163	(0.039)	***	0.383	(0.079)	*
gen_est	일반사업체비율	0.078	(0.049)		-0.087	(0.028)	***	-0.283	(0.043)	***
nojo	노동조합 여부	0.067	(0.052)		0.124	(0.027)	***	-0.039	(0.043)	
ujoin	노조가입자	-0.052	(0.074)		0.126	(0.039)	***	-0.113	(0.072)	
lwage	시간당임금로그값	-0.284	(0.030)	***	0.025	(0.021)		-0.079	(0.032)	**
f1c1	상여금지급	-0.335	(0.026)	***	0.057	(0.018)	***	-0.260	(0.030)	***
w_dif_ind	정규-비정규임금격차(산업)	-0.009	(0.064)		0.031	(0.022)		0.023	(0.037)	
i_dif	정규-비정규사회보험가입률차이(산업)	-0.230	(0.060)	***	-0.105	(0.029)	***	0.399	(0.052)	***
b_dif	정규-비정규부가급여차이(산업)	-0.093	(0.061)		-0.079	(0.037)	**	-0.027	(0.064)	
_Sigma		0.954	(0.015)	***	0.662	(0.010)	***	0.892	(0.019)	***
관찰치수		17,448			16,204			17,354		

주: ***, **, * 는 각각 유의수준 0.01, 0.05, 0.1 등을 의미한다.

〈표 3-17〉 비정규직 비율에 관한 토빗 모형의 추정 결과(규모별)

변수명	정의	1-29인			30-299인			300인 이상		
		계수값	표준편차	유의도	계수값	표준편차	유의도	계수값	표준편차	유의도
Intercept		0.129	(0.096)		-0.074	(0.112)		0.633	(0.147)	***
female	여성	0.143	(0.021)	***	0.189	(0.034)	***	0.304	(0.039)	***
hedu	대졸자	-0.434	(0.038)	***	-0.207	(0.058)	***	0.079	(0.067)	
medu	고졸-전문대졸 비율	-0.374	(0.030)	***	-0.187	(0.051)	***	0.024	(0.062)	
youth	청년 비율	0.156	(0.022)	***	-0.018	(0.043)		-0.040	(0.045)	
old	55세 이상 비율	0.004	(0.041)		0.296	(0.063)	***	0.282	(0.098)	***
oc1	전문직/준전문직 비율	0.426	(0.081)	***	0.105	(0.089)		0.132	(0.112)	
oc2	판매서비스직 비율	0.494	(0.080)	***	0.241	(0.092)	***	0.166	(0.115)	
oc3	생산직 비율	0.591	(0.080)	***	0.138	(0.090)		0.039	(0.118)	
oc4	단순직 비율	0.693	(0.078)	***	0.234	(0.085)	***	0.253	(0.110)	**
in1	제조업(경공업)	-0.206	(0.042)	***	-0.051	(0.034)		-0.022	(0.052)	
in2	제조업(중화학공업)	-0.160	(0.040)	***	0.010	(0.032)		-0.096	(0.045)	**
in3	건설업	-0.362	(0.053)	***	0.097	(0.049)	**	0.030	(0.081)	
in4	사업서비스업	-0.188	(0.037)	***	0.004	(0.030)		0.055	(0.032)	*
in5	사회서비스업	-0.087	(0.040)	**	0.100	(0.032)	***	0.250	(0.048)	***
in6	유통서비스업	-0.148	(0.036)	***	-0.041	(0.031)		-0.038	(0.034)	
in7	개인서비스업	0.102	(0.040)	**	0.112	(0.040)	***	0.157	(0.052)	***
gen_est	일반사업체비율	-0.160	(0.031)	***	0.070	(0.025)	***	0.011	(0.033)	
nojo	노동조합 여부	0.175	(0.057)	***	-0.015	(0.019)		-0.054	(0.023)	**
ujoin	노조가입자	-0.083	(0.054)		0.021	(0.036)		-0.040	(0.035)	
lwage	시간당임금로그값	-0.113	(0.018)	***	-0.026	(0.022)		-0.300	(0.027)	***
f1c1	상여금지급	-0.371	(0.016)	***	-0.018	(0.017)		-0.155	(0.027)	***
w_dif_ind	정규-비정규임금격차(산업)	-0.095	(0.036)	***	0.021	(0.034)		0.117	(0.043)	***
i_dif	정규-비정규사회보험 가입률차이(산업)	0.176	(0.044)	***	0.034	(0.034)		0.002	(0.050)	
b_dif	정규-비정규부가급여 차이(산업)	0.069	(0.056)		0.014	(0.047)		-0.091	(0.060)	
_Sigma		0.746	(0.008)	***	0.363	(0.006)	***	0.348	(0.008)	***
관찰치수		15,074			3,263			1,971		

주: ***, **, * 는 각각 유의수준 0.01, 0.05, 0.1 등을 의미한다.

한편 여타 변수들의 경우에도, 사업체 규모별로 계수값이나 유의도에서 차이를 나타내고 있다. 사업체의 학력이나 연령 구성은 30인 미만 기업의 영세사업체의 비정규직 비율에 더 유의한 영향을 주는 것으로 나타났고, 노동조합 가입 여부도 30인 미만 기업의 영세사업체의 비정규직 비율에 더 유의한 영향을 주는 것으로 나타났다. 임금 수준(시간당임금의 로그값)은 300인 이상 대기업에서 훨씬 더 유의하게 영향을 미치는 것으로 나타났다. 대기업들이 비용절감을 위해 비정규직을 활용하는 경향이 강하다는 점을 시사한다고 할 수 있다.

5. 분석 결과와 정책적 시사점

이 장에서는 우리나라에서의 비정규직의 증가 원인을 탐색해 보고자 했다. 우선, 비정규직 증가 추이를 고용형태상의 비정규직과 임시·일용직이라는 두 가지 기준을 가지고 규모, 산업, 직종을 중심으로 검토해 보았다.

지난 10여 년간 고용형태상의 비정규직은 주로 중소기업의 서비스업, 판매서비스와 단순직 중심으로 증가하였으며, 제조업 대기업의 생산직 중심으로는 감소하였다. 즉 제조업에서 서비스업으로의 산업구조 변화가 비정규직의 증감에 커다란 영향을 미치는 것으로 확인할 수 있었다. 제조업의 규모 축소 자체가 비정규직 비중을 높이는 요인으로 작용한 것으로 판단되며, 서비스업의 근대화 과정 즉 개인서비스업이나 유통서비스업보다는 사회서비스나 사업서비스의 확대 과정 자체가 비정규직을 확대하는 방식으로 작용한 것으로 보인다. 비정규직화를 억제하기 위한 노동정책은 이러한 산업구조의 변화를 고려해야 할 필요가 있는 것으로 보인다.

한편 정규직과 비정규직 사이의 사회적 보호 비용의 격차가 비정규직을 증가시킬 것이라는 가설을 검정해 보았다. 분석 결과 사회보험가입률이 매우 유의하게 비정규직 비율에 영향을 미치는 것으로 분석되었다. 그러나 이는 계약제나 시간제 고용형태보다는 간접고용의 경우에만 해당되며, 30인 이상 기업 규모 사업체에는 유의하지 않으며 30인 미만 규모 사업체에서 강하게 유의한 결과를 보여주었다. 이러한 결과는 간접고용과 중소사업체의 경우 사회보험가입을 촉진하는 정책이 비정규직화를 억제하는 유의한 수단으로 작용할 수 있다는 점을 시사한다.

정규직과 비정규직 사이의 임금격차는 오히려 중소기업보다 대기업에서 더 유의하게 작용하는 것으로 분석되었다. 대기업의 경우 정규직과 비정규직의 임금격차를 줄이는 차별시정 정책이 비정규직화를 차단하는 데 유효한 정책 수단이 될 수 있음을 시사한다. 한편 부가급여혜택의 정규직과 비정규직의 차이는 비정규직 비율에 유의한 영향을 주지는 않는 것으로 분석되었다.

제4장 정규직과 비정규직의 임금격차와 불평등 그리고 빈곤

백학영

제 4 장 정규직과 비정규직의 임금격차와 불평등 그리고 빈곤[1)]

1. 정규직과 비정규직의 보상 격차

비정규직 근로자와 정규직 근로자 사이에는 임금 등의 보상 차이가 존재하고 이것이 비정규직 근로자 빈곤의 원인으로 알려져 왔다. 그렇다면 비정규 노동과 정규 노동 사이에는 왜 보상의 차이가 있는 것일까? 비정규 노동과 정규 노동의 격차가 생산성 요인에 의한 것인지 차별적 요인에 의한 것인지에 대한 의견은 분분하다(이인재 · 김태기, 2009; 남재량, 2007; 박기성 · 김용민, 2007; 김복순, 2006; 남재량 · 이인재 · 이기재, 2005b; 어수봉 · 윤석천 · 김주일, 2005; 남재량 · 류근관 · 최효미, 2005a; 안주엽, 2001).[2)] 최근의 연구에서는 근로자의 인적 특성과 업무

1) 본 장의 글은 백학영, 사회복지정책 40권 3호(한국사회복지정책학회, 2013. 9)의 글을 수정한 것이다.

2) 남재량(2007), 어수봉 외(2005)는 경제활동조사 부가자료를 이용하였으며, 특히 남재량(2007)은 2001년과 2002년, 2003년과 2004년을 패널로 연결하여 패널화한 자료를 이용하여 분석하였다. 박기성 · 김용민(2007), 김복순(2006), 이인재

특성까지 고려할 경우, 정규직 근로자와 비정규직 근로자 사이의 임금격차는 축소되거나, 통계적으로 유의미한 차이가 없다는 주장도 제기된다(이인재, 2007; 남재량, 2007; 어수봉 외, 2005). 횡단자료를 이용한 분석에서 정규 노동과 비정규 노동의 임금격차 가운데 87~91% 정도가 생산성에 의한 것이고 차별에 의한 부분은 9~14% 정도인 것으로 나타난다(남재량, 2007; 김복순, 2006).[3] 근로자들의 관찰되지 못한 개개인의 능력을 통제하기 위해 패널자료를 이용한 분석(남재량, 2007)에서는 정규직과 비정규직의 시간당 임금률 차이가 통계적으로 유의하지 않았으며, 비정규직과 근로빈곤의 관계를 분석한 연구(백학영 · 구인회, 2010)에서는 기간노동력(29~59세) 정규직과 비정규직의 임금격차는 차별보다는 근로시간의 차이에서 비롯되는 것으로 나타났다.

정규직과 비정규직 사이에는 임금뿐만 아니라 복리후생 측면에서도 격차가 있다. 복리후생의 포괄성과 관대성을 비교한 결과, 정규직에 비해 비정규직의 조건이 열악한 것으로 나타난다(반정호, 2006). 이 연구에서 비정규직은 열악한 근로환경에 처해 있으며, 기업복지에서 배제된 특성을 보이는데, 12개 법적복리후생 항목 중 사회보험, 퇴직금 및 각종 법정 휴가 등의 전 항목에서 정규직과 큰 차이가 있었다. 안주엽 · 김동배 · 이시균(2003)은 비정규직 근로자와 정규직 근로자의 순임금격차는 임금 측면보다는 부가급여 측면에서 발생한다고 지적하기도 한다. 이렇게 정규직과 비정규직의 보상 격차는 임금 측면과 부가급여 측면에서 모두 발생하지만, 본 연구는 임금 측면에 초점을

(2007)는 사업체근로실태조사자료, 이인재 · 김태기(2009)는 한국노동패널 1~10차년도 자료, 백학영 · 구인회(2010)는 한국복지패널자료를 이용하였다.

3) 남재량(2007)의 연구에서는 생산성에 의한 임금격차는 86.5~91.2%이며 차별에 의한 격차의 최댓값은 8.8~13.5%였으며, 김복순(2006)의 연구에서는 생산성에 의한 격차는 91.4%, 차별에 의한 격차의 최댓값은 8.6%였다.

두어 정규직과 비정규직의 격차를 분석하고 차별에 의한 임금격차 해소의 임금불평등 및 빈곤위험 완화 효과를 분석하고자 한다.

지금까지 정규직과 비정규직의 임금격차 분석은 정규직과 비정규직을 단일한 집단으로 규정하고 있다. 즉 정규직과 비정규직 내에서의 다양성과 특수성은 무시된 채 집단 내에서 동일한 임금함수가 적용된다고 가정하고 있는 것이다. 그렇지만 연령은 임금 수준을 결정하는 중요한 요인으로서 연령에 따라 임금 수준에 차이가 있다. 그리고 연령은 기업에서의 채용과 승진 과정에서 개인이 보유한 인적자본의 주요 신호(signal)로 작동하며, 그에 따라 상이한 임금 보상이 이루어진다. 일반적으로 연령과 생산성은 깊은 관련이 있다. 노동시장 진입 후 일정 연령까지는 생산성은 증가하다가 일정 시점 이후부터는 감소하는 것으로 보고된다. 그리고 생산성과 연동되어 연령이 높아질수록 임금 수준은 증가하게 된다. 특히 연공서열제(seniority system)가 작동할 경우 연령과 임금 수준의 상관관계는 더 커진다. 지속적인 고용이 보장되는 정규직의 경우 노동시장 최초 진입단계에서의 인적자본 수준에 따라 임금보상이 결정되며, 한 기업 내에서 계속적으로 고용된 상태라면 일반적으로 연공서열에 근거해 점증적인 임금 상승을 경험하게 된다. 그렇지만 많은 연구들에서 중고령층의 임금은 그들의 생산성보다 더 높다고 보고된다(Crépon Deniau, and Pérez-Duarte, 2003; Oster and Hamermesh, 1998; Medoff and Abraham, 1980).

최근 기업의 입장에서는 근속년수에 따른 임금상승 부담과 근로자의 입장에서는 조기 정년으로 인한 불안정성 해소라는 이유로 임금피크제(wage-peak system)는 기업이나 근로자 모두에게 큰 관심을 받고 있다. 2009년 100인 이상 사업장 중 9.2%가 임금피크제를 도입한 것으로 나타났다(고용노동부, 2010). 이는 일정 연령을 기점으로 서로 다른 임금 결정 방식이 작동하고 있음을 보여준다. 또한 기업들은 신규 고용 시 이전과 다른 임금결정 구조를 도입하기도 한다. 임금게임(wage game) 이론에 따르면 생산성이 동일하더라도 연령에 따라 임금 보상이 다르게 나타난다. Burdett와 Mortensen(1998)은 임금게임(wage game) 이론으로 구직모델(job search model)을 설명하는데 이들의 설명에 따르면 실업자와 취업자의 구직행동은 달라진다(Duigou, 2012). 기업은 피고용인 채용과 유지를 위해 서로 경쟁하며, 고용주는 구직자의 유보임금(reservation wage)과 다른 기업의 임금수준을 고려하여 임금을 제시한다. 노동 수요와 공급이 불균형한 노동시장에서 기업은 더 강력한 권력을 가지게 된다. 실업자의 구직기간이 길어질 때 실업자는 최저임금 수준의 일자리도 받아들일 수밖에 없게 되며, 이로 인해 기업 사이의 경쟁은 약화되어 직장 이동을 원하는 구직자가 현재보다 더 좋은 일자리를 찾을 가능성은 감소하게 된다. 이러한 맥락에서 볼 때 비정규직의 경우 일자리 이동 시 더 좋은 일자리로 이동할 가능성은 감소할 것이다. 특히 연령이 높은 비정규직의 경우에는 더욱 그러할 것이다. 그리고 상대적으로 고용이 불안정한 비정규직의 경우, 빈번한 일자리 이동 과정에서 높은 연령은 낮은 인적자본의 신호로 작동하여 자신이 보유한 생산성과 관계없이 임금이 낮게 결정되는 경향 또한 있을 수 있다.

비정규직의 고용형태에 따라 다르지만 일반적으로 비정규직 근로자의 근로시간이 정규직에 비해 짧다. 경제활동인구조사 부가조사(2012년 8월) 결과를 보면, 임금근로자 전체는 주당 39.2시간, 정규직은 주당 41.4시간, 비정규직은 주당 34.8시간을 일하는 것으로 나타나, 비정규직의 근로시간은 정규직에 비해 6.6시간이 짧다(통계청, KOSIS).[4] 비정규직의 고용형태별로 살펴보면, 비정규직 내에서도 시간제 근로자의 주당 근로시간은 20.1시간으로 다른 어떤 고용형태보다 짧다. 그리고 한시적 근로자는 주당 36.9시간을 일하여 비정규직 전체의 주당 근로시간과 비슷하며, 비전형 근로자는 파견근로와 용역근로의 근로시간이 길게 나타나지만 전반적으로 비전형 근로자의 근로시간은 정규직에 비해 짧았다.

이렇게 비정규 근로자의 근로시간이 짧다면, 선행연구의 결과처럼 비정규직의 시간당 임금률은 정규직과 차이가 없다 하더라도 비정규직의 임금총액은 적어 이들의 빈곤위험은 증가할 수밖에 없다. 여기에서 우리는 비정규직 선택이 비자발적인 경우, 짧은 근로시간 또한 비자발적이라는 것에 주목할 필요가 있다. 경제활동인구조사 부가조사(2009년 8월) 결과, 비정규직의 57.3%가 비자발적으로 비정규직을 선택한 것으로 나타난다(통계청, 2009a). 비정규직 유형별로 비자발적 선택을 한 비중을 보면, 일일고용이 88.7%로 가장 높으며, 다음으로 비전형(67.1%), 시간제(62.0%), 특수고용(58.3%), 용역근로(58.1%) 순이다. 파견근로(36.2%)를 제외한 모든 비정규직 유형은 과반이 비자발적 선택이었다. 일반적으로 단시간 근로자는 여성이 가사와 근로를 겸하기 위한 자발적인 선택의 결과일 수 있다. 그러나 우리나라에서 단시간 근로자 중 비자발적 단시간 근로자의 비중이 국제적으로 높은 수준으로(안미보·반정호, 2007) 상당수의 비정규 노동은 비자발적이다(통계청, 2009b; 정성미, 2006). 프랑스, 독일, 이탈리아 등 EU 15개국에서는 시

---

4) 본 연구의 분석에 이용된 한국노동패널조사 12차년도 자료는 2008년의 자료이므로 2008년의 주당 근로시간을 살펴볼 필요가 있다. 2008년 8월 경제활동부가조사 결과, 임금근로자는 주당 41.8시간을 일하고 있었고, 정규직은 43.2시간, 비정규직은 38.8시간을 일하고 있었다. 비정규직 중 시간제 근로자는 21.5시간을 일해 주당 근로시간이 가장 짧았으며, 한시적 근로자 41.1시간, 기간제 근로자 40.3시간, 비전형근로자 41.3시간으로 나타났다(통계청, KOSIS).

간제 일자리의 자발적 선택은 83.1%(Eurostat, 2000; 통계청 2009a 재인용)임에 비해, 우리나라 시간제 근로의 경우 자발적 선택이 38.0%에 불과하다. 이는 우리나라 비정규직이 비자발적 선택의 결과이고 이들의 짧은 근로시간 또한 비자발적 선택이라 할 수 있음을 보여준다. 따라서 비정규직의 임금불평등과 빈곤위험은 임금격차만이 아니라 근로시간의 차이에 의해 커지게 될 것이다. 임금격차가 없거나 크지 않더라도 근로시간에서 차이가 크다면 비정규직의 임금 수준은 낮아질 것이고 그에 따라 임금 수준은 낮고 빈곤위험은 높을 것이다.

그동안의 비정규직에 대한 논의는 비정규직 규모와 변화 양상(이병희·정성미, 2007; 정이환, 2001), 노동시장 구조 변화와 비정규 노동의 증가(황수경, 2003; 김유선, 2003b; 이효수, 2002; 이종선, 2002; 금재호·조준모, 2001), 임금격차와 불평등에 대한 노동시장 변화의 영향(남재량 2007; 박기성·김용민, 2007; 이인재, 2007; 김복순, 2006; 이성균, 2006; 송일호, 2005), 정규직과 비정규직의 복리후생의 격차(반정호, 2006; 안주엽, 2006; 황덕순, 2003) 등을 중심으로 이루어져 왔다. 그리고 최근 고용의 질에 대한 관심이 고조되면서 비정규 고용의 질에 대한 논의(이시균, 2006)도 이루어지고 있다. 이들 연구들은 비정규 노동에 대한 체계적인 이해를 제공한다는 측면에서 의의가 있다. 지금까지 정규직과 비정규직의 임금격차를 분석한 대부분의 연구들은 정규직과 비정규직 사이에는 차별에 의한 임금, 복리후생 등에 격차가 존재하며, 비정규직의 고용불안과 저임금의 문제를 해결할 필요성을 강하게 주장하였다. 이 연구들은 대부분 정규직과 비정규직을 단일한 집단으로 규정하고 있다. 즉 정규직과 비정규직 내의 다양성은 무시한 채 집단 내에서 동일한 임금함수가 적용된다고 가정하는 한계를 가진다. 우리나라 노동시장과 고용 관련 논의에서는 청년층, 노령층은 다른 연령층에 비해 열악한 지위에 있다는 것은 여러 연구들에서 지적되고 있으며(금재호, 2013; 정효채 · 석진홍 · 박우성, 2013), 은퇴를 앞둔 중고령층이나 베이비부머의 고용 문제와 빈곤 문제 또한 별도의 논의가 활발하게 진행되고 있다(권혜자, 2012; 안주엽 · 김복순, 2012; 반정호, 2012). 그리고 외국의 경우 노동시장에서 연령 차별(age discrimination) 논의도 폭넓게 진행되고 있다(Duigou, 2012; Dostie, 2006; Aubert and Crépon, 2006). 이 연구들은 임금근로자의 연령 혹은 연령집단에 따라 노동시장 경험이 상이하다는 것을 분명하게 보여주고 있다.

이에 본 연구는 연령에 따라 임금결정구조가 상이하게 작동한다는 가정하에 정규직과 비정규직 집단 내의 연령의 이질성을 고려하여 임금격차를 분해한 후 차별에 의한 임금격차를 분석하고자 한다. 또한 정규직과 비정규직의 근로시간 차이와 임금불평등, 빈곤의 관계를 분석한다. 마지막으로 비정규직에 대한 차별과 근로시간이 개선되었을 때의 임금격차, 임금불평등, 빈곤 개선 효과가 어느 정도인지를 분석하고자 한다.

2. 연구방법

1) 분석자료

본 연구는 정규직과 비정규직의 임금격차를 분석하기 위해 한국노동패널(KLIPS) 12차년도 가구자료와 개인자료를 활용하였다. 본 연구는 가구자료의 가구소득이 있는 6,721가구를 대상으로 빈곤 상태를 측정하였으며, 가구단위에서 측정된 빈곤지위 정보를 개인자료와 결합하여 경제활동 상태별 빈곤현황을 분석하였다. 개인단위 분석은 기본적으로 15~64세의 경제활동 인구 11,967명의 자료를 이용하여 경제활동상태별 빈곤 현황을 분석하였다. 또한 정규직과 비정규직의 임금격차 분석을 위해서는 임금근로자 4,963명의 정보를 활용하였으며, 임금함수를 이용한 임금격차 분해에는 임금함수 추정에 투입된 정보에 무응답이 없는 4,172명의 정보를 활용하였다. 가구자료를 활용한 빈곤지위 측정에서는 가구가중치를, 개인자료를 이용한 분석에서는 개인가중치를 적용하였다.

2) 주요변수 측정

정규직과 비정규직의 임금격차를 분해한 본 연구에서 주요 변수를 간단히 정의하면 다음과 같다. 첫째, 가구의 경제적 상태를 파악하기 위해 가구소득은 주요하게 경상소득(근로소득, 사업소득, 금융소득, 부동산소득, 공·사적 이전소득)을 이용하였다. 둘째, 절대빈곤은 2008년 가구규모별 최저생계비를 이용하여 최저생계비 100, 120, 150%를 기준으로 하였으며, 상대빈곤은 가구소득을 가구원수로 균등화한 소득[5]의 중위소득을 사용하여 중위소득 50, 60%를 기준으로 결정하였다. 셋째, 임금근로자의 고용형태에서 비정규직 정의는 노사정위원회의 합의에 따랐으며, 비정규직은 기간제, 비전형, 시간제 근로를 구분하였다. 비정규직의 세부 구분에서 중복적인 형태가 있는데, 본 연구에서는 시간제-비전형-기간제 순으로 우선순위를 두어 비정규직의 세부

5) 가구소득 / $\sqrt{가구원수}$

구분은 세 가지 유형 중 하나에만 해당하도록 측정하였다. 넷째, 시간당 임금은 월평균 소득을 월 근로시간(주당 근로시간×4.3)으로 나누어 계산하였다.

3) 분석방법

(1) 임금격차 분해

정규직과 비정규직의 임금격차 분해는 비정규직과 정규직의 임금격차를 차별로 인한 부분과 그 이외의 부분으로 분해하는 Oaxaca 임금격차 분해 방법을 적용하였다(Oaxaca, 1973). 연령별 임금격차 분해에서는 해당 집단의 정규직과 비정규직의 임금함수를 이용하여 임금격차를 분해하였다. 임금격차 분해에서 임금근로자의 임금은 시간당 임금으로 측정하였으며, 임금방정식은 식(1)을 이용하였다.

식(1): $\ln w_i = T_i \tau + X_i \beta + \varepsilon_i$

좌변의 변수는 개별 근로자의 로그시간당 임금이며, 우변에 있는 X_i는 임금결정에 중요한 영향을 미치는 개인 특성 벡터로 성, 연령, 교육수준, 주관적 건강문제, 가구주 여부, 혼인상태, 6세 미만 자녀 여부를 투입하였으며, 일자리 특성 벡터로는 사업장 규모, 근속기간, 노조가입 여부, 일자리 지역, 산업, 직종 등을 투입하였다.[6] 이러한

6) 연령: 만 나이; 교육년수: 무학 0, 초등 6, 중등 9, 고등 12, 전문대 14, 대학 16, 석사 18, 박사 21; 주관적 건강상태: 0~4 아주 안좋다~아주 좋다; 가구주 여부: 비가구주 0, 가구주 1; 혼인상태: 기혼유배우 기준, 미혼, 기혼무배우; 6세 미만

특성들을 고려한 이후에도 근로형태에 따라 통계적으로 의미 있는 격차가 존재한다면, 그러한 차이를 정규 노동과 비정규 노동의 임금격차로 파악할 수 있다. 우변에 있는 변수 T_i는 비정규 노동 여부를 나타내는 변수이고, 이에 대한 회귀계수 τ는 정규 노동과 비정규 노동의 임금격차를 나타낸다.

임금방정식 추정을 통해 비정규 노동과 정규 노동의 임금격차가 존재하는 것을 확인한 후, 임금격차가 생산성에 의한 차이인지, 다른 요소에 의한 차이인지를 임금격차 분해를 이용하여 분석하였다. 생산성에 의한 차이의 나머지는 임금함수에 포함되지 않은 속성들과 차별에 의한 격차로 설명될 수 있다. 즉, 생산성에 의한 차이를 제외한 나머지 차이는 차별에 의한 격차의 최댓값이라 할 수 있다. 임금격차 분해는 Oaxaca 임금격차 분해 방법을 이용하였다. 임금분해는 식(2)와 같은 수식으로 표현된다.

식(2): $\ln w_R - \ln w_N = (X_R - X_N)\beta_R + X_n(\beta_R - \beta_N)$

좌변에 있는 정규 노동과 비정규 노동의 임금격차는 우변 첫째 항의 생산성에 의한 임금격차와 나머지 부분으로 분해된다. 우변 첫째

자녀 여부: 없음 0, 있음 1; 사업장 규모: 100~299명 기준, 1~4명, 5~29명, 30~99명, 300명 이상; 근속기간: 근속 개월; 노조가입: 미가입 0, 가입 1; 주된 일자리 지역: 서울 기준, 광역시, 도지역; 산업: 제조업 기준, 전기가스및수도환경복원업·건설업, 도소매업·숙박및음식점업, 운수업·통신업, 금융및보험업·부동산임대업, 교육서비스업·보건및사회복지사업, 기술및사업서비스업·여가서비스업·협회단체기타개인서비스업, 기타(농어업광업, 공공행정국방및사회보장행정, 자가소비생산활동, 국제및외국기관); 직종: 사무종사자 기준, 관리자·전문가및관련종사자, 기술공및준전문가, 서비스종사자, 판매종사자, 기능업및관련기능종사자·장치기계조작및조립종사자, 단순노무자, 기타(농림어업숙련종사자, 기타).

항은 정규직 임금방정식을 추정하여 얻은 회귀계수 β_R에 정규직과 비정규직의 인적자본과 인적특성 등의 차이를 적용할 경우 발생하는 임금격차이므로, 생산성에 의한 임금격차가 된다. 우변 둘째 항은 정규직과 비정규직 임금 차이 중 회귀계수의 차이로 인해 나타난 부분으로 생산성에 의한 차이를 제외한 나머지 속성 차이에 기인한 것으로 볼 수 있다. 즉, 이 나머지 차이는 차별에 의한 격차의 최댓값을 의미한다.

(2) 근로시간 차이 조정과 임금 산출

정규직과 비정규직의 월 임금은 근로시간의 차이에 의해 크게 결정된다. 근로시간 차이 조정은 정규직과 비정규직의 월근로시간(주당 근로시간×4.3)의 차이를 산출한 후, 비정규직이 정규직의 월 근로시간과 동일하다고 가정할 때의 월평균 임금을 추정하는 방식을 취하였다.

(3) 임금불평등 및 빈곤위험

정규직과 비정규직의 임금불평등은 정규직 대비 비정규직의 상대임금, 지니계수(Gini Coefficient), 5분위 배율(상위20% 임금/하위20% 임금)로 분석하였으며, 비정규직에 대한 차별이 해소되었을 때와 비정규직이 정규직만큼 근로시간을 가질 때의 비정규직의 임금을 추정한 후 상대임금, 지니계수, 5분위 배율의 변화를 분석하였다. 그리고 정규직과 비정규직의 빈곤위험은 절대빈곤(가구규모별 최저생계비 100%, 120%, 150%)과 상대빈곤(가구균등화 소득 기준 중위소득 50%, 60%)을 이용하였으나, 비정규직에 대한 차별이 해소되었을 때와 비정규직의 근로시간이 정규직만큼 증가할 때의 비정규직의 빈곤위험 변화 분석에서는 비교 빈곤선을 고정하기 위해서 중위소득 50%와 유사한 가구규모별 최저생계비 120%를 기준으로 활용하였다.

임금불평등과 빈곤위험 분석에는 실제 시간당 임금과 월 임금, 임금함수에 의한 시간당 임금 등을 활용하였다. 임금격차 분해를 통한 임금불평등 검토는 시간당 임금을 활용하였으며, 근로시간 격차와 임금불평등의 관계는 월 임금을 활용하였다.

3. 정규직과 비정규직의 임금 분포 및 빈곤위험

1) 정규직과 비정규직의 임금 수준 비교

정규직 근로자와 비정규직 근로자의 임금격차를 비교한 결과는 〈표 4-1〉과 같다. 먼저 월 임금을 기준으로 보면, 비정규직은 정규직에 비해 51.7%의 임금을 받는 것으로 나타났다. 이는 근로시간을 통제하지 않은 결과이므로 비정규직의 상대임금이 낮게 측정될 가능성이 있다. 비정규직의 상대임금은 근로시간을 통제한 후, 즉 시간당 임금률로 살펴보는 것이 더욱 정확할 것이다. 먼저 시간당 임금을 보면, 정규직은 12,509원, 비정규직은 8,637원으로 비정규직의 상대임금은 69.0%이다.[7] 정규직과 비정규직의 주당 근로시간에서도 차이

---

7) 경제활동인구조사 자료를 이용한 남재량(2009)의 분석에서 2008년 3월 기준 임금근로자 시간당 임금은 정규직 10.8천 원, 비정규직 7.3천 원으로 정규직과 비정규직의 시간당 임금은 약 3,500원의 차이를 보였으며, 비정규직의 시간당 임금

〈표 4-1〉 정규직과 비정규직의 임금과 근로시간 차이 (단위: 만 원, 시간, %)

	전체 (n=4954)	정규직 (n=3972)	비정규직 (n=982)	평균 격차	비정규직 /정규직
월평균 임금	224.7	248.4	128.4	120	51.7
주당 근로시간	47.3	48.8	41.4	7.4	84.8
시간당 임금*	1.1746	1.2509	0.8637	0.3872	69.0

* 시간당 임금은 월평균 임금/(주당 근로시간×4.3)

〈표 4-2〉 비정규직의 세부 고용형태별 임금과 근로시간 차이 (단위: 만 원, 시간, %)

	비정규직 (n=982)		기간제 (n=349)		비전형 (n=291)		시간제 (n=342)	
월평균 임금	128.4	(51.7)	148.7	(59.9)	164.8	(66.3)	80.3	(32.3)
주당 근로시간	41.4	(84.8)	45.8	(93.9)	48.5	(99.4)	31.5	(64.5)
시간당 임금*	.8637	(69.0)	.9013	(72.1)	.9056	(72.4)	.7943	(63.5)

( ): 〈표 4-1〉의 정규직 근로시간 및 임금 대비 상대 비율
* 시간당 임금은 월평균 임금/(주당 근로시간×4.3)

를 보이는데, 정규직은 주당 48.8시간을 일하는 반면, 비정규직은 주당 41.4시간을 일해 정규직이 비정규직에 비해 주당 평균 84.4%시간 일하는 것으로 나타났다.

비정규직의 세부 고용형태에 따라 시간당 임금 수준을 보면 비전형 근로자 9,056원, 기간제 근로자 9,013원, 시간제 근로자 7,943원 순으로 나타났다. 〈표 4-1〉에 제시한 정규직의 시간당 임금 대비 비정규직의 세부 고용형태에 따라 정규직과의 상대임금을 비교하면, 비전형 근로자는 72.4%, 기간제 근로자는 72.1%, 시간제 근로자는 63.5%이다. 비정규직 중에서 비전형 근로자와 기간제 근로자의 상대임금은 상대적으로 높은 반면, 시간제 근로자의 상대임금은 가장 낮게 나타나 비정규직 사이에도 고용형태에 따라 정규직과의 임금격차

은 정규직의 약 67.6%였다.

에 차이가 있음을 알 수 있다.

2) 연령과 고용형태에 따른 임금 분포

상자그림(box plot)을 이용하여 15~64세 임금근로자의 5세 단위별 시간당 임금 분포 현황을 확인하였다(〈그림 4-1〉).[8] 5세 단위별 시간당 임금 분포는 전체적으로 완만한 역U자의 형태를 보이며, 장년층과 중년층은 임금 편차가 큰 특징을 보인다. 임금근로자의 시간당 임금은 35~39세까지 점차적으로 증가하다가 40~44세부터 다시 점차적으로 감소하는 경향을 보인다. 15~29세의 시간당 임금은 점차적으로 증가하지만 시간당 임금의 중앙값은 1만 원을 넘지 않았으며, 30~44세는 중앙값이 1만 원을 넘지만 45세부터는 시간당 임금의 중앙값은 다시 1만 원 이하로 떨어지는 경향을 보인다.

〈그림 4-2〉는 정규직과 비정규직의 5세 단위별 시간당 임금 분포를 보여준다. 정규직의 시간당 임금 분포는 전체 임금근로자와 비슷하게 완만한 역U자 형태를 띠지만, 비정규직의 경우는 다른 양상을

---

8) 시간당 임금의 최댓값은 24.6만 원이지만 전반적인 분포도를 살펴보기 위해서 최댓값을 4만 원으로 제한하였다. 상자그림에 대한 이해를 돕기 위해서 상자그림의 구성요소를 덧붙이면 다음과 같다(민인식 · 최필선, 2010). 상자그림의 상자 부분(음영으로 되어 있는 부분)의 아랫변은 1사분위수(Q_1)로, 이보다 작은 관측치가 하위 25%이다. 또한 상자의 윗변은 3사분위수(Q_3)로, 이보다 작은 관측치가 하위 75%인 것이다. 상자 중간 부분을 가로지르는 선은 2사분위수(Q_2), 즉 중앙값(median)을 의미한다. 한편 상자의 위쪽과 아래쪽으로 각각 선이 뻗어 나가는데, 그 선이 끝나는 지점에 짧은 수평선이 그어져 있다. 이를 펜스(fence: 울타리)라고 한다. 위쪽 펜스(upper fence)와 아래쪽 펜스(lower fence) 너머에 위치한 값들을 이상값으로 간주하며, 이들은 하나하나의 점으로 표시된다. 상자그림은 데이터의 분포를 파악하는 데 유용하며, 이상값의 존재와 그 분포를 쉽게 파악할 수 있는 장점이 있다.

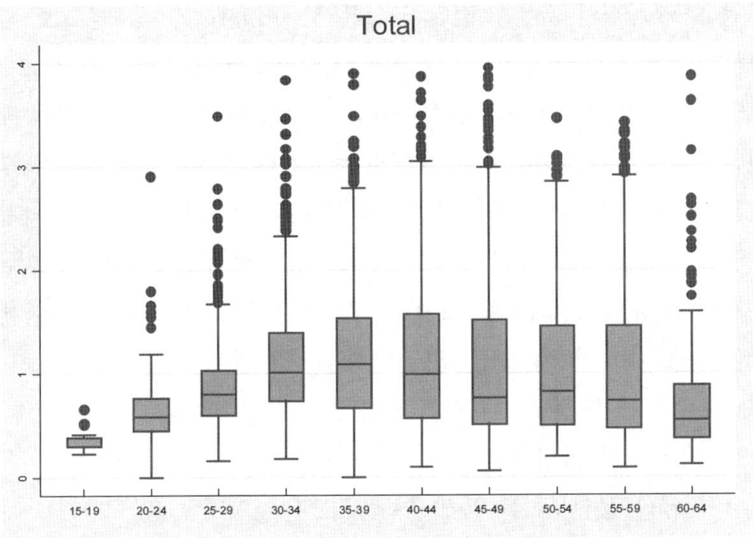

〈그림 4-1〉 연령별 시간당 임금 분포

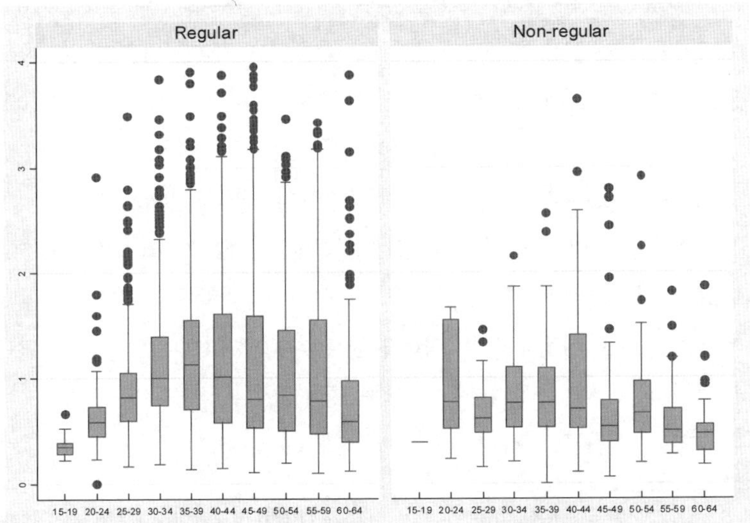

〈그림 4-2〉 연령별 · 고용형태별 시간당 임금 분포

보인다. 정규직의 경우 시간당 임금은 35~39세까지 점차적으로 증가하다가 40~44세에 다소 감소한 후 45~59세에는 비슷한 분포를 보인다. 그렇지만 60~64세에서 다소 큰 폭으로 감소하는 경향을 보인다. 앞서 확인한 것처럼 정규직과 비교하여 비정규직의 시간당 임금은 낮은 수준이며, 어떤 연령 집단도 1만 원을 넘지 않는 특징을 보인다. 그리고 정규직과 달리 비정규직의 5세 단위별 시간당 임금 분포는 불규칙적인 특성을 보인다. 전반적으로 20~24세, 30~34세, 35~39세, 40~44세 연령 집단의 상대적인 높은 임금 분포를 보이며, 60~64세 비정규직의 시간당 임금이 가장 낮았다.

〈그림 4-1〉의 5세 단위별 연령 분포와 연령 집단별(5세 단위별) 시간당 임금의 분산분석을 통해 연령 집단을 4개, 즉 15~29세 청년층, 30~44세 장년층, 45~54세 중년층, 55~64세 중고령층으로 구분하여 연령 집단과 고용형태에 따른 임금 수준을 살펴보았다(〈표 4-3〉).[9] 연령 집단별 평균 시간당 임금은 장년층(30~44세)이 13,616원으로 가장 높았으며, 다음으로는 중년층(45~54세)이 11,886원, 중고령층(55~4세)이 10,118원이고 청년층(15~29세)이 가장 낮은 8,129원이었다. 정규직의 경우 연령 집단별 평균 시간당 임금을 보면 장년층이 14,000원으로 가장 높았으며, 청년층이 8,346원으로 가장 낮았다. 정규직과 달리 비정규직의 평균 시간당 임금은 중고령층이 6,361원으로 가장 낮았다.

정규직 대비 비정규직의 상대임금은 69.0%였으며, 연령 집단에 따라 정규직 대비 상대임금은 큰 차이를 보였다. 청년층과 장년층 비정규직의 상대임금은 각각 84.1%과 82.5%로 비교적 높은 반면, 중

---

9) 임금근로자 중 비정규직은 19.7%이며, 연령 집단별 비정규직 비율은 청년층 16.3%, 장년층 15.5%, 중년층 24.0%, 중고령층 33.2%이다.

〈표 4-3〉 연령별 정규직과 비정규직의 시간당 임금 및 상대임금 (단위: 만 원, %)

		전체 (15-64세) (n=4954)	청년층 (15-29세) (n=902)	장년층 (30-44세) (n=2351)	중년층 (45-54세) (n=1148)	중고령층 (55-64세) (n=553)
전체		1.1746	.8129	1.3616	1.1886	1.0118
정규직		1.2509	.8346	1.4000	1.3283	1.1981
비정규직		.8637	.7015	1.1548	.7468	.6361
기간제		.9013	.7363	1.1510	.7511	.7900
비전형		.9045	.7199	1.2408	.8213	.5794
시간제		.7943	.6728	1.0843	.6959	.4709
상대임금	비정규직	69.0	84.1	82.5	56.2	53.1
	기간제	72.1	88.2	82.2	56.5	65.9
	비전형	72.3	86.3	88.6	61.8	48.4
	시간제	63.5	80.6	77.5	52.4	39.3

년층과 중고령층의 상대임금은 낮은 특징을 보인다. 그리고 비정규직 내에서 세부적인 고용형태에 따라 상대임금을 보면, 기간제 근로자와 비전형 근로자의 경우 청년층과 장년층의 상대임금은 상대적으로 높고, 중년층과 중고령층의 상대임금은 낮은 특징을 보인다. 그렇지만 시간제 근로자의 경우 청년층 비정규직의 상대임금이 80.6%인 것에 비해 장년층은 77.5%로 감소한 후 중년층과 중고령층의 상대임금 수준은 크게 떨어지는 특징을 보인다.

〈표 4-4〉는 연령과 고용형태에 따른 시간당 임금의 지니계수와 5분위 배율을 통해 정규직과 비정규직의 임금불평등 수준을 보여준다. 먼저 전체 임금근로자의 지니계수는 0.398로 나타났으며, 연령 집단 내 지니계수는 중고령층이 0.437로 가장 컸으며, 다음으로 중년층 0.418, 장년층 0.396, 청년층 0.251로 나타났다. 이는 중고령층과 중년층 내에서 임금불평등이 더 크다는 것을 의미한다. 정규직과 비정규직 내 지니계수는 각각 0.382와 0.420으로 정규직보다는 비정규

〈표 4-4〉 연령별 · 고용형태별 임금불평등

	Gini Coefficient					5분위 배율				
	전체 (n=4954)	청년층 (n=902)	장년층 (n=2351)	중년층 (n=1148)	중고령층 (n=553)	전체 (n=4954)	청년층 (n=902)	장년층 (n=2351)	중년층 (n=1148)	중고령층 (n=553)
전체	.398	.251	.396	.418	.437	6.98	3.57	6.93	7.69	8.31
정규직	.382	.230	.377	.404	.436	5.87	3.17	6.38	7.55	8.52
비정규직	.420	.336	.479	.364	.330	6.76	3.34	8.72	5.30	4.89
기간제	.406	.306	.481	.328	.352	6.15	2.59	7.22	4.51	5.05
비전형	.409	.213	.462	.358	.288	6.73	2.62	8.04	5.62	3.74
시간제	.434	.381	.474	.380	.267	7.39	5.83	8.50	4.74	2.63

직 집단 내에서 임금불평등 수준이 높았다. 정규직 내에서는 연령이 증가할수록 임금불평등 수준은 증가하는 결과를 보여 중고령층과 중년층 내에서 임금불평등 수준이 높게 나타났다. 반면 비정규직 내에서는 장년층의 임금불평등 수준이 높게 나타났으며, 그 이후 연령이 증가할수록 임금불평등 수준은 감소하는 경향을 보인다.

연령과 고용형태에 따른 임금불평등을 5분위 배율로 살펴본 결과, 상위 20% 임금근로자는 하위 20%에 비해 6.98배 높은 시간당 임금을 받는 것으로 나타났으며, 그 비율은 연령이 증가할수록 더 커져 상위 20% 임금근로자와 하위 20% 임금근로자 사이의 임금불평등(임금격차)은 더 커지는 결과를 보였다. 5분위 배율은 정규직에 비해 비정규직에서 더 높게 나타났으며, 지니계수와 마찬가지로 정규직은 연령이 증가할수록 5분위 배율이 증가하는 반면, 비정규직은 장년층에서 가장 높고 그 이후에는 감소하는 경향을 보였다.

지니계수와 5분위 배율을 분석한 결과는 정규직 내에서도 상대적으로 고용안정성과 임금 수준이 높고 연공서열에 따라 임금이 결정되는 정규직은 근속기간이 증가할수록, 즉 연령이 증가할수록 임금 수준에 격차가 더 커지고 있음을 시사한다. 그렇지만 정규직과 다른 양상을 보이는 비정규직은 경제활동이 왕성하고 상대적으로 임금 수준이 높았던 장년층의 소득불평등도가 높고 그 이후에는 연령이 증가하면서 비정규직 내에서 임금격차는 감소한다. 이는 비정규직 중년층과 중고령층은 고용불안과 낮은 인적자본 등으로 인해 전체적으로 임금 수준이 크게 감소하여 나타난 결과로 보인다.

3) 연령과 고용형태에 따른 빈곤위험

15~64세 인구의 전체 빈곤율(상대빈곤, 중위소득 50% 기준)은 13.9%로 나타났다. 경제활동상태에 따른 빈곤율을 보면, 실업자가 28.9%로 가장 높았으며, 다음으로 비경제활동인구 17.8%, 무급가족종사자 11.3%, 임금근로자 10.9%, 비임금근로자 9.8% 순으로 나타났다. 그

〈표 4-5〉 경제활동상태와 빈곤 (단위: %)

	절대빈곤			상대빈곤	
	최저생계비 100%	최저생계비 120%	최저생계비 150%	중위소득 50%	중위소득 60%
전체	11.8	15.2	21.0	13.9	17.8
임금근로	8.9	11.8	17.1	10.9	14.4
정규직	7.5	10.0	14.5	9.2	12.0
-상용	6.8	9.0	13.0	8.3	10.6
-임시일용	12.4	18.1	26.7	15.9	23.3
비정규직	14.5	19.0	27.6	17.7	24.1
-기간제	13.8	18.0	27.1	16.1	23.6
-비전형	16.7	21.6	28.2	20.7	26.8
-시간제	13.6	17.8	27.5	16.9	22.6
비임금근로	7.7	11.0	15.8	9.8	13.2
무급가족종사	9.5	12.8	17.2	11.3	14.6
실업	24.2	29.1	37.1	28.9	34.5
비경제활동	15.6	19.5	26.1	17.8	22.1

렇지만 임금근로자 내에서도 고용형태에 따라 빈곤율은 큰 차이를 보인다. 먼저 정규직의 빈곤율은 9.2%인 것과 비교하여 비정규직은 17.7%로 정규직에 비해 약 2배 정도 빈곤율이 높게 나타났다.

정규직 내에서 상용직의 빈곤율은 8.3%인 것과 비교하여 취약근로자인 임시·일용직의 빈곤은 15.9%로 상용직에 비해 2배 정도 높았으며 이들의 빈곤율은 비정규직의 빈곤율과 비슷한 수준이었다. 그리고 비정규직 내에서도 세부적인 고용형태에 따라 빈곤율에 차이를 보이는데, 비전형 근로자(파견, 용역, 독립도급, 가내근로, 호출근로)의 빈곤율은 20.7%로 가장 높았으며, 기간제와 시간제는 각각 16.1, 16.9%로 비슷한 수준이었다.

〈표 4-6〉은 연령과 고용형태에 따른 빈곤율을 보여준다. 연령 집단별 상대빈곤율(중위소득 50% 기준)은 청년층이 14.0%로 가장 높았으며, 다음으로 중고령층이 12.3%, 장년층 10.0%, 중년층 9.4% 순이었다. 정규직 중에서는 청년층의 빈곤율이 13.9%로 가장 높게 나타난 반면, 비정규직은 청년층의 빈곤율이 14.5%로 가장 낮고 중고령층의 빈곤율이 21.1%로 가장 높게 나타난다. 이는 고용형태와 연령에 따라 빈곤위험 정도는 상당한 차이가 있음을 시사하여 주목할

〈표 4-6〉 연령별·고용형태별 빈곤율

(단위: %)

	상대빈곤(중위소득 50%)					절대빈곤(최저생계비 120%)				
	전체 (n=4954)	청년층 (n=902)	장년층 (n=2351)	중년층 (n=1148)	중고령층 (n=553)	전체 (n=4954)	청년층 (n=902)	장년층 (n=2351)	중년층 (n=1148)	중고령층 (n=553)
전체	10.9	14.0	10.0	9.4	12.3	11.8	14.8	10.7	11.7	11.3
정규직	9.2	13.9	8.6	6.9	8.0	10.0	14.5	9.1	8.9	8.0
비정규직	17.7	14.5	17.7	17.2	21.1	19.0	16.5	19.3	20.5	18.1
기간제	16.1	5.7	17.8	19.2	16.2	18.0	11.3	20.2	20.9	15.1
비전형	20.7	34.5	19.8	11.5	26.0	21.6	34.5	22.3	15.8	21.8
시간제	16.9	13.5	15.8	19.1	20.9	17.8	13.9	15.6	23.1	17.1

만하다. 비정규직 내에서도 세부적인 고용형태에 따라 빈곤율에 차이를 보인다. 비전형 근로자의 경우 청년층과 중고령층의 빈곤위험이 높은 반면, 기간제 근로자는 중년층의 빈곤위험이 높고 시간제의 경우 중고령층과 중년층의 빈곤위험이 상대적으로 높게 나타난다. 연령집단별 절대빈곤율을 보면, 상대빈곤율과 비교하여 중고령층의 빈곤율이 다소 낮게 나타났지만 전체적인 빈곤위험 분포는 상대적인 빈곤위험 분포와 비슷하다고 할 수 있다.

4. 정규직과 비정규직의 임금격차와 임금불평등 및 빈곤

1) 정규직과 비정규직의 임금격차 분해

〈표 4-7〉은 개인 특성과 일자리 특성을 통제한 상태에서 연령 집단별 로그시간당 임금에 대한 비정규직의 영향을 보여준다.[10] 전체를 대상으로 한 분석과 연령 집단별 분석에서 개인적 특성과 일자리 특성을 모두 통제한 상태에서 비정규직은 정규직에 비해 낮은 임금을 받는 것으로 나타났다. 로그시간당 임금에 대한 비정규직의 부정적(negative) 영향은 청년층에서 가장 컸으며, 그 다음으로는 중년층, 중고령층, 장년층 순으로 큰 것으로 나타났다. 그렇지만 중고령층에서

10) OLS 분석에는 비정규직 여부와 개인특성(성, 연령, 연령제곱, 교육수준, 주관적 건강상태, 가구주 여부, 혼인상태, 6세 미만 자녀 여부), 일자리 특성(사업장 규모, 근속기간, 근속기간제곱, 노조가입 여부, 일자리 지역, 산업, 직종)을 투입하였으나, 〈표 4-7〉에는 비정규직의 영향만을 제시하였다.

는 비정규직의 영향은 통계적으로 유의하지 않았다.

〈표 4-8〉은 개인 특성과 일자리 특성을 통제한 상태에서 추정된 정규직과 비정규직의 로그시간당 임금함수를 이용하여 임금격차를 분해한 결과이다.[11] 정규직 근로자의 임금함수에 정규직 근로자의 특성을 투입하여 추정한 평균 로그시간당 임금(a)과 비정규직 임금함수에 비정규직 근로자의 특성을 투입하여 추정한 평균 로그시간당 임금(b)에 더하여 정규직 임금함수에 비정규직 근로자 특성을 투입하여 예측한 평균 로그시간당 임금(c)을 제시하였다. 정규직과 비정규직의 로그

〈표 4-7〉 로그시간당 임금에 대한 비정규직의 영향

	전체 (n=4164)		청년층 (n=809)		장년층 (n=2010)		중년층 (n=923)		중고령층 (n=422)	
	b	se	b	se	b	se	b	se	b	se
비정규직 (기준: 정규직)	-.092***	.020	-.098**	.038	-.067*	.033	-.089*	.041	-.070	.057

*** $p<0.001$, ** $p<0.01$, * $p<0.05$

〈표 4-8〉 연령 집단별 정규직과 비정규직의 임금격차 분해(준거집단: 정규직)

(단위: 만 원(로그시간당 임금), %)

분해 항목	전체 (n=4164)	청년층 (n=809)	장년층 (n=2010)	중년층 (n=923)	중고령층 (n=422)
정규직 임금(a)	-.0582	-.2759	.0703	-.0507	.2669
비정규직 임금(b)	-.4399	-.6077	-.2803	-.5464	-.7748
비정규직 임금 (차별 차이가 없을 경우)(c)	-.3772	-.5066	-.2035	-.4577	-.4937
총 격차(a-b)	.3817 (100.0)	.3318 (100.)	.3506 (100.0)	.4957 (100.0)	1.0417 (100.0)
생산성 차이에 의한 격차(a-c)	.3190 (83.6)	.2307 (69.5)	.2738 (78.1)	.4070 (82.1)	.7606 (73.0)
생산성 외 요인에 의한 격차 (차별에 의한 격차 최대치)(c-b)	.0627 (16.4)	.1011 (30.5)	.0768 (21.9)	.0887 (17.9)	.2811 (27.0)

11) 임금격차 분해에 활용한 임금함수는 〈부표 4-1~5〉에 제시하였다.

시간당 임금 총격차는 0.3817이었으며, 이 중 생산성에 의한 격차는 0.3190으로 임금격차의 83.6%를 설명한다. 그리고 생산성 외 요인에 의한 격차, 즉 차별에 의한 임금격차의 최대치는 0.0627로 정규직과 비정규직의 임금격차의 16.4%를 설명하는 것으로 나타났다.

연령 집단별 생산성 외 요인에 의한 임금격차, 즉 차별에 의한 임금격차의 최대 설명력은 청년층에서 30.5%로 가장 높았으며, 다음으로 중고령층이 27.0%였다. 그리고 장년층은 21.9%이고 중년층이 가장 낮은 17.9%였다. 이는 연령 집단에 따라 차별에 의한 임금격차에 큰 차이가 있음을 보여주며, 청년층과 중고령층 비정규직은 더욱이 차별에 의한 임금격차가 크다는 것을 보여준다.

〈그림 4-3〉은 〈표 4-8〉의 임금격차 분해 결과에서 연령 집단별 정규직과 비정규직의 임금격차 수준을 보여준다. 연령이 증가할수록 정규직과 비정규직의 임금격차 수준은 증가하는 결과를 확인할 수 있다. 특히 중고령층의 임금격차 수준은 다른 연령 집단에 비해 월등히 높다. 이는 연공서열적인 임금구조에서, 정규직은 안정적인 고용상태에서 근속기간이 증가하여 연공에 의해 임금이 점차적으로 증가하지

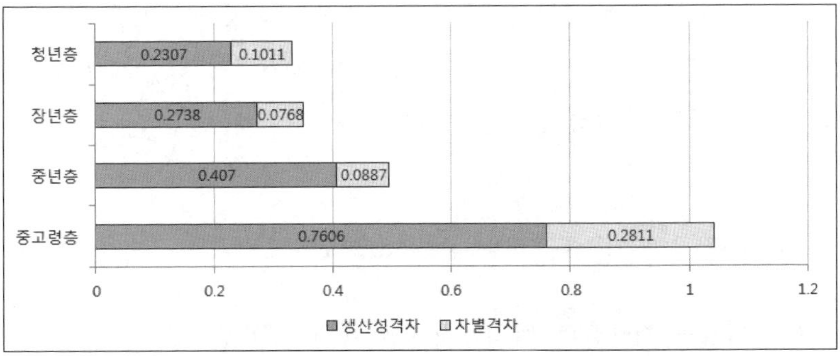

〈그림 4-3〉 연령 집단별 정규직과 비정규직의 임금격차 수준

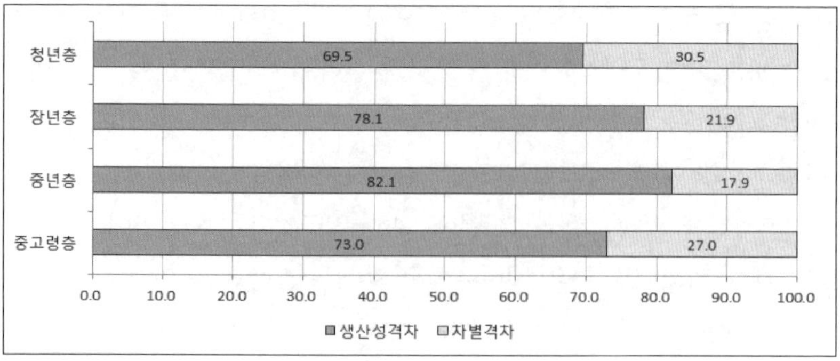

〈그림 4-4〉 연령 집단별 정규직과 비정규직의 차별에 의한 임금격차 설명력

만, 비정규직은 정규직과 다른 임금결정구조를 갖거나 혹은 고용과 실업의 반복 등으로 인해 연공이나 연령 증가에 따른 임금 상승분이 크지 않았던 결과라 할 수 있다.

〈그림 4-4〉는 〈표 4-8〉의 임금격차 분해 결과에서 연령 집단별 생산성에 의한 임금격차와 차별에 의한 임금격차의 설명력을 비교한 것이다. 임금격차 수준은 연령이 많은 집단에서 증가하는 경향을 보인 반면, 차별에 의한 임금격차 설명력은 연령이 증가할수록 감소하는 경향을 보인다. 다만 중고령층의 경우 차별에 의한 임금격차 설명력은 청년층 다음으로 높다. 차별의 임금격차 설명력이 가장 큰 청년층의 경우 절대적인 임금격차 수준은 적을지라도 그 안에서 차별에 의한 임금격차는 가장 큰 결과를 보인다.

2) 정규직과 비정규직의 임금격차와 불평등

여기에서는 정규직과 비정규직 사이에서 차별에 의한 임금격차가 해소되었을 때, 임금불평등(상대임금, 지니계수, 5분위 배율) 수준이 어떻게 변하는지를 분석하였다. 임금불평등 수준은 시간당 임금함수를 이용하였으며, 연령 집단별 임금불평등 수준은 각 연령 집단의 임금함수를 이용하였다. 다만 여기에서 임금함수를 이용한 지니계수와 5분위 배율은 실제 시간당 임금을 이용한 불평등 수준보다 전체적으로 낮다는 점을 유의할 필요가 있다(〈표 4-4〉).

먼저, 로그시간당 임금함수에 의한 임금격차 분해 결과를 구체적으로 파악하기 위해서 임금함수에 의한 로그시간당 임금을 시간당 임금으로 환산하여 정규직과 비정규직의 임금 수준을 비교하였다(〈표 4-9〉). 또한 차별 철폐로 인한 임금격차 해소효과를 살펴보기 위해 차별이 철폐되었을 때 비정규직의 상대임금 수준의 변화를 검토하였다. 이때 생산성 외 요인에 의한 임금격차는 모두 차별에 의한 임금격차라 가정하였다. 먼저, 임금격차 분해에 활용된 로그 임금함수에 의한 정규직 대비 비정규직의 상대임금, 즉 개인 특성과 일자리 특성을 통제한

〈표 4-9〉 연령 집단별 정규직과 비정규직의 상대임금 비교(시간당 임금) (단위: 만 원/시간, %)

		전체(n=4164)			청년층(n=809)			장년층(n=2010)			중년층(n=923)			중고령층(n=422)		
		임금함수	임금함수(no 차별)	상대임금변화	임금함수	임금함수(no 차별)	상대임금변화	임금함수	임금함수(no 차별)	상대임금변화	임금함수	임금함수(no 차별)	상대임금변화	임금함수	임금함수(no 차별)	상대임금변화
전체		.9911	.9978	-	.7583	.7648	-	1.1227	1.1253	-	1.0239	1.0334	-	.8379	.8495	
정규직		1.0516	-	-	.7890	-	-	1.1671	-	-	1.1250	-	-	.9401	-	-
비정규직		.7105	.7482	-	.5803	.6247	-	.8667	.8844	-	.6445	.6890	-	.5940	.6331	-
기간제		.7970	.8489	-	.6177	.7204	-	.8435	.9557	-	.7645	.8072	-	.7190	.7871	-
비전형		.7616	.8122	-	.6877	.7011	-	.9264	.9770	-	.6757	.7794	-	.5330	.5799	-
시간제		.5976	.6136	-	.5230	.5496	-	.7346	.7291	-	.5502	.5633	-	.4565	.4258	-
상대임금	비정규직	67.6	71.1	5.3	73.5	79.2	7.7	74.3	75.8	2.0	57.3	61.2	6.9	63.2	67.3	6.6
	기간제	75.8	80.7	6.5	78.3	91.3	16.6	72.3	81.9	13.3	68.0	71.8	5.6	76.5	83.7	9.5
	비전형	72.4	77.2	6.6	87.2	88.9	1.9	79.4	83.7	5.5	60.1	69.3	15.3	56.7	61.7	8.8
	시간제	56.8	58.3	2.7	66.3	69.7	5.1	62.9	62.5	-0.7	48.9	50.1	2.4	48.6	45.3	-6.7

상태에서 비정규직의 상대임금은 67.6%로 나타났다. 이는 〈표 4-3〉의 어떠한 특성도 통제하지 않은 상태에서의 상대임금 69.0%보다 약간 낮다. 비정규직에 대한 차별이 철폐되었을 때, 즉 비정규직이 정규직의 임금함수를 적용받을 때 비정규직의 상대임금은 71.1%로 임금함수에 의한 상대임금에 비해 5.3%(0.5%p) 증가하는 것으로 나타났다. 비정규직의 세부 고용형태에 따라 차별이 철폐되었을 때의 상대임금을 살펴보면, 비전형 근로자와 기간제 근로자에서 각각 6.6%(4.8%p), 6.5%(4.9%p) 증가하는 효과가 있었다.

연령 집단별 정규직과 비정규직의 상대임금 변화를 보면, 청년층 7.7%(5.7%p), 중년층 6.9%(3.9%p), 중고령층 6.6%(4.1%p), 장년층 2.0%(1.5%p) 순으로 나타났다. 차별에 의한 상대임금 변화 효과는 차별에 의한 임금격차 설명력이 가장 컸던 청년층에서 가장 크게 나타났다. 그리고 비정규직의 세부 고용형태에 따라 상대임금 변화를 보면, 청년층 기간제 근로자 16.6%, 장년층 기간제 근로자 13.3%, 중고령층 기간제 근로자 9.5%, 중년층 비전형 근로자 15.3%, 중고령층 비전형 근로자 8.8%로 나타났다. 즉, 차별 철폐에 의한 상대임금 상승효과는 기간제 근로자와 중년층 및 중고령층 비전형 근로자에게 크게 나타난다고 할 수 있다. 또한 시간제 근로자의 경우 차별 철폐의 효과는 크지 않다고 할 수 있다. 다만 청년층 시간제 근로자의 상대임금 상승효과는 5.1%로 눈여겨 볼만하다.

〈표 4-10〉은 지니계수를 이용하여 비정규직에 대한 임금 차별이 해소되었을 때 임금불평등 수준의 변화를 보여준다. 비정규직에 대한 차별에 의한 임금격차가 해소되었을 때 임금근로자 전체의 지니계수는 0.271에서 0.267로 지니계수가 0.004 정도 줄어드는 결과를 보였다. 이는 임금근로자의 임금불평등 수준을 1.5% 줄이는 효과이다.

연령 집단별로 보면, 비정규직에 대한 차별 해소를 통한 임금불평등 수준 감소효과는 청년층에서 5.3%로 가장 높게 나타났으며, 다음으로 장년층 4.1%, 중년층 3.0%, 중고령층 0.9% 순으로 나타났다.

비정규직에 대한 임금차별 해소는 비정규직 내에서의 임금불평등 수준 또한 감소시키는 결과를 보였다. 비정규직에 대한 임금차별이 해소되었을 때 비정규직 내 지니계수는 0.250에서 0.234로 6.4%(0.015) 감소하였다. 비정규직에 대한 차별해소를 통한 임금불평등 수준 감소는 시간제 근로자에서 가장 크게 나타났으며, 다음으로 비전형 근로자였다. 그렇지만 기간제 근로자 내에서는 임금불평등 수준이 오히려 증가하는 결과를 보였다. 비정규직 내 임금불평등 수준 감소효과는 청년층(24.5%)과 장년층(22.8%)에서 주로 나타났으며, 중년층의 임금불평등 수준은 6.0% 감소하는 수준에 머물렀으며, 중고령층 내에서 임금불평등은 오히려 3.6% 증가하는 결과를 보여 해석에 주의를 기할 필요가 있다.

비정규직에 대한 임금 차별이 해소되었을 때 임금 5분위 배율은 3.89에서 3.76으로 약 3.3%(0.13) 감소하는 결과를 보였다. 지니계수

〈표 4-10〉 연령 집단별 정규직과 비정규직의 지니계수(시간당 임금) (단위: %)

	전체(n=4164)			청년층(n=809)			장년층(n=2010)			중년층(n=923)			중고령층(n=422)		
	임금함수	임금함수(no 차별)	Gini 변화	임금함수	임금함수(no 차별)	Gini 변화	임금함수	임금함수(no 차별)	Gini 변화	임금함수	임금함수(no 차별)	Gini 변화	임금함수	임금함수(no 차별)	Gini 변화
전체	.271	.267	-1.5	.171	.162	-5.3	.246	.236	-4.1	.337	.327	-3.0	.342	.339	-0.9
정규직	.262	-	-	.156	-	-	.230	-	-	.325	-	-	.338	-	-
비정규직	.250	.234	-6.4	.200	.151	-24.5	.294	.227	-22.8	.251	.236	-6.0	.277	.287	3.6
기간제	.230	.244	6.1	.182	.134	-26.4	.326	.252	-22.7	.272	.227	-16.5	.308	.304	-1.3
비전형	.230	.214	-7.0	.164	.120	-26.8	.233	.181	-22.3	.229	.197	-14.0	.193	.205	6.2
시간제	.232	.198	-14.7	.202	.135	-33.2	.289	.200	-30.8	.213	.208	-2.3	.224	.225	0.4

〈표 4-11〉 연령 집단별 정규직과 비정규직의 5분위 소득배율(시간당 임금)

	전체(n=4164)			청년층(n=809)			장년층(n=2010)			중년층(n=923)			중고령층(n=422)		
	임금함수	임금함수(no 차별)	5분위 배율 변화	임금함수	임금함수(no 차별)	5분위 배율 변화	임금함수	임금함수(no 차별)	5분위 배율 변화	임금함수	임금함수(no 차별)	5분위 배율 변화	임금함수	임금함수(no 차별)	5분위 배율 변화
전체	3.89	3.76	-3.3	2.37	2.22	-6.3	3.46	3.26	-5.8	5.20	5.01	-3.7	5.32	5.30	-0.4
정규직	3.66	-	-	2.15	-	-	3.17	-	-	5.13	-	-	5.35	-	-
비정규직	3.33	3.14	-5.7	2.65	2.08	-21.5	4.06	3.00	-26.1	3.15	3.05	-3.2	3.57	3.91	9.5
기간제	3.04	3.27	7.6	2.07	1.38	-33.3	4.29	3.38	-21.2	3.31	2.88	-13.0	3.34	3.91	17.1
비전형	3.04	2.78	-8.6	1.57	1.29	-17.8	3.13	2.18	-30.4	2.74	2.50	-8.8	1.92	2.05	6.8
시간제	2.89	2.62	-9.3	2.6	1.89	-27.3	3.82	2.48	-35.1	2.65	2.61	-1.5	2.45	2.62	6.9

와 마찬가지로 비정규직에 대한 임금 차별 해소를 통한 5분위 배율 변화 감소 정도는 청년층(6.3%)에서 가장 컸으며, 다음으로 장년층(5.8%), 중년층(3.7%), 중고령층(0.4%) 순이었다. 비정규직에 대한 임금차별 해소는 비정규직 내의 5분위 배율 또한 감소시켰다. 비정규직에 대한 임금차별이 해소되었을 때 비정규직 내 5분위 배율은 3.33에서 3.14로 5.7% 감소하였다. 그 효과는 장년층(26.1%)과 청년층(21.5%)에서 컸다.

3) 정규직과 비정규직의 임금격차와 빈곤위험

〈표 4-12〉는 개인 특성과 일자리 특성을 통제한 상태에서 빈곤위험에 대한 비정규직의 영향을 보여준다(실제 임금 반영).[12] 분석 결과,

12) 로짓분석에는 비정규직 여부와 개인특성(성, 연령, 교육수준, 주관적 건강상태, 가구주 여부, 혼인상태, 6세 미만 자녀 여부), 일자리 특성(사업장 규모, 근속기간,

비정규직은 정규직에 비해 빈곤위험이 더 높은 것으로 나타났다. 연령 집단별로 볼 때, 장년층, 중년층, 중고령층에서 비정규직의 빈곤위험이 정규직보다 더 높았지만 그 영향은 장년층에서만 통계적으로 유의하였다.

〈표 4-13〉은 비정규직에 대한 임금 차별이 해소되었을 때의 빈곤위험의 변화를 보여준다. 임금불평등 분석과 마찬가지로 본 분석에는 임금함수를 이용하였으며, 연령 집단별 임금불평등 수준은 각 연령

〈표 4-12〉 빈곤위험에 대한 비정규직의 영향

	전체 (n=4164)		청년층 (n=809)		장년층 (n=2010)		중년층 (n=923)		중고령층 (n=422)	
	b	robust se	b	robust se	b	robust se	b	robust se	b	robust se
비정규직 (기준: 정규직)	.431**	.137	-.145	.376	.461*	.212	.381	.287	.634	.403

** p<0.01, * p<0.05

〈표 4-13〉 비정규직의 빈곤율(최저생계비 120% 기준) 변화 (단위 : %)

	전체 (n=4164)			청년층 (n=809)			장년층 (n=2010)			중년층 (n=923)			중고령층 (n=422)		
	임금함수	임금함수 (no 차별)	빈곤율 변화	임금함수	임금함수 (no 차별)	빈곤율 변화	임금함수	임금함수 (no 차별)	빈곤율 변화	임금함수	임금함수 (no 차별)	빈곤율 변화	임금함수	임금함수 (no 차별)	빈곤율 변화
전체	10.5	10.4	-1.0	13.5	12.7	-5.9	10.6	10.1	-4.7	11.5	11.9	-3.5	12.8	13.2	3.1
정규직	9.2	-	-	12.1	-	-	9.0	-	-	10.2	-	-	10.1	-	-
비정규직	16.4	16.1	-1.8	21.6	16.3	-24.5	19.8	16.7	-15.7	16.5	18.5	-12.1	19.2	20.5	6.8
기간제	14.2	13.3	-6.3	18.7	4.3	-77.0	19.4	18.0	-7.2	13.9	18.4	-32.4	13.1	13.1	0.0
비전형	19.9	19.5	-2.0	39.1	37.1	-5.1	22.7	18.6	-18.1	14.7	12.9	12.2	23.4	23.3	-0.4
시간제	15.7	16.1	2.5	16.6	14.7	-11.4	9.0	13.6	51.1	19.1	21.8	-14.1	23.7	29.9	26.2

노조가입 여부, 일자리 지역, 산업, 직종)을 투입하였으나, 〈표 4-12〉에는 비정규직의 영향만을 제시하였다.

집단의 임금함수를 이용하였다. 비정규직에 대한 차별이 해소되었을 때 임금근로자의 빈곤위험은 1.0%(0.1%p), 비정규직의 빈곤위험은 1.8%(0.3%p) 감소하여 빈곤 감소효과는 미미하게 나타났다. 비정규직에 대한 빈곤위험 감소효과는 기간제 근로자에게 가장 크게 나타났고, 다음은 비전형 근로자였다. 반면 시간제 근로자의 빈곤위험은 오히려 증가하였다. 연령 집단별 빈곤위험 변화를 보면, 차별 해소를 통한 빈곤 감소효과는 청년층에서 5.9%로 가장 컸고, 다음으로 장년층 4.7%, 중년층 3.5%로 나타났다. 그런데 중고령층의 빈곤위험은 오히려 증가하는 결과를 보인다.

5. 정규직과 비정규직의 근로시간 차이와 임금불평등 및 빈곤

1) 정규직과 비정규직의 근로시간 차이

〈표 4-14〉는 개인 특성과 일자리 특성을 통제한 상태에서 주당 근로시간에 대한 비정규직의 영향을 보여준다.[13)] 분석 결과, 비정규직은 정규직에 비해 근로시간이 통계적으로 유의한 수준에서 짧았다. 이는 연령 집단별 분석에서도 마찬가지이며, 근로시간에 대한 비정규직의 부정적인 영향은 청년층에서 가장 크고, 다음으로 중년층, 장년

13) OLS 분석에는 비정규직 여부와 개인특성(성, 연령, 교육수준, 주관적 건강상태, 가구주 여부, 혼인상태, 6세 미만 자녀 여부), 일자리 특성(사업장 규모, 근속기간, 노조가입 여부, 일자리 지역, 산업, 직종)을 투입하였으나, 〈표 4-14〉에는 비정규직의 영향만을 제시하였다.

〈표 4-14〉 주당 근로시간에 대한 비정규직의 영향

	전체 (n=4164)		청년층 (n=809)		장년층 (n=2010)		중년층 (n=923)		중고령층 (n=422)	
	b	se	b	se	b	se	b	se	b	se
비정규직 (기준: 정규직)	-7.190***	.539	-11.507***	1.193	-5.709***	.802	-7.392**	1.159	-4.288***	1.721

*** $p<0.001$, ** $p<0.01$

층, 중고령층 순이었다.

2) 정규직과 비정규직의 근로시간 차이와 불평등

다음으로는 비정규직의 월 근로시간이 정규직 수준으로 증가할 때의 임금불평등(상대임금, 지니계수, 5분위 배율) 수준의 변화를 분석하였다. 주당 근로시간에 4.3을 곱하여 산출한 월 근로시간을 보면, 전체적으로 정규직의 근로시간이 비정규직에 비해 1.18배 길었으며, 청년층은 1.30배, 중년층은 1.19배, 장년층은 1.16배, 중고령층은 1.12배 더 긴 것으로 나타났다. 비정규직의 조정된 근로시간은 비정규직의 실제 월 근로시간에 〈표 4-15〉의 정규직과 비정규직의 근로시간 차이를 곱하여 산출하였으며, 조정된 월 근로시간에 시간당 임금을 곱하여 산출한 월평균 근로소득을 이용하여 임금불평등 수준 변화를 분석하였다.

비정규직의 실제 월 임금과 근로시간을 조정한 후의 월 임금의 상대임금은 52.1%에서 61.0%로 증가하여 상대임금 수준은 17.1%(8.9%p) 증가한 효과를 보였다. 근로시간 증가로 인한 상대임금 증가 효과는 기간제 근로자, 비전형 근로자, 시간제 근로자에서 유사하였다. 연령 집단별 정규직과 비정규직의 상대임금 변화를 보면, 청년층이 30.0%

〈표 4-15〉 정규직과 비정규직의 임금과 근로시간 차이

	전체(n=4954)			청년층(n=902)			장년층(n=2351)			중년층(n=1148)			중고령층(n=553)		
	전체	정규직	비정규직	전체	정규직	비정규직	전체	정규직	비정규직	전체	정규직	비정규직	전체	정규직	비정규직
주당 근로시간	47.3	48.8	41.4	46.6	48.4	37.2	47.6	48.6	41.9	47.6	49.5	41.8	46.9	48.6	43.5
월 근로시간	203.4	209.7	178.1	200.3	208.1	160.2	204.5	209.0	180.0	205.0	212.9	179.6	201.6	208.9	187.0
월 근로시간 차이	1.18배			1.30배			1.16배			1.19배			1.12배		

〈표 4-16〉 연령 집단별 정규직과 비정규직의 상대임금 비교(월평균 임금)

(단위: 만 원/월, %)

		전체(n=4954)			청년층(n=902)			장년층(n=2351)			중년층(n=1148)			중고령층(n=553)		
		실제임금	조정임금	상대임금변화	실제임금	조정임금	상대임금변화	실제임금	조정임금	상대임금변화	실제임금	조정임금	상대임금변화	실제임금	조정임금	상대임금변화
전체		224.7	229.3	-	156.1	160.9	-	259.9	263.8	-	229.2	234.8	-	191.1	195.5	-
정규직		248.4	248.4	-	167.5	167.5	-	279.0	279.0	-	262.7	262.7	-	231.0	231.0	-
비정규직		129.4	151.5	-	97.6	126.9	-	156.0	180.9	-	123.2	146.6	-	110.6	123.9	-
기간제		148.7	175.5	-	122.4	159.2	-	118.5	137.4	-	139.9	166.5	-	138.2	154.8	-
비전형		164.8	194.4	-	134.3	174.5	-	215.4	249.8	-	158.0	188.0	-	110.5	123.7	-
시간제		80.3	94.8	-	69.5	90.4	-	87.2	101.2	-	86.6	103.0	-	63.9	71.6	-
상대임금	비정규직	52.1	61.0	17.1	58.3	75.8	30.0	55.9	64.8	15.9	46.9	55.8	19.0	47.9	53.6	11.9
	기간제	59.9	70.7	18.0	73.1	95.0	30.0	42.5	49.2	15.8	53.3	63.4	18.9	59.8	67.0	12.0
	비전형	66.3	78.3	18.1	80.2	104.2	29.9	77.2	89.5	15.9	60.1	71.6	19.1	47.8	53.5	11.9
	시간제	32.3	38.2	18.3	41.5	54.0	30.1	31.3	36.3	16.0	33.0	39.2	18.8	27.7	31.0	11.9

(17.5%p)로 가장 컸고, 다음으로 중년층 19.0%(8.9%p), 장년층 15.9%(8.9%p), 중고령층 11.9%(5.7%p) 순이었다.

근로시간 증가로 인한 상대임금 변화는 앞서의 비정규직에 대한 차별해소로 인한 효과보다 3.2배 정도 높은 결과이며, 연령 집단별로 보면 장년층에 대한 효과는 8.0배, 청년층 3.9배, 중년층 2.8배, 중고령층 1.8배이다.

〈표 4-17〉 연령 집단별 정규직과 비정규직의 지니계수(월평균 임금) (단위: %)

	전체 (n=4954)			청년층 (n=902)			장년층 (n=2351)			중년층 (n=1148)			중고령층 (n=553)		
	실제 임금	조정 임금	Gini 변화	실제 임금	조정 임금	Gini 변화	실제 임금	조정 임금	Gini 변화	실제 임금	조정 임금	Gini 변화	실제 임금	조정 임금	Gini 변화
전체	.381	.372	-2.4	.240	.231	-3.7	.373	.368	-1.3	.400	.389	-2.8	.430	.420	-2.3
정규직	.359	-	-	.210	-	-	.356	-	-	.370	-	-	.418	-	-
비정규직	.372	-	-	.323	-	-	.388	-	-	.365	-	-	.325	-	-
기간제	.321	-	-	.223	-	-	.315	-	-	.349	-	-	.309	-	-
비전형	.348	-	-	.171	-	-	.370	-	-	.319	-	-	.260	-	-
시간제	.342	-	-	.396	-	-	.327	-	-	.325	-	-	.307	-	-

〈표 4-17〉은 지니계수의 변화를 통해 비정규직의 근로시간이 정규직만큼 증가할 때의 임금불평등 수준 변화를 보여준다. 비정규직의 근로시간이 증가하였을 때 임금근로자 전체의 지니계수는 0.381에서 0.372로 지니계수가 0.009 정도 줄어드는 결과를 보였다. 이는 임금근로자의 임금불평등 수준을 2.4% 줄이는 효과이다. 연령 집단별로 보면, 비정규직의 근로시간 확대를 통한 임금불평등 감소효과는 청년층에서 3.7%로 가장 높게 나타났으며, 다음으로 중년층 2.8%, 중고령층 2.3%, 장년층 1.3% 순이었다.

근로시간 증가로 인한 지니계수 감소효과는 앞서의 비정규직에 대한 차별해소로 인한 효과보다 1.6배 정도 높은 결과로, 그 효과는 중고령층이 2.6배로 가장 높았다. 중고령층과 달리 청년층, 장년층, 중년층의 지니계수 감소효과는 임금차별 해소로 인한 효과보다 1.1~3.2배 더 높은 것으로 나타났다.

비정규직의 근로시간이 정규직만큼 증가하였을 때 임금 5분위 배율은 6.40에서 6.27로 약 2.0%(0.13) 감소하는 결과를 보였다. 지니계수와 마찬가지로 비정규직의 근로시간 증가를 통한 5분위 배율 변

〈표 4-18〉 연령 집단별 정규직과 비정규직의 5분위 소득배율(월평균 임금)

(단위: %)

	전체(n=4954)			청년층(n=902)			장년층(n=2351)			중년층(n=1148)			중고령층(n=553)		
	실제 임금	조정 임금	5분위 배율 변화	실제 임금	조정 임금	5분위 배율 변화	실제 임금	조정 임금	5분위 배율 변화	실제 임금	조정 임금	5분위 배율 변화	실제 임금	조정 임금	5분위 배율 변화
전체	6.40	6.27	-2.0	3.50	3.21	-8.3	6.45	6.26	-2.9	5.58	6.21	11.3	6.76	7.63	12.9
정규직	5.74	-	-	2.77	-	-	4.83	-	-	6.33	-	-	7.67	-	-
비정규직	6.06	-	-	5.37	-	-	6.05	-	-	5.52	-	-	3.39	-	-
기간제	4.52	-	-	2.49	-	-	2.89	-	-	3.72	-	-	3.87	-	-
비전형	4.98	-	-	2.31	-	-	4.66	-	-	4.59	-	-	2.72	-	-
시간제	5.87	-	-	4.38	-	-	3.37	-	-	2.92	-	-	2.55	-	-

화 감소 정도는 청년층(8.3%)에서 가장 컸으며, 다음으로 장년층(2.9%)이었다. 반면 청년층과 장년층 내에서 5분위 배율은 오히려 증가하는 결과를 보인다.

비정규직의 근로시간의 증가로 인한 5분위 배율의 변화는 앞서의 임금차별에 의한 임금불평등 완화 효과보다는 적은 것으로 나타났다. 다만 청년층의 경우에는 근로시간 증가의 효과가 큰 특징을 보인다.

3) 정규직과 비정규직의 근로시간 차이와 빈곤위험

〈표 4-19〉는 비정규직의 근로시간이 정규직만큼 증가하였을 때의 빈곤위험의 변화를 보여준다. 임금불평등 분석과 마찬가지로 본 분석에는 실제 월평균 소득과 조정된 근로시간을 이용하여 산출한 월평균 소득을 이용하였다. 비정규직에 대한 차별이 해소되었을 때, 임금근로자의 빈곤위험은 5.9%(0.9%p) 감소하였으며, 비정규직의 빈곤위험은 18.9%(3.6%p) 감소하는 효과를 보였다. 비정규직에 대한 빈곤위험 감소효과는 비전형 근로자에게 가장 크게 나타났으며, 다음으로

〈표 4-19〉 비정규직의 빈곤율(최저생계비 120% 기준) 변화 (단위: %)

	전체(n=4954)			청년층(n=902)			장년층(n=2351)			중년층(n=1148)			중고령층(n=553)		
	실제 임금	조정 임금	빈곤율 변화	실제 임금	조정 임금	빈곤율 변화	실제 임금	조정 임금	빈곤율 변화	실제 임금	조정 임금	빈곤율 변화	실제 임금	조정 임금	빈곤율 변화
전체	11.8	11.1	-5.9	14.8	14.0	-5.4	10.7	10.1	-5.6	11.7	10.7	-8.5	11.3	10.2	-9.7
정규직	10.0	-	-	14.5	-	-	9.1	-	-	8.9	-	-	8.0	-	-
비정규직	19.0	15.4	-18.9	16.5	11.4	-30.9	19.3	15.5	-19.7	20.5	16.3	-20.5	18.1	14.8	-18.2
기간제	18.0	14.9	-17.2	11.3	4.4	-61.1	20.2	17.0	-15.8	20.9	16.2	-22.5	15.1	14.4	-4.6
비전형	21.6	15.7	-27.3	34.5	22.7	-34.2	22.3	15.9	-28.7	15.8	9.0	-43.0	21.7	17.2	-20.7
시간제	17.8	15.7	-11.8	13.9	12.2	-12.2	15.6	13.7	-12.2	23.1	21.1	-8.7	17.1	11.2	-34.5

기간제 근로자, 시간제 근로자 순이었다. 연령 집단별 빈곤위험 변화를 보면, 근로시간 차이 해소를 통한 임금근로자의 빈곤 감소효과는 연령이 높을수록 효과가 큰 것으로 나타났으나, 비정규직의 빈곤위험 감소효과는 청년층이 30.9%로 가장 크고 다음으로 중년층 20.5%, 장년층 19.7%, 중고령층 18.2% 순이었다. 그리고 비정규직 고용형태에 따른 빈곤위험 감소효과는 청년층의 경우 기간제 근로자에게 가장 큰 반면, 장년층, 중년층, 중고령층은 비전형 근로자의 빈곤 감소효과가 크게 나타났다.

비정규직의 근로시간 증가로 인한 임금근로자의 빈곤위험 감소효과는 앞서의 임금차별 해소에 의한 빈곤위험 감소효과보다 5.9배 높았으며 그 효과는 연령이 증가할수록 더 커진다. 그리고 근로시간 증가에 따른 비정규직의 빈곤위험 감소효과는 임금차별 해소로 인한 효과보다 10.5배 더 크며, 그 효과는 장년층과 중고령층에서 더 크다.

6. 결 론

본 장에서는 정규직과 비정규직의 차별에 의한 임금격차와 근로시간의 차이가 해소되었을 때의 임금불평등과 빈곤위험의 변화를 분석하였다. 분석은 15~64세 임금근로자를 대상으로 연령 집단의 차이를 주로 분석하였다. 주요한 분석결과는 다음과 같다.

첫째, 비정규직 근로자 상대임금은 월 임금 기준 51.7%이며, 시간당 임금 기준 69.0%로 정규직과 비정규직 사이의 임금격차가 큰 것으로 나타났다. 비정규직 중 기간제와 비전형 근로자의 시간당 상대임금은 72% 수준으로 시간제 근로자의 상대임금(64%)보다는 다소 높았다. 정규직과 비정규직은 임금뿐만 아니라 주당 근로시간에도 차이를 보이는데, 전반적으로 비정규직에 비해 정규직의 근로시간이 7시간 정도 길다. 이는 정규직과 비정규직 사이의 임금격차뿐만 아니라 근로시간 차이로 인해 실질 소득에 격차가 발생할 가능성이 큼을 확인시켜준다(백학영 · 구인회, 2010).

둘째, 연령 집단별 정규직 대비 비정규직의 시간당 상대임금은 청년층(84.1%)과 장년층(82.5%)이 상대적으로 높은 수준을 보였으며, 중년층(56.2%)과 중고령층(53.1%)은 상대적으로 낮았다. 이는 비정규직 내에서 연령에 따라 정규직과의 임금격차 수준에 차이가 있음을 여실히 보여준다. 비정규직 내에서도 청년층과 장년층 기간제 및 비전형 근로자의 상대임금은 82~89% 수준으로 중년층과 중고령층에 비해 높은 상대임금을 보였다. 이는 비정규직 내에서 연령뿐만 아니라 고용형태에 따라 임금 보상의 격차에 차이가 있음을 보여준다.

셋째, 비정규직 근로자의 빈곤율은 정규직에 비해 2배 정도 높게 나타났으며, 비정규직 중에서는 비전형 근로자의 빈곤율이 20.7%로 가장 높았다. 그리고 정규직 내에서 취약 근로자(임시, 일용직)의 빈곤율은 15.9%로 같은 정규직 내에서도 종사상의 지위에 따라 임금격차가 클 가능성을 강하게 시사한다. 연령 집단별 전반적인 빈곤율을 보면 청년층과 중고령층의 빈곤율이 상대적으로 높지만, 비정규직의 경우 청년층보다는 중장년층과 중고령층의 빈곤율이 높게 나타난다. 기간제 근로자의 경우 중장년층과 중고령층의 빈곤율이 높고, 비전형 근로자의 경우는 청년층의 빈곤율이 높게 나타난다. 연령별 및 고용형태별 비정규직의 상대임금과 빈곤위험 정도에 차이가 발생하는 것은 빈곤을 가구단위로 측정하여 비정규직의 가구 내에서의 위치에 따라 빈곤위험 정도를 세분화하여 볼 필요성을 제기한다.

넷째, 연령 집단별로 볼 때 청년층, 장년층, 중년층은 비정규직일 때 시간당 임금 수준이 통계적으로 유의하게 낮았다. 정규직과 비정규직의 임금격차 수준은 중고령층에서 가장 크게 나타나는데, 이는 안정적인 고용 상태가 지속되어 연공서열적 임금 보상을 받을 가능성이 높은 정규직과 그렇지 못한 비정규직의 차이를 여실히 보여준다. 중고령층에서 차별에 의한 임금격차 설명력은 27.0%로 청년층(30.5%) 다음으로 크다. 이 또한 연공서열적 임금보상 체계에서 배제된 중고령층 비정규직의 낮은 임금 보상의 문제를 여실히 보여준다. 그리고 비정규직에 대한 차별이 해소될 때 비정규직의 시간당 임금은 5.3% 정도 상승하는 효과가 있었으며, 그 효과는 주요하게 청년층과 장년층 기간제 근로자와 중년층 비전형 근로자에게서 나타났다.

다섯째, 비정규직에 대한 차별 해소를 통한 임금불평등 완화 효과와 비정규직의 근로시간 증가를 통한 임금불평등 완화 효과를 보면 근로시간 증가의 효과가 더 큰 것으로 나타났다. 근로시간 증가로 인한 상대임금 변화는 비정규직에 대한 차별해소로 인한 임금불평등(상대임금, 지니계수) 완화효과보다 1.6~3.2배 정도 높은 결과를 보였다. 다만 임금 5분위 배율에 대한 효과는 임금 차별 해소의 효과가 다소 크게 나타났다.

여섯째, 비정규직에 대한 차별 해소 또는 비정규직의 근로시간 증가를 통한 빈곤위험 감소효과는 근로시간 증가의 효과가 더 큰 것으로 나타났다. 비정규직의 근로시간의 증가로 인한 임금근로자의 빈곤위험 감소효과는 임금차별 해소에 의한 것보다 5.9배 높았으며 그 효과는 연령이 증가할수록 더 커진다. 그리고 근로시간 증가의 비정규직의 빈곤위험 감소효과는 임금차별 해소로 인한 효과보다 10.5배 더 크며, 그 효과는 장년층과 중고령층에서 더 크다.

본 장에서는 정규직과 비정규직의 임금격차와 근로시간에 주목하여, 비정규직에 대한 차별해소와 근로시간의 증가에 따른 임금불평등 및 빈곤위험 변화 등을 분석하였다. 그리고 그 차이를 연령 집단(청년층, 장년층, 중년층, 중고령층)에 따른 특성에 따라 함께 분석하였다. 연구 결과 연령 집단에 따른 임금격차 정도와 차별로 인한 임금격차 수준은 상당한 차이를 보였으며, 그들의 근로시간 또한 큰 차이가 있었다. 비정규직에 대한 임금차별이 해소될 때, 정규직과 비정규직 사이의 임금불평등은 다소 완화되고 비정규직의 빈곤위험 또한 감소하는 결과를 도출하였으며, 그 효과는 비정규직의 근로시간이 증가할 때 더 컸다. 이러한 결과는 비정규직의 임금불평등 해소와 빈곤위험 완화를 위해서는, 비정규직에 대한 차별 해소와 더불어 그들이 충분한 임금을 확보할 수 있도록 그들의 근로시간을 보다 안정적으로 보장할 수 있는 정책적 접근의 필요성을 강하게 시사한다. 그리고 연령 집단과 고용형태에 따른 차별화된 정책적 접근 또한 필요할 것이다.

제5장 비정규 고용 증가와 사회정책

구인회 · 이원진

1. 문제제기
2. 국제비교로 본 임시직 노동과 관련 제도적 요인
3. 우리나라 임시직 고용과 관련 요인
4. 우리나라 고용보호와 사회정책의 발전방향

제 5 장 비정규 고용 증가와 사회정책

1. 문제제기

1980년대 이후 많은 서구국가들은 노동시장 유연화를 추진하였고 이와 함께 비정규직 고용이 크게 증가하였다. 우리나라에서는 1990년대 후반 이래 비정규직의 증가가 주목받게 되었다. 특히 이러한 변화는 임시직 근로(temporary work)의 증가에서 뚜렷하게 나타난다. 임시직 근로는 기간제(fixed-term contract) 등의 한시적 근로와 파견근로(temporary agency work), 호출근로 등으로 구성되는데, 시간제 근로(part-time work) 등의 다른 비정규 근로와는 발생원인이나 특성에서 차이를 보인다(임시직 근로의 정의, 다른 비정규 근로와의 비교에 대한 자세한 논의는 2장을 참조). 이 장에서는 서구와 우리나라에서 나타난 임시직 증가의 원인을 살펴보고 우리나라 상황에 맞추어 대책을 검토한다. 특히 노동시장의 수요와 공급 요인을 중심으로 검토한 대다수 기존 연구와는 달리 고용보호법제와 실업급여, 적극적 노동시장정책 등의 사회정책을 중심으로 임시직 증가를 설명하고자 한다.

지난 수십 년간 대다수 선진국가에서 임시직 근로자가 증가하여 임금근로자에서 차지하는 비율이 OECD 평균 1983년 9.3%에서 2007년 12.2%로 늘었다. 그런데 이러한 임시직 규모의 변화 양상은 국가마다 차이를 보인다. 영미권 국가들은 원래 임시직 비율이 낮았을 뿐만 아니라 시간에 따른 임시직 규모의 증가도 보이지 않는다. 반면 이탈리아, 스페인, 포르투갈 등 남유럽 국가들과 오스트리아, 벨기에, 프랑스, 독일, 네덜란드 등 유럽대륙 국가들은 대체로 임시직 노동이 증가해 왔다. 이러한 변화 결과 2000년대 이후에는 스페인, 포르투갈과 같은 남유럽 국가들과 한국은 임시직 비율이 20%를 넘는 반면, 미국, 영국 등은 약 5% 수준을 유지하고, 다수의 유럽대륙 국가들, 북유럽 국가들과 일본은 10~15% 수준에 분포하고 있다. 임시직 고용에서의 국가 간 차이는 규모에서만 나타나는 것은 아니다. 다양하게 측정된 임시직 고용의 질에서도 국가 간에 큰 차이가 나타난다(2장 참조).

한국에서도 1990년대 이후 서구와 유사하게 임시직 노동 활용에 의존하는 방식으로 고용유연화가 추진되었다. 그러나 한국은 임시직의 증가 속도가 매우 빨랐고 규모도 매우 크다는 점에서 대다수 서구 국가들과 차이를 보인다. 한국에서는 1990년대 이래로 임시직 노동이 가파르게 증가하여 2005년에는 거의 30%에 가깝게 증가하였다. 최근에는 임시직 비율이 다소 감소하였지만 OECD 회원국들 중에서는 최고 수준을 유지하고 있다.

임시직 노동의 성격과 규모는 다양한 요인에 의해서 영향을 받는다. 서론에서 논의한 바와 같이 고용보호규제에서의 정규직과 비정규직 격차가 임시직 고용에 직접적인 영향을 미치며 더 나아가서는 정규직과 비정규직의 고용비용 격차가 영향을 미칠 수 있다. 또 실업이나 저임금 등 노동시장위험에 대응하여 발전하는 적극적 노동시장정책이나 실업보험과 같은 사회정책이 임시직 고용에 관련을 가질 것으로 보인다. 더 나아가 고용보호규제와 사회정책이 결합되는 양상에 따라 임시직 고용이 상이하게 나타날 수 있다. 기존 논의에 따르면 노동시장과 사회정책이 일정한 조응관계를 형성하는데, 이러한 관계 양상에 따라 노동시장 성과에 차이가 나타난다(Esping-Andersen, 1999; Hall and Soskice, 2001).

본 연구는 국제비교와 우리나라 상황의 역사적 검토를 통해 임시직 고용에 영향을 미치는 요인을 밝히고자 한다. 우선 국제비교를 통해 정규직과 비정규직에 대한 고용보호규제와 사회정책 각각이 비정규직 문제와 어떠한 관련 양상을 보이는지를 분석한다. 더 나아가서 고용보호와 사회정책의 결합 양상에 따라 임시직 고용이 어떤 차이를 보이는지를 검토한다. 그리고 우리나라에서 고용보호와 사회정책의 변화과정을 검토하여 임시직 노동 증가와 관련을 가지는 요인을 분석한다. 마지막으로 임시직 증가에 대응하는 우리나라 사회정책의 방향에 대해 논의한다.

2. 국제비교로 본 임시직 노동과 관련 제도적 요인

1) 고용보호규제, 사회정책과 임시직 노동의 관계에 대한 논의

고용보호는 실업과 같은 노동시장위험에 대비하여 근로자의 고용과 소득의 안정성을 보장하는 보험 기능을 하는 것으로 볼 수 있다. 정당한 해고의 사유와 절차를 규정함으로써 고용주의 해고 여지를 제한하고, 해고예고기간을 둠으로써 취업기간을 연장하거나 실직기간을 단축하며, 해고수당으로 실직 시 소득을 보전하여 근로자 소득을 평탄화할 수 있다. 해고수당과 해고예고기간은 고용주로부터 근로자로 소득을 이전하는 기능을 하며 해고의 사유와 절차는 해고의 어려움을 증가시키는 기능을 한다. 이러한 고용보호의 보험적 기능은 고용보호가 시장에서 자발적으로 발전될 수 있음을 시사한다(OECD, 2004; Pissarides, 2001).

더 나아가 고용보호는 고용주와 노동자의 장기적인 계약 관계를 통해 근로자의 근로동기를 향상하고 기업특수적 숙련형성을 자극하는 장점이 있다. Estevez-Abe, Iversen and Soskice(2001)는 근로자가 숙련향상을 위한 투자를 하기 위해서는 향상된 숙련수준으로부터 장기적으로 수익을 얻을 수 있다는 보장이 이루어질 필요가 있음을 보여준다. 그런데 시장에서는 이러한 보장이 이루어질 수 없기 때문에 숙련수준에 상응하는 임금보장과 고용보장을 하는 제도적 장치가 필요하다는 것이다. 이러한 이유로 기업과 근로자는 고용보호법제를 도입하는 것에 동의할 수 있다.

이외에도 고용보호규제는 해고의 사회적 비용을 기업이 내부화시키는 장치로 기능한다. 실직은 근로자들의 인적자본을 유실시키고, 건강·정신건강에 심각한 영향을 미친다. 실직은 근로자들이 사회에 생산적으로 기여할 수 있는 기회를 없애고 공적 급여 제공 등 사회적 부담을 늘린다. 특히 실업급여가 관대한 경우에는 해고로 인해 발생하는 사회적 비용이 커진다. 따라서 이 경우에는 국가가 기업이 해고 비용을 내부화하도록 더욱 적극적으로 고용보호법제를 도입하고자 한다(OECD, 2004: 91).

그런데 이러한 고용보호규제의 도입은 고용주에게는 해고비용의 증가를 의미해서, 고용보호규제는 실업의 증가를 초래하는 원인으로 지목되어 비판의 대상이 되었다. 특히 해고 사유와 절차를 제한하여 해고의 어려움을 증가시키는 보호규제가 많은 검토의 대상이 되었다. 해고수당과 해고예고기간은 고용주로부터 근로자로의 소득이전을 통해 이직과정의 안정성을 높이는 데 초점이 있다면, 해고의 어려움을 증가시키는 규제는 노동이동성 여지를 줄이는 측면이 있기 때문이다(Bentolila, Cahuc, Dolado, and Barbanchon, 2010; Pissarides, 2001). 1980년대 중반부터 서구 각국에서 나타난 고용보호를 완화하는 방향으로의 개혁은 이러한 맥락에서 이루어진 것으로 볼 수 있다.

〈표 5-1〉에서는 고용보호규제가 시간적으로 어떤 변화를 보이는지를 파악하기 위해 OECD 고용보호지수의 평균과 표준편차를 연도별로 제시하였다.[1] 표에서 우선적으로 드러나는 사실은 정규직 고용보호와 임시직 고용보호 모두 평균과 표준편차가 시간에 따라 감소하고 있다는 것이다. 이러한 사실은 외부적으로 주어지는 노동시장 유연화의 공통된 압력에 대해 각국이 평균적으로 노동시장에 대한 규제를 완화하고 있으며 국가 간의 차이도 줄어들고 있음을 의미한다. 이는 주로 노동시장규제가 강했던 국가들의 규제가 완화된 결과로 나타난 것이다. 하지만 여전히 각국 간의 차이가 크고 각국의 고용보호 수준

1) 고용보호규제 수준은 다양한 방식으로 측정이 시도되었지만, OECD의 고용보호지수가 가장 널리 받아들여지며 가장 오랜 시기에 걸친 시계열 자료를 축적하고 있다. 이러한 이유로 본 연구에서는 OECD의 고용보호지수를 이용하여 고용보호규제 수준의 시간적 변화와 국가 간 차이를 검토한다. 하지만 OECD 지수가 개별국가의 고용보호규제 수준을 제대로 반영하고 있는지에 대해서는 논란의 소지가 많다(Bentolila, Cahuc, Dolado, and Barbanchon, 2010). OECD 고용보호지수의 구성방식, 문제점, 다른 지수와의 비교에 대해서는 Venn(2009)을 참조하라.

〈표 5-1〉 정규직 고용보호와 임시직 고용보호의 추이

		1990	1995	1997	1999	2001	2003	2005	2006	2007	2008
정규직 고용 보호	평균	2.17	2.09	2.10	2.07	2.09	2.06	2.07	2.07	2.06	2.05
	표준편차	0.99	0.87	0.85	0.81	0.80	0.78	0.77	0.77	0.77	0.76
	최댓값	4.83	4.33	4.33	4.33	4.33	4.33	4.17	4.17	4.17	4.17
	최소값	0.17	0.17	0.17	0.17	0.17	0.17	0.17	0.17	0.17	0.17
임시직 고용 보호	평균	2.44	2.25	2.05	1.92	1.90	1.86	1.86	1.87	1.88	1.82
	표준편차	1.70	1.64	1.50	1.44	1.38	1.22	1.21	1.22	1.22	1.22
	최댓값	5.38	5.38	4.88	4.88	4.88	4.88	4.88	4.88	4.88	4.88
	최소값	0.25	0.25	0.25	0.25	0.25	0.25	0.25	0.25	0.25	0.25

주: 〈표 5-3〉과 〈표 5-4〉에서 1990년부터 고용보호 지수가 조사된 26개국을 대상으로 계산하였다.
자료: stats.oecd.org

의 상대적인 위치는 1980년대 후반 이후 거의 변화하지 않았기 때문에(OECD, 2004: 71), 각국의 노동시장규제 정책이 수렴되었다고 표현하기는 어렵다.

그런데 〈표 5-1〉을 좀 더 자세히 살펴보면 정규직 고용보호에 비해 임시직 고용보호의 평균과 표준편차가 상대적으로 더 크게 줄어들고 있어 정규직 고용보호에 비해 임시직 고용보호의 규제 완화 폭이 더 크고 좀 더 수렴되는 양상을 보이고 있음을 알 수 있다. 임시직 고용에 대한 규제수준은 1990년 평균 2.44에서 2008년 1.82로 비교적 크게 감소하였음을 알 수 있고, 표준편차는 1990년 1.70에서 2008년 1.22로 감소하여 임시직 고용보호의 국가 간 차이도 줄어들었다. 이러한 사실은 1980년대 이후 정규직 해고를 제한하는 규제는 사실상 크게 변하지 않았고 개혁은 주로 해고제한 규정이 적용되지 않는 임시직 고용의 활용에 대한 제한을 완화하는 것을 중심으로 이루어졌다는 OECD(2004)의 관찰과 일치한다.

본 연구에서는 이렇게 1980년대 이후 많은 서구국가에서 정규직

에 대한 고용보호는 대체로 유지되고 임시직에 대한 고용규제는 크게 완화되어 정규직과 임시직의 고용보호 격차가 증대한 것이 임시직 증가의 일차적인 원인이라고 본다(OECD, 2004). 정규직에 대한 고용보호는 유지한 상태에서 비정규직 고용제한을 완화하는 부분적 개혁은 비정규 일자리의 비용을 낮추어 그 일자리 창출을 촉진한다. 계약기간이 제한되어 있는 비정규직의 경우 해고비용이 거의 없어, 고용보호로 인해 해고비용이 높은 정규직 일자리에 비해 일자리 창출이 촉진된다. 이와 동시에 부분적 개혁은 비정규직과 정규직의 해고비용 격차 증대로 고용주가 비정규직을 정규직으로 전환하기보다는 비정규직을 연속적으로 사용할 인센티브를 강화시킨다(Blanchard and Landier, 2002; Cahuc and Postel-Vinay, 2002). 기존의 정규직을 저비용의 비정규직으로 대체할 유인도 커진다. 요컨대, 정규직과 비정규직 고용보호에서의 상대적 차이가 고용주들이 비정규직 고용을 촉진하고 정규직 고용을 회피하게 하는 인센티브로 작용하여 비정규 고용 증대가 나타난다는 것이다.

정규직에 대한 고용보호를 엄격하게 유지한 상태에서 임시직 규제를 완화하는 부분적 개혁에서는 고용만이 아니라 생산성, 복지 수준에서도 긍정적인 효과를 기대하기 어렵다. 정규직으로의 전환 가능성이 낮은 임시직 일자리의 증가는 생산성이 낮은 초기경력 수준의 일자리가 늘어난다는 의미를 갖는다. 그 결과 근로자의 전반적인 생산성이 떨어지고 근로자의 복지 수준도 낮아지게 된다(Blanchard and Landier, 2002). 이에 따라 임시직 고용의 질이 떨어지고 임시직 고용이 함정으로 작용할 가능성이 커진다.

더욱이 노동시장이 이중화되어 정규직 중심 내부자의 교섭지위가 강한 사회에서는 정규직과 비정규직의 고용보호 격차로 인한 비정규직의 증가와 지위 하락이 더욱 심각해질 수 있다. 단체교섭이 분산적으로 이루어지고 조정(coordination)이 이루어지지 않는 경우에는 내부자 중심의 과도한 임금 인상이 이루어지는 경향이 있다(Camfors and Driffill, 1988). 그리고 이러한 내부자 중심의 배제적 단체교섭이 지배하는 경우에는 비정규 고용의 상대적 비용이 매우 낮아 비정규 급증으로 이어질 수 있다(Polavieja, 2006). 한국처럼 시장지배적 대기업을 중심으로 자리 잡은 노조들이 기업별 단위에서 진행하는 단체교섭 구조에서는 정규직과 비정규직의 고용비용 격차가 증대한다. 정규직은 내부자로서의 강력한 교섭지위를 이용하여 임금인상을 이루는 반면에 비정규직은 낮은 수준의 고용보호로 인해 고용주와의 교섭에 강력하게 참여하기가 어렵다(Lindbeck and Snower, 1986). 그 결과 정규직과 비정규직의 임금격차 등 고용비용 격차가 증대하고 비정규직을 정규직으로 전환하는 생산성 기준을 높여 비정규직의 정규직 전환보다는 계약해지 가능성을 높일 것이다. 고용주에게는 생산성이 비교적 높은 임시직 근로자의 경우에도 이들을 정규직으로 전환하여 얻는 생산성 증대보다는 임시직 근로자를 연속적으로 고용하여 얻는 비용절감 효과가 크기 때문이다. 그 결과 비정규직의 정규직 전환 가능성은 더욱 줄어들어 비정규 고용이 증가하고 비정규직이 함정으로 작용할 가능성이 커진다(Bentolila and Dolado, 1994).

고용보호규제 이외에 노동시장위험(labor market risks)에 대응하는 제도로는 실업급여와 적극적 노동시장정책 등의 사회정책을 생각할 수 있다. 실업급여와 적극적 노동시장정책은 고용보호규제의 보험기능과 대체(substitution) 관계에 있다(Boeri, Conde-Ruiz and Galasso, 2012). 고용보호규제가 해고를 제한함으로써 고용불안정과 소득상실 위험에 대처한다면, 실업급여는 실직 시의 소득지원을 통해서 소득안정을 기하고 적극적 노동시장정책은 취업가능성을 높여 고용안정을 기한다(OECD, 2004). 이러한 기능적 유사성 때문에 고용보호와 사회정책의 최적조합 문제가 이론적인 검토의 대상으로 등장하기도 한다(Blanchard and Tirole, 2008). 일부 연구는 인력 배치와 인력 재할당을 촉진한다는 점에서 실업급여가 고용보호보다 장점을 가진다고 주장한다(Acemoglu and Shimer, 1999).

실업급여는 급여수준에 과거의 임금 수준이 반영되고 급여기간도 취업능력에 영향을 미치는 개인적 특성을 고려하여 결정되기 때문에 고용보호규제보다 실업 시의 소득안정 기능이 우월하다. 또 임시직 등 고용보호에서 제외된 대상도 지원을 받을 수 있다는 장점을 가진다. 임시직 노동자는 고용보호에서 제외되어 일자리를 잃을 가능성이 정규직 노동자에 비해 크기 때문에 실업급여의 소득안정 기능이 더욱 중요성을 가진다. 더 나아가 실업급여는 실직 시 소득안정 효과를 통해 취약 노동자의 유보임금(reservation wage)을 높여 일자리 질이 좋지 않은 임시직 고용에 대한 노동공급을 제한하여 임시직 고용의 질을 개선하고 그 증가를 제한할 것으로 보인다.

적극적 노동시장정책은 직업배치서비스, 구직지원, 직업훈련, 취업보조금이나 일자리창출 등을 통해 취업가능성(employability)을 높이는 데 초점을 맞춘다. 주로 정규직에 대해 직업안정과 직업훈련기회를 우선 제공하는 고용보호규제에 비해 적극적 노동시장정책은 취약계층에 대한 훈련제공을 우선하므로 적극적 노동시장정책 지출이 클 경우 기업 단위에서 훈련 기회가 적은 비정규직 노동자가 겪는 노동시장에서의 불리함을 줄일 수 있다. 이렇게 적극적 노동시장정책은 임시직 근로자의 생산성을 높이고 안정적 일자리로의 취업 가능성을 높여 임시직 고용의 질을 개선하고 더 나아가 임시직 고용의 규모를 줄일 가능성이 있다.

이렇듯 실업급여와 적극적 노동시장정책은 고용보호규제에 비해 취약계층에게 유리하게 작용할 가능성이 커서 임시직 근로의 처우를 개선하는 데 효과적이다. 따라서 사회정책이 발전한 국가에서는 임시직 고용의 질이 높을 것으로 예상할 수 있다. 더 나아가 실업급여는 질이 낮은 임시직 고용으로의 유입을 줄이고 적극적 노동시장정책은 정규직 고용으로의 진입가능성을 높여 임시직 규모를 줄일 가능성이 있다.

이렇듯 고용보호규제의 보험기능은 이러한 사회정책에 의해서 대체될 수 있고, 국가마다 사회정책과 고용보호규제는 일정한 관계를 가지고 발전할 것이다. 사회정책이 발전한 국가에서는 고용보호규제의 필요성이 적어지고 사회정책이 발전하지 못한 국가에서는 그 필요성이 증대될 것이기 때문이다. 그런데 노동시장위험에 대한 시장적 대응을 선호하여 고용보호규제와 사회정책이 모두 발전하지 않은 국가도 생각할 수 있다.[2] 시장적인 접근을 강조하는 미국, 영국 등 영미계열의 국가들이 이에 해당되는데, 이 국가들은 노동시장위험에 대해 사회정책과 고용보호 등의 사회적 기제로 대응하는 다른 선진산업국가와 대비된다. 따라서 고용보호와 사회정책의 관계에 대한 논의는 노동시장위험에 대해 시장적 대응을 우선하는 국가와 사회적 기제로 대응하는 국가들의 차이를 설명하는 것으로부터 시작해야 한다.

자본주의 다양성(Varieties of Capitalism) 이론에서는 노동시장위험에

---

2) Boeri, Conde-Ruiz and Galasso(2012)는 유럽 국가들 사이에는 고용보호와 실업관련 사회지출 사이에 부적 관계가 나타남을 보여준다. 하지만 이러한 관계에서 벗어나서 고용보호규제와 실업관련 사회정책 지출수준이 모두 낮은 영국 등의 국가들이 존재함을 보여준다.

대한 대응의 차이를 숙련형성제도와의 관계 속에서 설명한다(Estevez-Abe, Iversen and Soskice, 2001; Iversen, 2005). 경제 행위자들 사이의 관계를 시장적인 조정방식이 지배하는 경제에서는 실직으로 인한 시장가치 상실의 위험이 적은 일반적 숙련(general skill)이 우세해져서 숙련형성을 위한 사회적 · 제도적 지원이 중요한 역할을 하지 않는다. 영미계열 국가들 사이에 나타나는 이러한 자유시장경제(liberal market economy)에서는 고용보호규제가 미약하고 사회정책도 발달하지 않는다. 반면에 사회적인 조정이 중요한 조정시장경제(coordinated market economy)에서는 해당 산업이나 기업을 떠나서는 그 가치를 상실할 가능성이 높은 자산특수적 숙련(asset-specific skill)이 생산에서 중요한 역할을 하게 되며, 그러한 숙련형성을 위해서는 근로자의 숙련투자에 대한 유인을 높이는 제도적 장치가 중요한 역할을 하게 된다.

노사 간의 조정이 산업 단위에서 이루어지는 유럽에서는 산업특수적 숙련(industry-specific skill)이나 산업특수적 숙련과 기업특수적 숙련(firm-specific skill)의 조합이 지배하고 실업급여 등의 사회보호가 숙련형성을 위한 제도적 장치로서 중심적인 역할을 한다. 실업급여는 소득에 비례하여 관대한 급여를 제공하여, 근로자들이 동일 산업이나 업종 내에서 직장을 이동하면서 취업할 수 있도록 하여 산업 기반의 장기 고용관계를 지탱하는 핵심적 제도로서의 역할을 한다. 근로자들의 재취업이 동일 업종이나 산업 내에서 이루어지게 되면 기존에 형성된 산업특수적 숙련의 가치가 유지되어 숙련 수준에 상응하는 임금을 유지하게 된다. 이러한 점에서 사회보호는 산업 단위에서 숙련형성 투자의 수익을 회수할 수 있도록 보장하여 근로자의 숙련형성 노력을 촉진한다.[3)]

3) 유럽대륙 국가들은 이러한 사회보호에 기업 단위의 고용보호를 결합하는 방식을

서구국가들과 달리 일본, 한국 등 동아시아에서는 기업특수적 숙련(firm-specific skill)이 지배적이다.[4] 기업특수적 숙련은 기업을 떠나는 경우 가치를 상실하기 때문에 사회정책보다는 기업 단위의 고용보호가 숙련형성을 위한 핵심적 역할을 한다. 근로자의 숙련투자를 유인하기 위해서는 기업 단위에서의 장기적 고용관계를 보장하는 것이 중요하기 때문이다(Estevez-Abe, Iversen and Soskice, 2001). 이 동아시아 유형에서는 서구국가와 비교해 고용보호는 엄격하게 유지하고 기업복지의 역할이 큰 반면 사회정책에 대한 지출은 낮은 경향을 보인다.

자본주의 다양성 이론은 영미계열 국가들과 유럽 국가들, 동아시아 국가들이 노동시장위험에 대응하는 사회적 기제의 발전양상에서 보이는 차이를 설득력 있게 설명하고 있지만, 유럽 국가들 사이의 차이를 설명하는 데에는 미흡한 점이 있다. 북구 국가들과 다른 유럽 국가들 사이에서 나타나는 사회정책 발전양상의 차이가 무시되는 경향이 있다. 이러한 점에서 사회정책과 고용보호의 관계를 설명하는 데

취하고, 북유럽 국가들은 사회보호와 적극적 노동시장정책을 결합하는 방식을 추구하는 차이를 보인다.

4) Hall and Soskice(2001)는 일본과 한국을 조정시장경제로 분류하였다. 특히 독일 등의 산업 기반 조정시장경제와는 달리 일본과 한국는 게이레츄(keirestu)나 재벌 그룹 등의 조정역할이 중요한 기능을 하는 그룹 기반 조정시장경제인 것으로 정의하였다. 그리고 일본에서는 기업특수적 숙련이 중요한 것으로 지적하였다. Estevez-Abe, Iversen, and Soskice(2001) 또한 일본을 기업특수적 숙련이 지배적인 국가로 분류하였다. 한국의 경우 기업특수적 숙련이 지배적인지에 대해서는 검토의 여지가 있다. 전병유(1994)는 1990년대 초반까지 한국 제조업 기업에서 고숙련 생산직 노동에 의존하는 숙련 형성 메카니즘이 충분히 정착하지 못하고 있음을 보여 주었고, 전병유(2001)는 고학력 화이트칼라의 경우에는 일반적 숙련이 더 중요하고, 저학력 블루칼라의 경우에는 기업특수적 숙련이 더 중요하지만 산업특수적 숙련도 존재하는 것으로 보았다. 장홍근 · 정승국 · 오학수(2009)는 한국에서는 일본처럼 산업적 숙련에 비해 기업특수적 숙련이 상대적으로 중요한 역할을 하지만 일반숙련요소가 더욱 중요한 기능을 하고 있음을 시사한다.

에서 사회정책의 발전양상의 차이를 자유주의, 사회민주주의, 보수주의 등으로 구분하는 복지체제 유형화 논의를 고려할 필요가 있다. 복지체제 유형화론을 개척한 Esping-Andersen(1990; 1999)의 논의에서 자유주의 유형은 자본주의 다양성론의 자유시장경제와 일치하는 것으로 보인다. 하지만 Esping-Andersen(1990)은 사회민주주의와 보수주의 유형 구분을 통해 조정시장경제에 해당하는 유럽 국가들 사이에도 사회정책 발달양상에서 중요한 차이가 있음을 보여준다. 북구의 사회민주주의 유형에서는 사회정책이 시민권에 기초하여 발전한 특징을 보이지만, 보수주의 유형에서는 사회정책이 고용지위와 보험원리에 따라 운영되는 성격이 강한 양상을 보인다. 더 나아가서 남유럽 국가들과 유럽대륙의 보수주의 국가들 사이에 사회정책 발전양상에 큰 차이가 있다는 점을 강조하는 논의들도 참고할 필요가 있다(Arts and Gelissen, 2002; Ferrera, 1996).

이러한 논의를 종합하면 고용보호와 사회정책의 결합양상은 몇 가지 형태로 나누어질 것으로 예상할 수 있다. Auer and Cazes(2003)는 고용보호 수준과 사회보호(social protection) 수준을 교차시켜 고용보호와 사회보호가 모두 높은 국가(프랑스), 고용보호가 높고 사회보호는 낮은 국가(일본), 고용보호가 낮고 사회보호가 높은 국가(덴마크), 고용보호와 사회보호 모두 낮은 국가(미국)로 구분한 바 있다. 여기에서는 이러한 구분법을 기존 논의에 기초하여 확장한다. 우선 사회정책의 발달양상을 자유주의, 동아시아형, 보수주의, 사회민주주의의 네 가지로 구분한다. 남유럽 국가들은 Esping-Andersen(1999)의 논의를 따라 보수주의 유형에 포함하되 이들 국가들의 사회정책 발달수준이 독일, 프랑스 등의 전형적인 유럽대륙 국가들보다 낮은 상태라는 점을 고려한다. 그리고 남유럽 국가들과 한국 등은 고용보호규제의 강도가 다른 유럽 국가들에 비해 매우 높은 점을 고려하여 고용보호규제의 정도도 세 가지 수준으로 세분한다. 이러한 사회정책과 고용보호 구분을 교차시키면 몇 가지 결합유형을 발견할 수 있다. 고용보호와 사회정책이 모두 미약한 자유주의 유형이 한 범주를 이루고, 사회정책이 가장 발달한 사회민주주의 유형은 고용보호가 미약한 유형과 고용보호가 중간인 유형으로 나누어진다. 또 보수주의 사회정책 유형에서는 사회정책 발달수준이 비교적 높고 고용보호가 중간인 범주와 사회정책 발달수준이 낮고 고용보호가 강한 범주로 나누어진다. 동아시아형에는 고용보호가 중간수준인 일본과 고용보호가 강한 한국이 포함된다. 〈표 5-2〉는 이러한 사회정책과 고용보호규제의 결합 유형을 간략히 제시하고 있다.

북구의 사회민주주의 국가들에서는 실업급여와 노동시장정책이 모두 발전하여 노동시장위험에 대한 대응에서 사회정책이 담당하는 역할이 커서 고용보호규제가 비교적 낮은 수준을 유지한다. 이들 유형 국가 중에서는 고용보호규제를 낮은 수준으로 유지하는 경우가 있는

〈표 5-2〉 서구국가에서 고용보호와 사회정책, 임시직의 관계

	자유주의	동아시아	보수주의	사회민주주의
약한 고용보호 규제	영미 등 자유주의 국가. 임시직 규모 작음. 임시직 질 낮음.			덴마크. 임시직 규모 작음. 임시직 질 높음.
중간 고용보호 규제		일본. 임시직 규모 중간. 임시직 질 낮음.	독일, 프랑스 등 유럽대륙 국가. 임시직 규모 중간. 임시직 질 중간.	스웨덴, 핀란드, 노르웨이. 임시직 규모 중간. 임시직 질 높음.
강한 고용보호 규제		한국. 임시직 규모 큼. 임시직 질 낮음.	스페인, 포르투갈 등 남유럽 국가. 임시직 규모 큼. 임시직 질 낮음.	

가 하면, 유럽대륙 국가와 유사한 수준을 유지하는 경우도 있다. 덴마크의 유연안정성 모형은 전자의 대표적인 예이다.5) 후자의 고용보호규제가 비교적 엄격한 국가로는 스웨덴이 존재한다.

유럽대륙의 보수주의 국가들은 사회지출수준이 높지만 사회정책이 실업급여 위주로 발전하여 고용보호규제의 기능을 대체하는 정도가 부분적이다. 또 실업급여가 고용지위를 근거로 한 보험원리를 따라 운영되고 가족생계가 남성 가장의 급여에 의존하는 등 사회정책의 혜택이 남성 가장의 고용지위에 따라 결정되는 경향이 강하다. Galtier and Gautie(2003)에 따르면, 이 유형에서는 남성 가장의 고용안정이 사회정책의 전제가 되어 비교적 엄격한 정규직 고용보호가 나타나는 경향이 있다. 이 유형 중 남유럽 국가들의 경우에는 실업급여 등 사회정책의 발전수준이 낮은 한편 고용보호규제가 매우 엄격한 수준으로 정착하였다.

동아시아 유형은 고용안정과 복지제공이 기업 단위에서 이루어지는 경향이 강해 사회정책의 발달수준이 낮다. 일본의 경우에는 종신고용 등 장기적 고용 관행이 강하게 자리 잡고 있으나 기업고용보호규제의 절대적 수준은 유럽대륙 국가에 비해 높은 편은 아니다. 이에 비해 한국은 고용보호규제가 남유럽 국가들에 버금가는 수준으로 엄격하게 유지되어 온 경우이다.

대다수 유럽 국가들과는 달리 영미계열의 자유주의 국가들은 실업급여와 적극적 노동시장정책 모두 발전하지 않았고 고용보호규제도

---

5) 사회민주주의 유형에 속하는 덴마크의 '황금 삼각형' 유연안정성 모델은 혁신적 사례로 주목을 받았다(OECD, 2004: 97). 덴마크는 실업급여 등 관대한 사회보장을 제공하면서 낮은 고용보호 수준으로 인해 노동시장의 유연성이 높아지는 대신 적극적 노동시장 프로그램을 통해 실업자의 고용을 촉진하는 시스템을 갖추고 있다.

미약하여 노동시장위험에 대한 대응이 시장적인 방식에 의존하는 경우이다.

이러한 고용보호와 사회정책의 결합유형은 임시직 고용의 양과 질에 영향을 미친다. 앞에서 논의하였듯이 정규직 고용보호 정도는 임시직 고용의 규모와 질에 영향을 미치며 사회정책의 발전정도도 그에 영향을 미칠 가능성이 있다. 더 나아가서 고용보호와 사회정책의 결합양상에 따라 임시직 고용의 규모와 질이 다른 모습을 보일 수 있다. 사회정책의 발전수준이 높을수록 고용보호규제의 강도가 낮아져 임시직 고용의 규모가 작고 고용의 질이 개선될 것이다. 또 사회정책의 발전수준이 높으면 고용보호규제가 임시직 규모를 늘리고 고용의 질을 악화시키는 영향을 완화할 가능성도 있다. 즉 고용보호규제의 부정적 영향이 사회정책 발전수준에 따라 달라질 수 있다.

〈표 5-2〉에서 보듯이, 영미계열의 자유주의 유형에서는 고용보호규제가 미약하여 임시직 규모가 작지만, 사회정책의 발전수준도 낮아 임시직 고용의 양과 질을 개선하는 효과도 미약할 것이다. 결국 임시직 고용의 규모는 작지만 고용의 질은 낮을 것이다. 반면에 사회정책이 시민권에 근거하여 보편주의적으로 발달한 북구의 사회민주주의 유형 국가들에서는 고용보호규제가 낮은 편이어서 임시직 규모가 비교적 적을 것이고, 실업급여와 적극적 노동시장정책 등의 지원이 임시직 고용의 질을 높이고 임시직 규모를 더욱 줄일 가능성이 있다.

유럽대륙의 보수주의 유형 국가들에서는 고용보호규제가 강한 편이어서 임시직 규모가 비교적 크다. 실업급여가 고용지위에 근거한 보험원리에 따라 운영되어 고용이 안정되고 보험기여 정도가 높은 내부자에 유리한 경향이 있고 취약근로자에게 혜택이 집중되는 적극적 노동시장정책의 비중은 크지 않아 높은 사회지출 수준에도 불구하고 임시직 고용의 질 개선에 미치는 영향은 제한적이다.

한편 스페인, 포르투갈 등 남유럽 국가들과 한국의 경우에는 정규직 고용보호는 매우 강하여 임시직의 규모가 매우 크고 실업급여와 적극적 노동시장정책에 대한 지출 수준이 낮아 임시직 고용의 질이 낮고 임시직 규모도 더욱 증가할 가능성이 있다.

일본의 경우에는 고용주와 근로자의 협력적 관계 속에서 기업 내부의 기능적 유연화와 숙련형성에 의존하여 고용안정이 이루어져 임시직 고용 규모의 증가가 크지 않을 것이다(Thelen and Kume, 1999). 한국은 고용보호규제가 엄격하여 임시직 고용의 규모가 클 것이다. 이 동아시아 국가들은 사회정책의 미발달로 임시직 고용의 질이 낮을 것이다.

2) 고용보호규제와 임시직 노동 증가

임시직 규모에 영향을 미치는 요인으로 대표적으로 거론되어 온 것은 정규직에 대한 고용보호 수준이다. 정규직 보호가 강하면 노동수요의 변화가 발생했을 때 고용주가 부담해야 하는 해고비용이 증가되고, 따라서 해고비용이 낮은 임시직 고용을 늘리는 유인이 발생하기 때문이다. 과연 정규직에 대한 고용보호규제의 강도는 임시직 고용 증가에 영향을 미치는가? 이를 살펴보기 위해 먼저 서구 각국에서 정규직 고용보호의 변화양상을 검토하고 그것과 임시직 규모의 비율을 비교하자.

〈표 5-3〉에는 OECD 국가들의 정규직 고용보호 수준의 추이를 제시하였다. 미국, 영국, 호주, 캐나다 등의 자유주의 국가들은 전반적으로 정규직 고용보호 수준이 낮다. 특히 미국은 정규직 고용보호

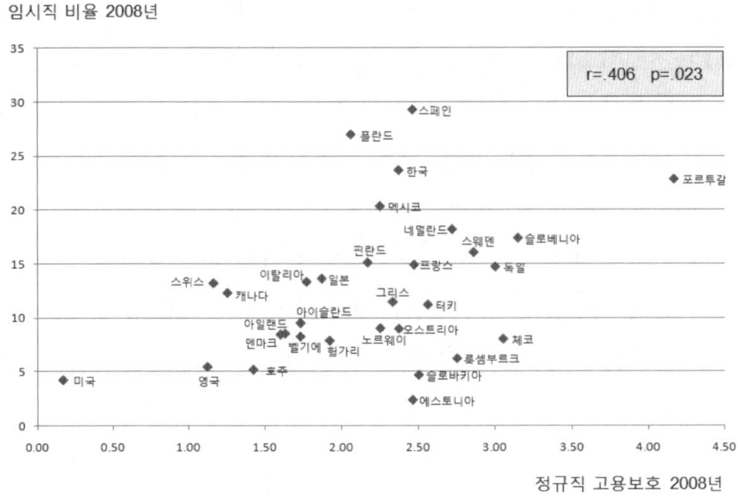

주: OECD 31개국을 대상으로 분석한 결과이다. 임시직 비율의 경우 호주는 2006년, 멕시코는 2004년, 미국은 2005년의 값을 이용하였다.
자료: stats.oecd.org

〈그림 5-1〉 정규직 고용보호와 임시직 비율의 관계

수준이 0.17로 OECD 국가 중 가장 낮게 나타난다. 이처럼 정규직 고용보호 수준이 낮은 자유주의 국가들에서는 사용자가 임시직 고용을 늘려야 할 유인이 크지 않을 것으로 예상할 수 있다. 반면 포르투갈, 스페인 등 남유럽 국가는 1990년 정규직 고용보호지수가 각각 4.83, 3.88에 달해 이러한 엄격한 고용보호가 1980년대 이후 임시직 규모 증가의 요인으로 작용했음을 짐작할 수 있다. 이들 국가에서는 1990년대 이후 정규직 고용보호가 지속적으로 완화되지만, 그럼에도 불구하고 2008년 현재 여전히 OECD 평균 이상의 높은 수준을 나타내고 있다. 한국도 1990년대 후반까지는 고용보호지수가 3.23으로 이들 나라에 근접하는 수준의 매우 엄격한 정규직 고용보호가 이루어졌음을 알 수 있다. 프랑스, 독일 등 내부자에 대한 보호가 강한 유

〈표 5-3〉 정규직 고용보호 추이

	1985	1990	1995	1997	1999	2001	2003	2005	2006	2007	2008
호주	1.00	1.00	1.00	1.50	1.50	1.50	1.50	1.50	1.50	1.42	1.42
오스트리아	2.92	2.92	2.92	2.92	2.92	2.92	2.37	2.37	2.37	2.37	2.37
벨기에	1.68	1.68	1.68	1.68	1.68	1.73	1.73	1.73	1.73	1.73	1.73
캐나다	1.25	1.25	1.25	1.25	1.25	1.25	1.25	1.25	1.25	1.25	1.25
칠레	-	-	-	-	-	-	-	-	-	-	2.67
체코	-	-	3.31	3.31	3.31	3.31	3.31	3.31	3.31	3.05	3.05
덴마크	1.68	1.68	1.63	1.63	1.63	1.63	1.63	1.63	1.63	1.63	1.63
핀란드	2.79	2.79	2.45	2.31	2.31	2.17	2.17	2.17	2.17	2.17	2.17
프랑스	2.51	2.34	2.34	2.34	2.34	2.47	2.47	2.47	2.47	2.47	2.47
독일	2.58	2.58	2.68	2.68	2.68	2.68	2.68	3.00	3.00	3.00	3.00
그리스	2.38	2.25	2.25	2.25	2.25	2.25	2.33	2.33	2.33	2.33	2.33
헝가리	-	1.92	1.92	1.92	1.92	1.92	1.92	1.92	1.92	1.92	1.92
아이슬란드	-	-	-	-	-	-	-	-	-	-	1.73
아일랜드	1.60	1.60	1.60	1.60	1.60	1.60	1.60	1.60	1.60	1.60	1.60
이스라엘	-	-	-	-	-	-	-	-	-	-	1.87
이탈리아	1.77	1.77	1.77	1.77	1.77	1.77	1.77	1.77	1.77	1.77	1.77
일본	1.87	1.87	1.87	1.87	1.87	1.87	1.87	1.87	1.87	1.87	1.87
한국	-	3.23	3.23	3.23	2.37	2.37	2.37	2.37	2.37	2.37	2.37
룩셈부르크	-	-	-	-	-	-	-	-	-	-	2.75
멕시코	-	2.25	2.25	2.25	2.25	2.25	2.25	2.25	2.25	2.25	2.25
네덜란드	3.08	3.08	3.08	3.08	3.05	3.05	3.05	3.05	3.05	2.88	2.72
뉴질랜드	-	1.35	1.35	1.35	1.35	1.70	1.70	1.70	1.70	1.70	1.56
노르웨이	2.25	2.25	2.25	2.25	2.25	2.25	2.25	2.25	2.25	2.25	2.25
폴란드	-	2.06	2.06	2.06	2.06	2.06	2.06	2.06	2.06	2.06	2.06
포르투갈	5.00	4.83	4.33	4.33	4.33	4.33	4.33	4.17	4.17	4.17	4.17
슬로바키아	-	-	2.47	2.47	2.47	2.47	2.31	2.31	2.31	2.31	2.50
슬로베니아	-	-	-	-	-	-	-	-	-	-	3.15
스페인	3.88	3.88	2.77	2.61	2.61	2.61	2.46	2.46	2.46	2.46	2.46
스웨덴	2.90	2.90	2.86	2.86	2.86	2.86	2.86	2.86	2.86	2.86	2.86
스위스	1.16	1.16	1.16	1.16	1.16	1.16	1.16	1.16	1.16	1.16	1.16
터키	-	2.64	2.64	2.64	2.56	2.56	2.56	2.56	2.56	2.56	2.56
영국	0.95	0.95	0.95	0.95	0.95	1.12	1.12	1.12	1.12	1.12	1.12
미국	0.17	0.17	0.17	0.17	0.17	0.17	0.17	0.17	0.17	0.17	0.17
에스토니아	-	-	-	-	-	-	-	-	-	-	2.46
OECD 국가	-	-	-	-	2.12	2.14	2.12	2.12	2.12	2.10	2.11

주: OECD의 정규직 고용보호 지수로서, 정규직 근로자 개인의 해고 시 고지 절차 및 기간, 해고수당, 정당한 해고의 정의, 부당 해고에 대한 보상 등의 내용을 포함한다.

자료: stats.oecd.org

럽대륙 국가들도 정규직 고용보호 수준이 높게 나타났다. 북구 사회민주주의 국가들 중에서는 덴마크와 노르웨이는 정규직 고용보호 수준이 낮은 편이고, 스웨덴과 핀란드는 비교적 높은 것으로 나타났다.

그렇다면 실제로 정규직 고용보호 수준과 임시직 비율 간에 예측한 바와 같은 정적 관계가 나타날 것인가? 〈그림 5-1〉에서 OECD 국가들의 2008년 정규직 고용보호 수준과 임시직 비율의 관계를 살펴보면, 두 변수의 피어슨 상관계수는 .406(p=.023)으로 나타났다. 즉, 정규직 고용보호 수준이 높을수록 임시직 비율이 높은 것이다.[6] 구체적으로 살펴보면, 미국, 영국, 호주, 아일랜드 등 자유주의 국가들의 경우 정규직 고용보호 수준과 임시직 비율이 모두 낮게 나타난다. 미국과 같이 고용보호 수준이 낮은 국가는 임시직과 상용직의 구분이 큰 의미가 없고, 아일랜드와 영국과 같은 국가에서는 임시직 비율이 낮고 상대적으로 일자리 순환(job rotation) 비율이 높게 나타난다(OECD, 2006: 170). 한편 스페인, 포르투갈 등 남유럽 국가들은 정규직 고용보호 수준과 임시직 노동 비율이 모두 높은 국가에 해당한다.[7]

다음으로 임시직에 대한 보호규제를 살펴보자. 임시직 노동의 규제

---

6) 한 시점의 횡단면 자료를 이용한 단순 상관관계 분석으로 인과관계를 추론하기에는 한계가 크지만, 변수 간의 관계를 짐작할 수 있는 단서는 얻을 수 있다. 제시된 상관계수는 사례 수가 적고 분석대상이 모집단이라는 점에서 통계적 유의수준 역시 제한적으로 해석될 필요가 있다.

7) 비교를 위해 또 다른 대표적인 비정규직 형태인 파트타임에 대해서도 같은 분석을 실시해 보면, OECD 31개국의 2008년 정규직 고용보호 수준과 파트타임 비율 간의 상관계수는 -.317(p=.082)로 음수로 나타나 임시직과는 상반된 결과가 나타났다. 유럽연합 24개국을 대상으로 비슷한 분석을 실시한 Schmid(2010: 29) 역시 고용보호 수준이 높을수록 기간제 비율이 높은 관계를 발견했지만 파트타임 비율과 고용보호 수준 간에는 통계적으로 유의하지 않은 부적 관계를 보고하였는데, 이는 본 연구의 분석 결과를 지지한다. 즉, 정규직에 대한 고용보호 수준이 높은 국가에서 노동시장 유연성을 증대시키기 위한 수단으로 파트타임보다는 임시직이 주로 활용되었다는 사실을 알 수 있다.

〈표 5-4〉 임시직 고용보호 추이

	1985	1990	1995	1997	1999	2001	2003	2005	2006	2007	2008
호주	0.88	0.88	0.88	0.88	0.88	0.88	0.88	0.88	0.88	0.88	0.88
오스트리아	1.50	1.50	1.50	1.50	1.50	1.50	1.50	1.50	1.50	1.50	1.50
벨기에	4.63	4.63	4.63	2.63	2.63	2.63	2.63	2.63	2.63	2.63	2.63
캐나다	0.25	0.25	0.25	0.25	0.25	0.25	0.25	0.25	0.25	0.25	0.25
칠레	-	-	-	-	-	-	-	-	-	-	2.63
체코	-	-	0.50	0.50	0.50	0.50	0.50	0.88	0.88	0.88	0.88
덴마크	3.13	3.13	1.38	1.38	1.38	1.38	1.38	1.38	1.38	1.38	1.38
핀란드	1.88	1.88	1.88	1.88	1.88	1.88	1.88	1.88	1.88	1.88	1.75
프랑스	3.06	3.63	3.63	3.63	3.63	3.63	3.63	3.63	3.63	3.63	3.63
독일	3.75	3.75	3.50	2.00	2.00	2.00	1.50	1.25	1.25	1.25	1.25
그리스	4.75	4.75	4.75	4.75	4.75	4.75	3.13	3.13	3.13	3.13	3.13
헝가리	-	0.63	0.63	0.63	0.63	0.63	1.13	1.13	1.13	1.38	1.38
아이슬란드	-	-	-	-	-	-	-	-	-	-	0.63
아일랜드	0.25	0.25	0.25	0.25	0.25	0.25	0.63	0.63	0.63	0.63	0.63
이스라엘	-	-	-	-	-	-	-	-	-	-	0.88
이탈리아	5.38	5.38	5.38	4.75	3.63	2.25	1.88	1.88	1.88	1.88	2.00
일본	1.81	1.81	1.81	1.38	1.00	1.00	1.00	1.00	1.00	1.00	1.00
한국	-	2.25	2.25	2.25	1.69	1.69	1.69	1.69	1.69	1.69	1.44
룩셈부르크	-	-	-	-	-	-	-	-	-	-	3.75
멕시코	-	4.00	4.00	4.00	4.00	4.00	4.00	4.00	4.00	4.00	4.00
네덜란드	2.38	2.38	2.38	2.38	1.19	1.19	1.19	1.19	1.19	1.19	1.19
뉴질랜드	-	0.38	0.38	0.38	0.38	1.25	1.25	1.25	1.25	1.25	1.25
노르웨이	3.54	3.54	3.13	3.13	3.13	2.88	2.88	2.88	3.13	3.13	3.13
폴란드	-	0.75	0.75	0.75	0.75	0.75	1.25	1.75	1.75	1.75	1.75
포르투갈	3.38	3.38	3.38	3.00	3.00	3.00	3.00	2.75	2.75	2.75	2.13
슬로바키아	-	-	1.13	1.13	1.13	1.13	0.38	0.38	0.38	0.38	0.38
슬로베니아	-	-	-	-	-	-	-	-	-	-	1.88
스페인	3.75	3.75	3.25	3.25	3.25	3.50	3.50	3.50	3.50	3.50	3.50
스웨덴	4.08	4.08	2.08	1.63	1.63	1.63	1.63	1.63	1.63	1.63	0.88
스위스	1.13	1.13	1.13	1.13	1.13	1.13	1.13	1.13	1.13	1.13	1.13
터키	-	4.88	4.88	4.88	4.88	4.88	4.88	4.88	4.88	4.88	4.88
영국	0.25	0.25	0.25	0.25	0.25	0.25	0.38	0.38	0.38	0.38	0.38
미국	0.25	0.25	0.25	0.25	0.25	0.25	0.25	0.25	0.25	0.25	0.25
에스토니아	-	-	-	-	-	-	-	-	-	-	1.75
OECD 국가	-	-	-	-	1.84	1.82	1.76	1.78	1.78	1.79	1.77

주: OECD의 임시직 고용보호 지수로서, 기간제근로와 파견근로의 사용사유 제한, 재계약 횟수 및 기간, 균등대우 등의 내용을 포함한다.

자료: stats.oecd.org

에는 기간제와 파견 근로에 대한 사용사유 제한, 재계약 횟수 및 기간에 대한 제한, 균등 대우 등이 포함된다. 이러한 임시직 고용 규제의 완화는 직접적으로 임시직 노동의 규모와 질에 영향을 미칠 가능성이 있다.

〈표 5-4〉에는 임시직 고용보호 수준의 추이를 제시하였다. 전반적으로 영국, 미국, 캐나다 등 자유주의 국가들의 임시직 고용보호 수준이 가장 낮게 나타나고, 프랑스, 스페인, 그리스 등 유럽대륙 국가들과 남유럽 국가들의 임시직 고용보호 수준이 높게 나타난다. 이러한 양상은 정규직 고용보호 수준과 임시직 고용보호 수준이 정적 관계를 맺고 있을 가능성을 시사한다. 실제로 〈표 5-3, 4〉에 제시된 국가들을 대상으로 2008년 정규직 고용보호 수준과 임시직 고용보호 수준 간의 상관계수를 계산하면 .397(p=.020)로 나타나 이러한 예측이 지지된다. 이러한 정적 관계가 나타나는 것은 전반적으로 노동시장에 대한 규제와 국가개입의 전통이 강한 유럽 국가에서 임시직과 정규직을 막론하고 고용보호규제 수준이 높기 때문일 수도 있고, 정규직 고용보호 수준이 높은 국가에서 과도하게 정규직을 임시직으로 대체하는 경향을 방지하기 위해서 임시직에 대한 규제가 강화되기 때문일 수도 있다(OECD, 2004: 71). 한편 시간에 따라 임시직 고용보호 수준을 낮춘 국가들이 다수 발견된다. 주로 독일, 네덜란드 등의 유럽대륙 국가들과 스페인, 포르투갈 등의 남유럽 국가들에서 임시직 규제가 크게 완화되었다. 한국도 일본과 같이 1990년대 후반부터 임시직 규제가 완화추세를 보였다. 이러한 사실은 이들 국가에서의 임시직 노동 규모의 증가를 설명하는 중요한 요인일 것으로 예측된다.

임시직 규제와 임시직 노동의 관계를 단순하게 생각하면 임시직에 대한 규제가 강할 경우 임시직 노동의 규모가 제한되는 효과가 나타날 것이기 때문에 임시직 규제의 강도와 임시직 규모 간의 부적 관계를 예측할 수 있다. 하지만 이러한 단순한 이론적 관계를 교란하는 요인이 존재한다. 정규직 고용보호 수준이 높은 국가에서는 임시직에 대한 규제도 강한 경향이 있기 때문에, 정규직 고용보호 수준이 높은 국가에서는 임시직 규모가 크고 임시직 고용보호 수준도 높은 허위관계가 나타날 수 있다. 실제로 OECD 국가들의 2008년 임시직 고용보호 수준과 임시직 비율 간의 관계를 보면, 임시직에 대한 규제가 강할수록 임시직 규모가 큰 양상이 확인되었다. 스페인, 포르투갈 등의 남유럽 국가가 임시직 고용보호와 정규직 고용보호 수준이 모두 높고 임시직 비율도 높은 대표적인 국가이며, 영국, 미국 등의 자유주의 국가가 임시직 고용보호와 정규직 고용보호 수준이 모두 낮고 임시직 비율도 낮은 대표적인 국가이다.[8)]

따라서 임시직 고용보호와 임시직 규모의 관계는 횡단적으로는 파악하기 어렵고, 종단적으로 임시직 고용보호와 규모의 변화를 분석할 때 정확한 관계가 나타날 것으로 예측된다. 〈그림 5-2〉에서는 이러한 예측을 확인하였다. 종단적인 차이를 분석하기 위해 1997년과 2008년 2개년도의 25개 OECD 국가를 대상으로 임시직 고용보호의 차이와 임시직 비율의 차이를 분석한 결과, 두 변수의 상관계수가 -.485(p=.014)로 나타났다. 즉, 임시직 고용보호가 감소한 국가일수록 임시직 비율이 증가한 것으로 나타나 이론적 예측과 일치하는 모습을

8) Booth, Dolado and Frank(2002: F186)도 임시직 고용보호와 임시직 비율 간의 정적 관계가 나타나는 현상을 정규직 고용보호와 임시직 고용보호 간의 관계로 설명한다. 즉, 임시직 고용보호가 임시직 규모에 별다른 영향을 미치지 못할 때, 임시직 규모를 진정으로 결정하는 요인은 정규직 고용보호이고 정규직 고용보호와 임시직 고용보호 간에 정적 관계가 있기 때문에 임시직 고용보호와 임시직 규모 간에 결과적으로 정적 관계가 나타난다는 것이다.

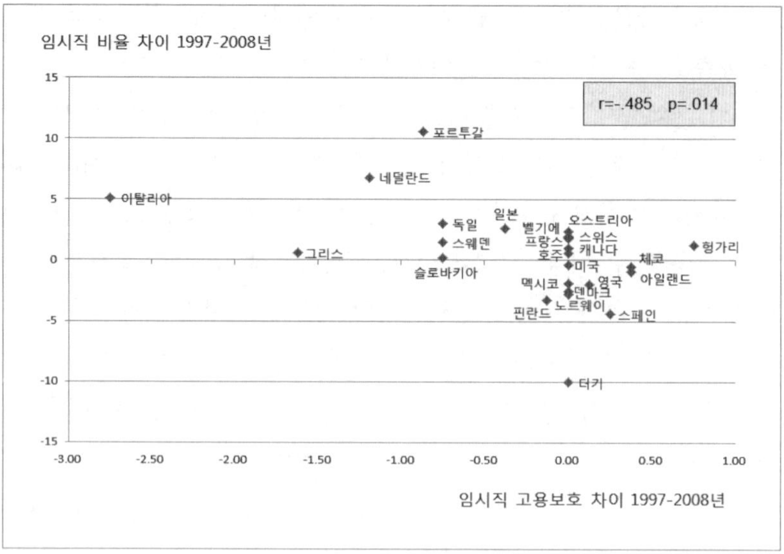

注: 임시직 비율 차이는 2008년 임시직 비율에서 1997년 임시직 비율을 뺀 값을 의미한다. 임시직 고용보호 차이는 2008년 임시직 고용보호에서 1997년 임시직 고용보호를 뺀 값을 의미한다. 1997년과 2008년의 정보를 구할 수 있는 OECD 25개국을 대상으로 분석한 결과이다. 1997년 임시직 비율의 경우 호주와 스위스는 1998년의 값을 이용하였다. 2008년 임시직 비율의 경우 호주는 2006년, 멕시코는 2004년, 미국은 2005년의 값을 이용하였다.
자료: stats.oecd.org

〈그림 5-2〉 임시직 비율의 차이와 임시직 고용보호 차이의 관계, 1997~2008년

보여준다. X축과 Y축의 0 값을 기준으로 볼 때, 좌상단에 있는 포르투갈, 이탈리아, 네덜란드, 독일, 스웨덴, 일본 등의 국가는 1997년에 비해 2008년에 임시직 규제가 완화되어 임시직 규모가 증가한 국가들이다. 한편 우하단의 스페인은 1997년 이후 임시직 고용보호가 강화되어 임시직 비율이 줄어든 국가에 속한다. 스페인은 1980년대에 임시직을 원활하게 사용할 수 있도록 노동시장을 개혁한 결과 임시직의 급증이 사회적 문제로 대두되어 최근에는 임시직 감소를 위한 노력을 전개하고 있다(정희정, 2006).

이상의 분석 결과는 임시직 고용 규제는 임시직 증가와 부적 상관관계를 갖고, 정규직 고용보호는 임시직 증가와 정적 상관관계를 가짐을 보여준다. 그런데 임시직 규제 완화가 이루어진 국가들 대다수가 정규직 고용보호가 강한 국가들임을 생각하면, 이러한 분석결과는 정규직에 대한 보호는 그대로 유지하면서 임시직 규제를 선별적으로 완화하여 정규직과 임시직 사이의 고용보호규제 격차가 확대된 것이 임시직 노동의 규모를 증가시킨다는 본 연구의 가설과 부합하는 것임을 알 수 있다. 비정규 고용 증가가 나타난 유럽, 특히 대륙의 유럽 국가들에서는 1980년대 이래로 대다수 국가들이 정규직에 대한 보호 규제는 대체로 유지하면서 비정규직 보호는 완화하는 방식으로 고용 유연화를 추진하였다. 이와 반대로 고용보호규제가 전반적으로 미약하고 비정규직 고용의 규모도 작은 영미 국가의 경험을 볼 때, 비정규직 규제가 미약하다고 해서 반드시 비정규직의 증가가 나타난다고 보기는 어렵다.

기존의 몇몇 연구들도 임시직 규제의 변화가 임시직 규모에 미치는 영향을 확인하였다. Kahn(2010)은 1996~2001년 동안 고용보호 개혁을 실시한 유럽 국가들을 대상으로 개혁의 효과를 분석하였다. 분석 대상 국가 중 벨기에, 독일, 이탈리아, 네덜란드, 포르투갈은 임시직 고용 계약에 대한 제한을 완화하였는데, 이러한 규제 완화가 임시직 고용을 증가시킨 것으로 나타났다. OECD(2004: 88) 또한 1990년대에 상용직 노동에 비해 임시직 노동의 사용이 더 용이하도록 규제를 완화한 국가에서 임시직 고용이 더 빨리 증가한 것으로 분석하였다.

3) 실업급여, 적극적 노동시장정책과 임시직 노동

고용보호규제와 같이 노동시장위험에 대한 보험기능을 하는 제도와 정책으로는 실업급여와 적극적 노동시장정책 등의 사회정책을 생각할 수 있다. 실업급여가 고용과 소득 안정에 미치는 효과는 쉽게 예상할 수 있는 것으로 고용이 불안정한 비정규직에 대해서는 특히 그러하다. 임시직 노동자는 임시직 노동의 속성상 고용이 불안정하여 일자리를 잃을 가능성이 상용직 노동자에 비해 크며, 또한 임시직과 실업/비경제활동상태 사이를 반복적으로 오갈 가능성도 크다. 이러한 임시직 노동자를 실직 위험으로부터 보호하기 위해서는 실업급여의 대상 포괄성이 중요하다. 특히 실업급여를 제공하는 기준이 기여기록에 크게 의존하는 보험 원칙이 강한 제도는 고용이 불안정한 임시직 노동자에게 실업 시 소득보전과 취업지원 등의 보호를 제대로 제공하지 못할 가능성이 크다.

이러한 관점을 기초로 Leschke(2007)는 덴마크, 독일, 스페인, 영국을 대상으로 실업급여와 임시직 노동의 관계를 분석하였다. Leschke (2007)는 임시직 노동자에 대한 실업보험의 포괄성을 판단하기 위해 상용직과 임시직 노동자의 실업급여 수급률을 제시하였다. 〈표 5-5〉를 보면, 국가에 따라 전반적인 실업급여 수급률 및 상용직과 임시직의 수급률 격차에 상당한 차이가 있음이 확인된다. 덴마크는 전반적으로 상용직과 임시직에 관계없이 실업급여 수급률이 높고, 모든 구직자를 기준으로 볼 때 임시직 노동자의 수급률이 상용직에 비해 9%p 낮다. 독일의 경우 등록된 실업자 중에서는 오히려 과거 임시직 노동자의 수급률이 상용직에 비해 조금 더 높게 나타났지만, 모든 구직자 중에서는 임시직 노동자의 수급률이 14%p 더 낮게 나타났다.

영국은 전반적으로 실업급여 수급률이 덴마크와 독일에 비해 낮은 가운데 임시직 노동자의 수급률이 오히려 더 높게 나타났다. 한편 스페인은 전반적인 수급률 수준이 가장 낮을 뿐만 아니라 임시직 노동자의 수급률이 상용직 노동자에 비해 10%p 가량 낮게 나타났다.

이러한 정규직과 임시직 노동자의 실업급여 수급률 차이는 실업급여의 제도적 특성 차이 때문에 발생한 것으로 설명된다. 까다로운 수급자격 조건을 요구하지 않고 보험 원칙보다는 일반조세에 의존하는 보편적인 방식으로 운영되는 실업급여(덴마크)가 비정규직 노동자를 더 잘 보호할 수 있다는 것이다. 이에 비해 보험원리가 엄격하게 유지되는 실업급여(독일, 스페인)에서는 임시직 노동자의 수급률이 낮아질 수 있다. 자산조사형 급여 의존도가 높은 실업급여(영국)에서는 정규직과 임시직의 수급률 격차가 적으나 전반적인 수급률이 낮다. 물론 비정규직에 대한 보호 수준에는 실업급여 수급자격의 포괄성뿐만 아니라 급여수준과 급여기간 등도 중요한 요인으로 영향을 미칠 것이다.

이러한 논의는 전체 사회보장제도의 차원으로 확장될 수 있다. 정규직 노동 형태에 맞추어 설계된 사회보장제도는 최근 증가하고 있는 비정규직 노동자의 사회적 위험을 포괄하지 못한다. Buschoff and

〈표 5-5〉 과거 상용직과 임시직 노동자의 실업급여 수급률 (단위: %)

	과거 상용직		과거 임시직	
	등록 실업자	모든 구직자	등록 실업자	모든 구직자
덴마크	96	89	96	80
독일	81	66	84	52
스페인	47	42	35	33
영국	62	43	72	46

주: 모든 구직자는 등록된 실업자와 등록되지 않은 실업자를 포함한다.
자료: Leschke(2007: 28)

Protsch(2008)에 따르면, 일반적으로 기여기반(contribution-based) 방식의 사회보장제도는 고용이 불안정하고 임금 수준이 낮은 비정규직 노동자에 대한 보호를 제공하기 어렵고, 적어도 부분적으로라도 조세에 기반하여 기본적인 수준의 서비스를 공급하는 방식이 비정규직 노동자의 유연성으로 인한 위험을 감소시키는 데 유리하다. 예를 들어 덴마크, 이탈리아, 네덜란드, 영국에서는 소득수준과 무관하게 기본적인 수준의 의료 서비스를 제공하는 건강보장 시스템이 있어 정규직은 물론 비정규직 노동자들도 고용형태로 인한 차별을 받지 않고 혜택을 누릴 수 있다. 반면 독일은 일인 자영업자나 한계노동자에 대한 건강보험 혜택이 제한적이다(Buschoff and Protsch, 2008: 61). 이와 유사하게 연금 제도의 경우에도 스웨덴, 네덜란드는 기여 기록에 연동되지 않는 급여를 제공하고 있어 강제 보험 방식 시스템에 비해 비정규직 노동자에게 상대적으로 유리하다(Vielle and Walthery, 2003: 52~53).

이처럼 사회정책이 관대하고 보편적으로 발전한 국가일수록 정규직 노동자에 대한 보호 수준은 낮고 비정규직 노동자들의 일자리에서의 불리함을 복지 시스템을 통해 상쇄할 가능성이 크다. 이러한 가능성을 확인하기 위해 본 연구는 다음과 같은 분석을 실시한다. 먼저 사회보장제도의 관대성을 보여주는 하나의 지표로 GDP 대비 사회지출 수준을 살펴본다. 그리고 임시직 노동의 질을 살펴볼 수 있는 변수로는 〈표 2-4〉에 제시한 상용직 대비 임시직 노동자의 상대적 일자리 만족도를 활용한다. 이 변수는 상용직 노동자의 만족도가 100이라 할 때 임시직 노동자의 상대적 만족도를 보여주기 때문에, 사회지출 수준이 높을수록 임시직 노동자의 일자리에서의 상대적 불리함을 상쇄하여 임시직 노동자의 상대적 만족도가 높을 것이라 예측할 수 있다.

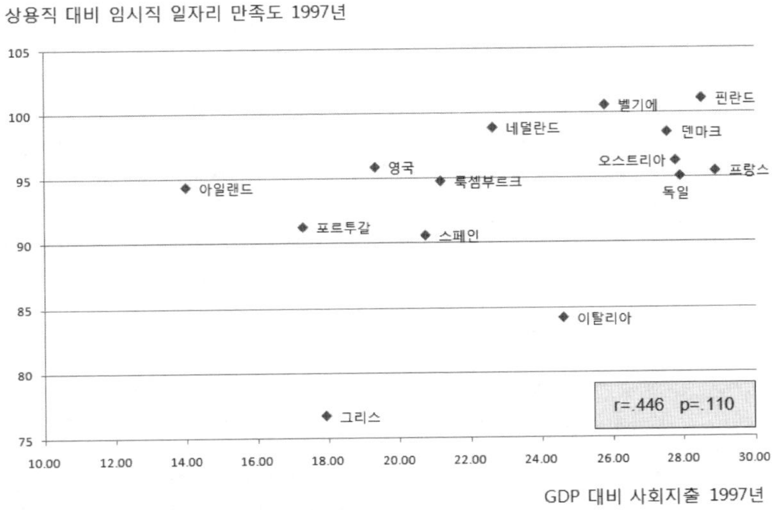

주: 사회지출은 공공(public) 지출과 법정민간(mandatory private) 지출을 합한 것이다.
자료: 〈표 2-4〉의 전반적 만족도 자료와 stats.oecd.org의 자료를 이용하여 계산하였다.

〈그림 5-3〉 사회지출과 임시직 일자리 만족도의 관계, 1997년

〈그림 5-3〉을 보면 이러한 예측이 지지됨을 알 수 있다. 1997년 임시직의 상대적 일자리 만족도와 GDP 대비 사회지출 간의 상관계수는 .446(p=.110)으로 나타나 비교적 뚜렷한 정적 관계가 확인된다. 구체적으로 살펴보면 스페인, 포르투갈 등 남유럽 국가들이 사회지출 규모도 작고 임시직의 만족도도 낮은 국가로 나타났다. 이 국가들은 임시직과 상용직의 임금격차도 크고 임시직의 상용직 전환율도 낮아 임시직 노동의 질이 가장 취약한 유형이라 할 수 있는데, 사회지출 수준 역시 낮은 편이라 이러한 불리함을 상쇄하지 못하는 것으로 판단된다. 반면 핀란드, 덴마크 등 사민주의 국가들과 프랑스, 독일, 네덜란드 등 유럽대륙 국가들은 사회지출 수준도 높고 임시직의 만족도도 높은 국가들이다.

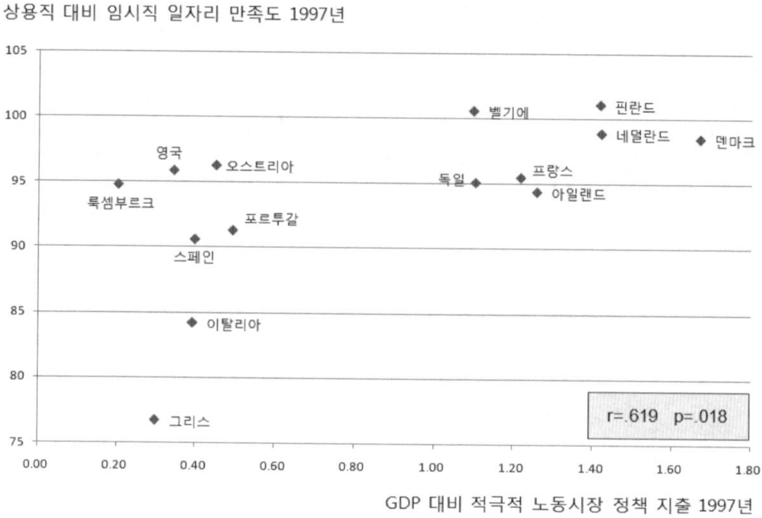

주: 적극적 노동시장정책 지출은 공공(public) 지출과 법정민간(mandatory private) 지출을 합한 것이다.
자료: 〈표 2-4〉의 전반적 만족도 자료와 stats.oecd.org의 자료를 이용하여 계산하였다.

〈그림 5-4〉 적극적 노동시장정책 지출과 임시직 일자리 만족도의 관계, 1997년

적극적 노동시장정책은 취업가능성을 증대시켜 비정규직 노동자의 노동시장에서의 불리함을 직접적으로 줄이고 임시직 고용의 질을 개선할 수 있다. 〈그림 5-4〉에서는 GDP 대비 적극적 노동시장정책 지출과 임시직의 상대적 일자리 만족도의 관계를 살펴보았다. 분석결과 두 변수 간의 상관계수는 .619(p=.018)로 나타나 상당히 뚜렷한 정적 관계를 보이고 있다. 여기서 북유럽 국가들과 유럽대륙 국가들은 적극적 노동시장정책 지출과 임시직 만족도가 모두 높은 것으로 나타났다. 반대로 스페인, 포르투갈 등 남유럽 국가들은 둘 모두 낮은 것으로 나타났다.

이러한 결과는 사회지출의 총량이나 적극적 노동시장정책에 대한 지출이 임시직 고용의 질에 영향을 미친다는 것을 시사한다. 하지만

이 결과로는 사회지출의 총량이 중요한 것인지 적극적 노동시장정책 등 사회정책의 구성이 중요한 것인지를 판별하기는 어려워, 사회민주주의 사회정책 유형과 보수주의 유형의 영향에 차이가 있는지를 확인하기는 힘들다. 또 이러한 결과는 사회정책의 발전정도가 임시직 고용의 질에 영향을 미친다는 가설을 지지하는 증거로 볼 수 있지만, 사회정책의 발전정도가 임시직 고용의 규모에 영향을 미치는지는 확인되지 않는다. GDP 대비 사회지출 수준이나 적극적 노동시장정책에 대한 지출수준과 임시직 규모의 상관관계를 분석한 결과 통계적으로 유의한 관계가 발견되지 않았다. 하지만 사회정책이 임시직 규모에 미치는 영향이 고용보호가 미약하여 임시직 규모가 작은 국가들보다는 고용보호가 엄격하여 임시직 규모가 상당수준에 이르는 국가들에서 주로 나타날 가능성이 있다. 이러한 가능성은 고용보호와 사회정책을 같이 고려한 상태에서 검증될 수 있다.

4) 복지국가 유형과 임시직 노동

실업급여와 적극적 노동시장정책은 공적인 재원으로 근로자 실직시 소득지원과 취업지원을 행하여 근로자에게는 고용과 소득 안정성을 제공하므로 고용보호규제가 강화될 필요성을 감소시킨다. 반면에 사회정책이 발달하지 못한 곳에서는 고용보호규제에 대한 요구가 강화될 수 있다. 같은 수준의 고용보호규제가 이루어지는 경우에는 사회정책이 발달한 곳에서는 임시직 고용 양상이 개선될 가능성도 있다. 앞 절에서는 사회정책과 고용보호의 발전정도는 일정한 관계를 보이며 그러한 관계양상은 자유주의, 사회민주주의, 유럽대륙의 보수주의, 동아시아 유형 등 몇 가지 유형으로 나누어짐을 논의하였다.

그리고 이러한 관계양상에 따라 임시직 고용 양상이 달라질 것으로 보았다.

〈표 5-6〉은 서구에서 각 유형을 대표할 수 있는 나라들을 각각 4개국을 선정하여 각국에서 전체 임금근로자 중 임시직이 차지하는 퍼센트를 연도별로 제시하였고 이와 함께 2005년을 기준으로 임시직 퍼센트의 유형별 평균치를 제시하였다. 비교의 목적을 위하여 비정규 고용문제가 심각한 남부유럽 국가들을 다른 보수주의 국가들과 구분하여 제시하였다.

영미계열의 자유주의 국가들은 임시직 규모의 평균치가 9.3%로 모든 유형 중 가장 낮은 수준을 보였다. 특히 미국은 4%대, 영국은 6%를 전후한 수준의 낮은 임시직 규모를 보였다. 다음으로 북구 사회민주주의 유형에서는 임시직 비율의 평균이 12.9%로서 이 중 고용보호규제 수준이 낮은 덴마크와 노르웨이는 10% 미만의 규모를 보였고, 고용보호규제 수준이 높은 스웨덴과 핀란드는 15%대를 넘는 수준을 보였다.

한편 유럽대륙의 보수주의 유형은 평균 13.2%의 임시직 규모를 보여 사회민주주의 유형과 비슷한 수준을 보였다. 이는 임시직 규모에는 사회정책보다는 고용보호수준이 큰 영향을 미치는 것으로 볼 수 있다. 또 임시직 고용에 미치는 영향의 측면에서는 사회정책의 특성보다는 사회지출의 총량이 중요한데, 총량에서는 두 유형 사이에 차이가 크지 않기 때문에 이러한 결과가 나타난 것으로 볼 수도 있다. 어쨌든 이 두 유형 사이의 사회정책 특성 차이가 정규직 고용보호로 인한 임시직 규모 증가를 완충하는 영향에서의 차이로 이어지지는 않는 것으로 생각된다. 실제로 프랑스, 독일 등 주요 유럽대륙 국가들의 임시직 규모가 13~14%대로 적극적 노동시장정책이 가장 발전한

〈표 5-6〉 사회정책과 고용보호 연계 유형과 임시직 근로의 규모 (단위: %)

	1999	2005	2011
자유주의 평균		9.3	
-미국	4.5	4.2	-
-영국	6.8	5.8	6.2
-아일랜드	4.9	3.7	10.0
-캐나다	12.0	13.2	13.7
사회민주주의 평균		12.9	
-덴마크	10.2	9.8	8.8
-노르웨이	10.1	9.5	7.9
-스웨덴	15.9	15.8	16.4
-핀란드	16.9	16.6	15.7
보수주의 평균		13.2	
-프랑스	14.0	13.9	15.3
-독일	13.1	14.2	14.7
-오스트리아	7.9	9.1	9.6
-네덜란드	12.0	15.5	18.4
남부유럽 평균		19.2	
-스페인	32.7	33.3	25.3
-포르투갈	18.7	19.5	22.2
-그리스	12.9	11.8	11.6
-이탈리아	9.8	12.3	13.4
동아시아 평균		20.7	
-한국	-	27.4	23.8
-일본	11.9	14.0	13.7

자료: stats.oecd.org

스웨덴보다 적거나 비슷한 수준인 것이 이를 확인시켜 준다.

고용보호규제가 강한 남유럽 국가들의 경우에는 임시직 규모의 평균치가 19.2%에 달해 다른 유럽 국가들과 큰 격차를 보이며 20%대를 넘는 스페인과 20%대에 육박하는 포르투갈의 경우는 특히 그러하다. 남유럽 국가들은 임시직 비율이 높고 임시직과 상용직의 임금격차, 임시직의 상용직 전환율 및 일자리 만족도 등 거의 대부분의 측면에서 다른 유럽 국가들에 비해 임시직 노동의 질이 상당히 낮은 편이다. 전반적으로 노동시장 지위의 상향이동성이 약하고 하향이동성이 강한 동시에 고용안정성이 낮게 나타난다(Muffels et al., 2002).

한국, 일본 등 동아시아 국가들도 사회정책 발달수준이 낮고 고용보호규제의 비중이 높은 경우이다. 한국은 특히 고용보호규제의 수준이 높은데 임시직의 규모가 20%대로 스페인 다음 수준이다. 일본은 고용보호규제가 높지 않으나 임시직의 규모는 13~14% 수준으로 고용보호규제가 더 강한 유럽대륙 국가들과 비슷한 수준이다. 이는 일본에서 실업급여와 적극적 노동시장정책 등 사회정책 발달 수준이 유럽에 비해 낮아 고용보호규제가 임시직 고용 증가에 미치는 영향을 완충하는 역할을 못하기 때문에 나타난 것으로 볼 수 있다.[9)]

3. 우리나라 임시직 고용과 관련 요인

1) 임시직 노동 증가와 관련 요인에 대한 논의

한국에서는 1990년대 이래로 임시직 노동이 가파르게 증가하였다. 2000년대 초반 전체 임금근로자 중 20%에 미치지 못하던 임시직 근로자의 비율이 2005년에는 거의 30%에 가깝게 증가하였다. 최근

9) 이외에도 연공급과 기업복지의 적용이 정규직을 중심으로 이루어지고 있어 임시직과의 고용비용 격차가 클 가능성이 있고 이로 인해 임시직 증가가 나타났을 수 있다.

에는 다시 25% 이하로 감소하였지만 여전히 OECD 회원국들 중에서는 최고 수준을 유지하고 있다.

이러한 임시직 증가의 원인으로 1990년대 후반 정부의 노동시장개혁입법이 자주 지목되었다. 1998년 당시 외환위기의 대책 중 하나로 정부는 노동시장개혁을 추진하여 긴급한 경영상의 이유로 인한 정리해고를 법적으로 허용하였다. 또 파견근로자법의 입법으로 그 이전까지 금지되던 파견근로가 허용되게 되었다.[10] 이러한 개혁 결과 한국의 정규직 고용보호수준은 OECD 평균보다 높은 수준을 유지하였지만 다소 완화되었고, 임시직 고용보호수준은 OECD 평균보다 약간 낮은 수준으로 되었다. 그리고 2007년 새로운 비정규직 관련법안의 통과로 임시직 고용보호수준은 더 완화되었다. 파견근로에 대해서 대상업무를 일부 확대하고 파견근로 계약연장 횟수 제한을 삭제하는 등 규제를 완화하였다. 그간 규제가 이루어지지 않던 기간제 근로에 대해 총 사용기간을 2년으로 제한하는 규제를 도입하고 비정규직에 대한 차별처우를 금지하고 차별시정절차를 마련하였지만, 보호규제수준에 미치는 영향은 크지 않다.[11] 예컨대, 기간제 근로의 경우 고용 사유에

10) 1996년 김영삼 정부는 '신노사관계 구상'을 발표하였고 그 일부로 정리해고제의 요건을 대폭 완화하는 법제화를 추진하였다. 이전 근로기준법에는 사용자는 '정당한 이유'가 없는 한 근로자를 해고하지 못하게 되어 있었다. 1996년 말 정부는 근로기준법을 개정하고 이에 대항한 노동계의 총파업에 직면하여 1997년 3월 근로기준법 재개정을 거치면서 '경영상 이유에 의한 해고'를 신설하여 정리해고의 법적 근거를 마련하였다. 긴박한 경영상의 필요로 인한 정리해고제를 2년 기간의 유예기간을 두고 도입하기로 한 것이다. 논란이 많았던 파견근로제는 계속 법으로 금지된 상태로 남았다. 1997년 말 외환위기를 맞이한 정부는 위기대책의 일환으로 노동시장개혁입법을 추진하였다. 1998년 2월에는 근로기준법을 개정하여 인수합병 등을 긴박한 경영상의 이유로 명문화하고 2년간의 유예기간 조항을 삭제하였다. 그리고 파견근로자법 제정을 통해 파견근로제를 합법화하였다(최무현, 2004).

11) 국내에서는 기간제 근로기간 제한이 부각되어 임시직 규제가 강화되었다는 인식

대한 규정 등이 없어 실질적으로 아무런 제한이 없는 상태이다.

그러나 이러한 개혁입법이 비정규직의 증가를 초래하는 데 미친 영향은 크지 않다. 관련 입법에도 불구하고 정리해고를 통한 퇴직건수는 전체 퇴직건수에서 매우 작은 비중을 차지하여 실질적인 영향이 미미함을 알 수 있다. 더욱이 정리해고 완화가 비정규직 증가를 초래하는 요인으로 작용하지 않는다. 또 파견근로의 허용에도 불구하고 전체 근로자 중 파견근로자의 비율이나 증가 폭도 미미한 수준이다. 사실 파견근로에 대한 규제는 국제적인 기준에서 볼 때에는 여전히 엄격한 것으로 볼 수 있다. 우리나라에서 임시직의 증가는 주로 기간제 고용의 증가 때문에 발생하였는데, 이는 한국에서는 산업화 시기 이래로 기간제 고용을 제한하는 규제가 없었던 현실을 반영하는 것이다. 2007년 기간제 고용을 제한하는 입법을 전후로 해서 기간제 고용은 감소추세로 반전하여 그 이후로는 전체 근로자의 15%를 전후한 수준을 유지하고 있다. 따라서 한국에서의 임시직 증가의 제도적 배경을 따진다면, 정규직에 대한 보호는 강한 반면 기간제 고용에 대해서는 거의 규제가 존재하지 않았던 고용보호의 불균형, 정규직과 비정규직의 고용보호 격차에 있는 것으로 볼 수 있다.

우리나라에서는 정규직과 비정규직 사이의 고용보호규제의 격차가 큰 상황에서 기업의 고용전략 변화가 일어나면서 임시직 고용 증가가 나타났다. 우리나라는 산업화 시기부터 기간제 등 임시직 고용에 대한 규제가 미약하였지만, 서구와는 달리 1980년대까지는 기업이 고용유연화에 대한 특별한 관심을 보이지 않았다. 한국의 기업들이 고용조정에 관심을 기울이고 이를 추진한 것은 1990년대 이후의 일이

이 확산되었지만 OECD 고용보호지수에는 파견근로의 제한완화가 큰 영향을 미쳐 임시직 규제가 완화된 것으로 나타났다.

다. 한국노동연구원의 1994년 사업체조사에 따르면 응답 업체의 22%가 고용조정을 실시하였고 약 30%의 기업에서 고용조정을 계획하고 있는 것으로 나타났다(유길상, 1995).

우리나라에서 기업의 고용조정 추구에는 서구와 유사하게 고용유연성 확보의 동기가 작용하였다. 서구와 마찬가지로 국제화, 산업구조 변화, 기술변화 등의 경제환경 변화를 경험하면서 기업의 고용유연화 욕구가 증대하였다. 그러나 우리나라에서 기업들이 고용전략 변화를 추진한 데에는 고용유연성 증가만이 아니라 노동비용 감소가 중요한 동기로 작용하였다는 점이 주목된다. 서베이 결과에 따르면 제조업과 대기업에서는 고용조정의 이유로 고용유연성을 강조하였고 다른 산업과 중소기업들은 노동비용 감소를 우선하였다. 그리고 이를 위해 한국 기업들은 정규직 근로자에 대한 해고보다는 기간제 고용의 증대, 일부 생산과정의 하청화 등을 추진하였다(Grubb, Lee and Tergeist, 2007). 이러한 기업의 고용전략 변화에는 1980년대 후반기 권위주의적 노동통제의 퇴조, 대기업 중심으로 이루어진 기업별 노동조합운동의 폭발적 성장과 그에 수반된 임금비용의 상승, 기업복지 혜택의 증가 등이 계기로 작용하였을 것으로 보인다. 이러한 점에서 볼 때 우리나라에서 비정규직 증가에는 고용보호규제에서의 정규직과 비정규직의 격차만이 아니라 고용비용 격차가 중요하게 작용한 것으로 볼 수 있다.

유럽 국가들의 경우에는 정규직과 비정규직의 고용보호 격차에도 불구하고 실업급여와 적극적 노동시장정책 등의 사회정책이 임시직 고용의 규모를 줄이고 고용의 질을 개선하는 등으로 고용보호규제가 임시직 고용에 미치는 영향을 완충하는 역할을 한 것으로 보인다. 그러나 한국의 경우에는 실업급여와 적극적 노동시장정책 등에 대한 지출이 낮은 수준이고 실업급여가 보험원리를 따라 운영되고 기업 단위의 구조조정을 지원하는 기능을 중심으로 설계되어 비정규직 지원의 효과는 더욱 떨어질 것으로 보인다.

더욱이 한국에서는 정규직에 대한 고용보호가 강해지고 임금과 복지혜택이 많이 향상되었지만, 근로자의 숙련형성은 그에 상응하는 수준으로 향상되지 못한 것으로 보인다. 2절에서 검토하였듯이 선진 각국에서 고용보호와 사회정책은 숙련형성체제와 보완관계를 이루면서 발전하는 과정을 밟는다. 한국은 일본과 같이 사회정책 발달은 낮은 수준이고 기업 단위의 고용보호가 중심적인 역할을 하면서 발전하였는데, 이는 기업특수적 숙련(firm-specific skill)에 의존하는 생산시장전략과 관련된 것으로 볼 수 있다. 그런데 기업특수적 숙련과 기업 단위의 고용보호가 오랜 기간에 걸쳐 상호보완적으로 발전해 온 일본과는 달리 한국에서는 1990년대 이후 기업 단위의 고용보호와 숙련형성 사이에 균열이 발생한 것으로 보인다.

요컨대, 우리나라에서 비정규직 증가에는 서구와 마찬가지로 고용보호규제에서 정규직과 비정규직 사이의 격차가 영향을 미쳤을 것으로 보인다. 하지만 고용보호만이 아니라 정규직과 비정규직 사이의 고용비용 격차도 중요하게 작용한 것으로 보인다. 숙련형성체제는 고용비용의 증대에 상응하는 수준으로 발전하지 못하고 사회정책의 발전수준도 낮아 고용보호규제가 비정규직 고용에 미치는 영향을 완충하는 기능을 하지 못하는 것으로 보인다. 우리나라에서의 임시직 규모가 매우 크고 빠르게 증가한 것은 이러한 특수한 요인들이 결합하여 작용한 결과로 보여 이에 대한 구체적인 검토가 필요하다.

2) 정규직과 임시직의 고용보호 격차

우리나라에서는 1990년대에 정규직 보호는 강한 반면 임시직 규제는 약했던 제도적 환경이 임시직 증가의 요인으로 우선 고려될 필요가 있다. 1960년대 이래 산업화 시기 동안 권위주의적 정부는 노동운동을 억압하고 임금인상을 통제하는 개입을 지속하는 대신에 기업이 고용안정을 유지하도록 규제하였다. 1953년 입법된 근로기준법에는 고용주의 임의적인 해고를 제한하는 조항이 있고 해고수당 규정이 담겨 있다. 물론 산업화 초기에는 이러한 조항들이 명목적인 의미를 크게 벗어나지 못했지만, 시간이 지나면서 노조가 있는 사업장을 중심으로 점점 집행이 강화되었다.

OECD 지수를 기준으로 고용보호규제 수준을 보면 한국은 1990년대 후반 이전 정규직의 보호(1997년 이전 고용보호지수 3.23)에서 일본은 물론 독일, 프랑스, 스웨덴 등 유럽 국가들보다 높은 수준을 보였고 스페인, 포르투갈 등 고용보호가 매우 높은 일부 남유럽 국가들을 제외하고는 OECD 국가들 중 가장 높은 수준을 보였다(〈표 5-3〉 참조). 국제적인 기준에서 볼 때, 한국은 해고수당이 없고 해고예고기간에 짧은 반면 해고에 대한 행정당국의 규제와 정당한 해고사유 규정, 부당해고 시의 복직 규정은 가장 엄격한 특성을 보인다. 1998년부터는 해고절차에서 행정당국의 규제를 없애고 정당한 해고의 판정을 완화하여 고용보호지수(1998년 이후 2.37)가 하락하였지만 이러한 기본적 특성에는 변화가 없다. 이러한 한국 고용보호의 특성은 노동시장이동에 강한 제한을 가하는 것으로 보인다. 해고수당과 해고예고기간은 고용주로부터 근로자로의 소득이전을 통해 이직으로 인한 불안정성을 줄이는 기능이 강하지만, 해고사유와 절차에 대한 규정은 해고의 어려움을 증가시켜 이직 여지를 줄이는 측면이 있기 때문이다(Pissarides, 2001).

임시직에 대한 규제는 1990년대 후반 이전에는 비교적 엄격한 편이었으나 1998년부터는 파견근로의 허용으로 규제가 완화되었다(임시직 고용보호지수는 1997년까지 2.25, 1998년부터 1.69). 그 결과 1990년대 후반 이후로는 대다수 유럽 국가들보다 낮은 수준이어서 실질적으로 임시직 규제가 없는 영미계열 국가를 제외하면 일본과 소수 유럽 국가들과 함께 가장 규제가 낮은 나라에 속한다(〈표 5-4〉 참조). 특히 기간제 근로에 대한 규제는 자유주의 국가들 수준에 근접할 정도로 미약하였고 2007년 기간제에 대한 규제 확대 이후에도 이러한 상황에는 변화가 없다.

정규직에 대한 높은 고용보호규제가 노동조합에 의해 현실적인 집행력을 갖게 된다고 본다면, 1980년대 후반 이래 노동조합이 강력해진 대규모 기업에서 고용보호 수준이 상당히 강화된 것으로 추정할 수 있다. 그 결과 제조업 대기업에서는 1980년에는 3년에 불과하던 생산직근로자의 평균근속연수가 1990년대 근로자 평균연령 증가와 동일한 속도로 증가하여 2002년에는 10년에 이르게 되었다. 이러한 배경에서 비정규직에 대한 기업의 선호가 증가한 것으로 보이는데, 이는 1990년대 중반을 지나면서 계약기간 1년 미만의 임시·일용직 고용 비율이 증대하는 추세에서 확인된다.

1990년대 후반 이래의 노동시장 개혁에도 불구하고 이러한 고용보호규제에서의 정규직과 비정규직의 격차에는 큰 변화가 일어나지 않았다. 1990년대 후반에 OECD 회원국 중 가장 강한 편이던 정규직 근로자에 해고 제한이 다소 완화되었다(〈표 5-7〉 참조). 집단해고에 관한 추가요건에서는 가장 완화된 나라에 속하게 되었지만, 개인 해

〈표 5-7〉 한국의 고용보호지수

	1997	1998	1999	2000	2001	2002	2003	2004	2005	2006	2007	2008
정규직 해고 규제	3.23	2.37	2.37	2.37	2.37	2.37	2.37	2.37	2.37	2.37	2.37	2.37
임시직 규제	2.25	1.69	1.69	1.69	1.69	1.69	1.69	1.69	1.69	1.69	1.69	1.44
기간제 규제	0.75	0.75	0.75	0.75	0.75	0.75	0.75	0.75	0.75	0.75	0.75	0.75
파견 규제	3.75	2.63	2.63	2.63	2.63	2.63	2.63	2.63	2.63	2.63	2.63	2.13
집단해고 규제		1.88	1.88	1.88	1.88	1.88	1.88	1.88	1.88	1.88	1.88	1.88

자료: stats.oecd.org

고에 관한 규제는 여전히 OECD 회원국 중 강한 나라에 속한다. 임시직 근로에 대한 규제를 보면, 합법화된 파견근로제의 경우 파견직종이 26개로 제한되었고 파견기간이 최장 2년으로 되어 파견근로에 대한 규제도 여전히 강한 나라에 속한다. 그러나 임시직의 또 하나인 기간제 근로(fixed-term contract)에 대해서는 규제가 도입되지 않아 OECD 회원국 중 가장 규제가 약한 편에 속하였다. 근로계약기간의 상한을 1년으로 제한하고 있을 뿐 판례를 통한 것 이외에는 사용기간에 대한 제한이 없고 계약의 장기적인 반복 갱신이 가능한 상태가 지속되었다(고용노동부, 2006). 전체적으로 보아 정규직에 대한 해고규제, 파견근로의 사용규제는 강하게 유지된 반면 기간제 근로에 대한 규제는 방치된 상태가 지속되었다. 1990년대 후반 이래 기간제 근로자 등 임시직 근로자가 급증한 데에는 이러한 규제의 불균형 상황이 영향을 미친 것으로 보인다.

한편 2006년 말 노무현 정부가 통과시킨 새로운 비정규직 관련 법안은 2007년 7월부터 발효하였다. 그간 규제가 거의 없었던 기간제 근로에 대해 총 사용기간을 2년으로 제한하여 2년 초과 시에는 정규직(무기근로계약) 근로자로 간주하도록 하였다. 파견근로에 대해서는 대상업무 열거방식으로 26개 직종으로 제한되던 것을 32개 업무로 다소 확대하고 파견근로 최장기간을 2년으로 그대로 유지하되 1년의 범위 내에서 1회 연장을 허용하던 계약 연장 횟수 제한을 삭제하였다. 그리고 단시간 근로자의 초과근로시간을 제한하였다. 이외에 비정규직에 대한 차별처우를 금지하고 차별시정절차를 마련하였다.

2007년 개혁에 대해서는 기간제 근로에 대해 도입된 규제가 주요 쟁점이 되었다. 민주노총 등의 노동계에서는 기간제 사용의 사유를 제한하여 더욱 강한 규제의 필요성을 주장하였다(은수미, 2008). 그러나 사용자 등 다른 한편에서는 기간제 사용기간 제한의 규제에 대해 기간제 근로자들이 정규직으로 전환되기보다는 대량해고 위험에 놓일 것이라며 반대하였다. 2009년 7월부터는 2년의 기간상한에 도달한 기간제 고용 근로자들이 무기계약근로자로 간주될 것이기 때문에 사용자들이 이 기간제 근로자들을 선제적으로 해고할 것이라는 주장이 제기되면서 기간제 사용제한의 재개정 논의가 일기도 하였다. 하지만 기간제에 대한 사용기간 제한 규정에 대해서는 기간제 근로에 대한 규제는 거의 존재하지 않아 비정규직이 남용되어 온 문제를 개선할 것이라는 기대가 일반적이었다.

이렇게 2007년 법 개정에 대한 국내의 논란은 기간제 근로에 대한 사용기간 제한을 중심으로 일어났지만, OECD의 고용보호지수에는 기간제 근로 규제의 효과는 거의 나타나지 않고 파견근로자 이용에 대한 규제를 완화한 것이 주로 반영되었다. 〈표 5-7〉을 보면 기간제 근로자에 대한 보호지수에는 변화가 보이지 않는데 그 주된 이유는 기간제 근로의 사유, 계약 갱신횟수에 대해서는 제한을 전혀 두지 않은 상태에서 사용기간만을 제한하였기 때문이다. 반면에 파견근로의 경우는 계약 연장 횟수에 대한 제한을 없앤 것이 보호지수를 크게 떨어뜨렸다. 하지만 업종 제한을 엄격하게 유지하고 파견근로 사용의 최장기간도 유지하고 있기 때문에 파견근로 보호지수는 여전히 기간제 보호지수보다 매우 높은 것으로 나타났다.

종합적으로 볼 때, 현재 한국의 고용보호 수준은 정규직의 경우 OECD 평균보다 엄격한 수준으로 볼 수 있고, 임시직 고용에 대한 규제는 OECD 평균보다 낮은 수준이라고 할 수 있다. 임시직의 경우 파견근로는 규제 완화에도 불구하고 OECD 평균에 비해 높은 규제 수준 상태에 있고 기간제에 대한 규제는 OECD 평균보다 매우 약한 상태를 그대로 유지하고 있다. 2007년 법 개정에도 불구하고 임시직 보호 수준이 정규직 보호 수준에 비해 크게 미약한 상황은 크게 변화하지 않은 것이다.

이러한 실태는 2007년 비정규직법 시행 효과를 평가한 기존 연구에서도 확인된다. 비정규직법이 고용총량에 미치는 영향에 대해서는 엇갈린 발견이 제시되고 있다. 남재량 · 박기성(2010)은 비정규직법이 임금근로 취업확률과 정규직 취업확률을 감소시켰다는 분석 결과를 보여준다. 이종훈 · 유경준 · 김주일(2010)은 비정규직법이 초기에는 고용에 부정적 효과를 보이다가 2009년 후반부터는 고용을 증가시키는 양상을 보인다고 보고하고 있다. 또한 이들은 정규직 취업확률은 증가했지만 비정규직 취업확률은 감소했다고 보고하였다. 반면 이병희(2011)는 기간제 근로자의 정규직 전환율이 다소 늘어나고 파견, 용역 등 간접고용으로의 전환 효과도 나타났음을 보여주지만, 비정규직법이 임금근로 취업확률이나 정규직 취업확률에 영향을 미쳤다는 증거를 발견하지 못하였음을 밝힌다.

이렇게 분석결과가 상충하거나 뚜렷한 방향의 영향이 확인되지 않는 것은 비정규직법 자체의 영향이 크지 않거나 영향이 나타날 만큼 제도의 시행기간이 충분히 길지 않은 면이 반영되었을 가능성이 크다. 또한 기간제법의 적용에서 제외되는 근로자의 규모가 작지 않다는 점도 고려할 필요가 있다. 더구나 2007년 개혁에 대해서는 사용주들이 사내하도급 등 다양한 비정규직을 활용하고 있는 현실에서 법안에 용역, 도급 등을 이용한 불법파견이나 간접고용에 대한 대책이 미흡한 허점이 있다는 지적을 고려할 필요가 있다(은수미, 2008). 사유제한과 기간제한이 동시에 적용되는 파견근로와 아무 제한이 이루어지지 않는 용역, 도급근로의 불균형 속에서 기간의 제한만을 규정한 기간제 규제만으로는 한계가 있는 것이다.

3) 정규직과 임시직의 고용비용 격차

한국에서 임시직 근로의 증가는 고용보호규제만이 아니라 정규직과 비정규직의 고용비용 격차와도 깊은 관련을 갖는 것으로 보인다. 정규직과 비정규직의 고용비용 격차는 임금과 기업복지의 두 가지로 나누어 살펴볼 수 있다.

우선 임금을 보면, 기업의 지불능력과 노조의 교섭력에 의해 전적으로 결정되는 기업 단위의 분산된 단체교섭과 숙련과의 관련성이 떨어지는 연공급 중심의 임금체계로 인해 대기업 중심으로 정규직 근로자의 임금비용이 상승하는 경향이 있다.

서구의 경우 임금 등의 고용비용 격차가 크게 나타나는 중요한 원인으로는 단체교섭의 중앙화(centralization)나 조정(coordination)의 정도가 지적된다(Polavieja, 2006). 교섭이 중앙화되거나 전국적인 조정이 이루어지는 경우나 교섭이 기업 단위에서 이루어지는 경우에는 과도한 임금 인상의 영향이 쉽게 교정, 통제되는 것으로 알려져 있다. 반면에 조정이 이루어지지 않는 방식으로 이루어지는 단체교섭은 고용에 미치는 파급효과가 쉽게 분별되지 않아 과도한 임금인상 등도 수용되는 정도가 높다(Camfors and Driffill, 1988). 더욱이 분산된 단체교섭은 교섭의 내용이 고용보다는 임금에 집중되며 그 혜택은 내부자(insider)에게 제한되는 경향이 크다. 이러한 배제적 단체교섭이 지배하는 나라에서는 비정규 고용의 상대적 비용이 매우 낮아 비정규 고용 제한의 완화가 비정규 급증으로 이어질 수 있다(Polavieja, 2006).

이러한 서구 이론에 따르면 단체교섭이 기업별 노조 단위로 분산적으로 이루지는 한국에서는 임금인상의 폭이나 내부자와 외부자의 임금격차도 크지 않을 것으로 예상할 수 있다. 그러나 이러한 이론적 예상과는 달리 우리나라의 경우에는 기업별 노조가 시장지배적 지위를 가진 대기업 중심으로 발전하여 이들 기업 단위에서는 상당한 임금인상의 실현이 가능한 것으로 알려져 있다. 또 단체교섭의 결과가 내부자의 임금인상으로 집중되어 정규직과 비정규직의 고용비용 격차를 확대시키는 경향이 강하다.

다음으로 연공급제도를 보자. 우리나라에서 연공급제도는 1960년대부터 일부 기업에서 나타나기 시작하여 서서히 확산되었다. 특히 1990년대에 본격적으로 확산되어 2000년대 중반에는 대다수 기업에서 연공급이 채택되게 된다. 그 결과 한국은 근속연수별 임금격차가 가장 큰 나라가 되었다. 한국 제조업의 생산직 근로자들의 경우 20년 이상 근속자의 평균 임금이 1년 이하 근속자 평균 임금의 241%로서 110~150% 정도에 머무르는 서구국가들에서의 임금격차나 일본의 임금격차 210.8%보다 훨씬 크다. 그런데 이러한 연공급은 주로 정규직 근로자를 대상으로 하기 때문에 정규직과 임시직의 임금격차를 확대시키는 영향을 미칠 것으로 보인다. 정규직 근로자의 임금은 근속년수 증가와 함께 빠르게 증가하지만, 비정규직 근로자의 경우 몇

년의 근속기간이 지나면 임금 증가가 정체한다.

이러한 결과 우리나라에서의 정규직과 비정규직의 임금은 큰 격차를 보이고 시간이 지나도 개선되고 있지 않다. 2004년 비정규직의 월평균 임금은 정규직의 65% 수준이었는데, 2011년에는 정규직 근로자의 56.4%로 더 격차가 확대된 것으로 나타났다. 임시직 고용으로 분류되는 한시적 근로의 경우에도 2004년 69.6%에서 2007년 71.7%로 미미하게 상승한 이후 2011년 62.9%로 낮아진 상태를 보인다.

기업복지혜택에서는 퇴직금, 상여금, 시간외 수당, 유급휴가 등이 중요하다. 퇴직금은 법정퇴직금을 토대로 발전하였고 기업에 따라 법정액 이상의 추가적인 혜택을 제공하기도 한다. 법정퇴직금은 계속근로기간 1년에 대하여 평균 임금 30일분 이상의 퇴직금을 일시금으로 지급하는 것을 강제하는 규정으로서 1961년 도입된 이래로 꾸준히 개편과 확대를 거듭하여 2010년부터 상시근로자 1인 이상의 모든 사업장으로 대상이 확대되었다. 대규모 기업의 경우에는 단체교섭을 통해서 장기근속자에 대해 퇴직금 누진제를 강화하였다. 더욱이 1년 이상의 근속자로 대상을 한정하는 현행 제도의 특성상 다수의 비정규직은 그 대상에서 제외되는 경향이 있다. 〈표 5-9〉를 보면, 2011년

〈표 5-8〉 정규직 대비 비정규직 월평균 상대임금 (단위: %)

	2004	2005	2006	2007	2008	2009	2010	2011
비정규직	65.0	62.6	62.8	63.5	60.9	54.6	54.8	56.4
한시적	69.6	67.2	68.8	71.7	68.5	59.1	61.0	62.9
시간제	30.4	28.3	28.9	27.9	27.0	24.3	24.6	25.3
비전형	60.2	58.6	54.8	55.4	56.3	54.1	54.4	55.3

자료: 각년도 8월 경제활동인구조사 근로형태별 부가조사, 통계청

〈표 5-9〉 고용형태별 기업복지 수혜자 비율 (단위: %)

		2004.8	2005.8	2006.8	2007.8	2008.8	2009.8	2010.8	2011.8
퇴직금	임금근로자	54.0	54.1	54.6	57.5	61.4	61.5	63.1	64.7
	정규직	67.4	68.6	67.9	70.3	74.5	76.9	76.6	78.4
	비정규직	31.3	28.8	30.3	34.8	35.6	32.7	35.9	38.4
	한시적	40.1	38.3	41.7	50.1	51.7	47.9	55.2	59.0
	시간제	2.0	1.8	1.6	1.9	3.7	5.5	6.7	9.5
	비전형	21.5	16.8	16.2	20.6	24.3	24.2	26.1	26.8
상여금	임금근로자	51.6	52.1	53.3	55.9	56.6	61.0	64.7	65.0
	정규직	65.8	67.4	67.5	69.8	71.2	77.7	79.3	80.4
	비정규직	27.5	25.5	27.7	31.1	27.9	29.8	35.5	35.5
	한시적	35.2	34.2	38.4	44.8	41.1	42.4	52.3	51.8
	시간제	1.8	1.8	2.0	3.1	3.6	8.8	11.2	12.4
	비전형	17.8	13.4	12.6	15.6	14.9	20.0	24.4	23.7
시간외 수당	임금근로자	43.4	43.6	42.4	43.3	42.4	43.3	44.4	43.7
	정규직	55.8	56.6	53.9	54.2	53.5	55.5	55.4	55.0
	비정규직	22.2	21.1	21.5	23.8	20.7	20.4	22.5	22.0
	한시적	28.3	27.8	29.6	34.3	30.2	28.4	33.0	32.2
	시간제	1.8	2.5	2.4	2.3	2.2	4.9	5.7	6.4
	비전형	14.0	11.3	9.6	12.3	11.2	13.3	14.4	13.5
유급휴가	임금근로자	45.8	45.0	43.7	49.8	52.8	57.0	58.7	56.0
	정규직	58.2	58.0	55.0	61.7	65.4	70.6	71.3	69.2
	비정규직	24.6	22.7	23.1	28.7	28.0	31.7	33.6	30.5
	한시적	31.8	30.7	31.9	41.9	41.5	47.8	52.7	47.7
	시간제	1.6	1.4	2.1	2.3	2.4	4.3	6.0	5.3
	비전형	14.3	11.0	10.8	14.2	15.5	17.6	21.7	17.9

자료: 경제활동인구조사 부가조사, 통계청

에 기존 퇴직금의 경우 정규직 근로자는 78.4%가 수혜대상이지만 비정규직 근로자는 38.4%, 한시적 근로자는 59.0%가 수혜대상에 포괄되어 있다. 따라서 퇴직금의 대상이 되는 정규직 근로자 고용을 기피하고 임시직 고용을 늘리게 하는 유인이 될 수 있다(OECD, 2008). 이러한 정규직과 비정규직의 퇴직금 수혜 격차는 비정규직 중가를 초래하는 한 요인이 될 수 있다.

퇴직금 이외에도 기업복지에서 정규직과 비정규직 간의 차별은 다양한 영역에서 확인된다(〈표 5-9〉 참조). 2011년에 상여금의 경우 정규직 근로자는 80.4%, 비정규직 근로자는 35.5%, 한시적 근로자는 51.8%가 수혜대상에 포괄되어 있다. 시간외 수당의 경우에는 수혜자 비율이 정규직 근로자 55.0%, 비정규직 근로자 22.0%, 한시적 근로자 32.2%이다. 유급휴가의 경우에는 정규직 근로자 69.2%, 비정규직 근로자 30.5%, 한시적 근로자 47.7%이다. 그 외에도 기업에서 제공하는 법정외복지 급여가 다양하게 존재한다. 이들 급여는 주로 교육, 보건의료, 주택 등의 지원을 주된 내용으로 하고 있고 급여혜택에서 정규직과 비정규직 사이에 격차가 존재한다.

더욱이 공공복지도 주로 기여에 의존하는 사회보험을 중심으로 제도가 구성되어 있기 때문에 정규직과 비정규직의 노동비용 격차를 증대시키는 요인으로 작용한다. 고용주는 단기적인 고용관계에서 고용상태에 변화가 잦은 비정규직에 대한 노동비용 감소를 위해 사회보험 기여를 기피하려 하고, 저임금 때문에 지불능력이 낮은 비정규직 근로자의 자발적 참여도도 떨어지기 때문에 비정규직의 사회보험 가입률은 매우 낮은 상태이다. 2010년 정규직은 거의 80%가 사회보험 가입상태에 있지만, 비정규직은 40~45% 정도만 가입한 상태이다. 이러한 사회보험 가입률의 차이가 노동비용 격차를 늘리고 비정규직 고용을 증대시키는 요인으로 작용한다.

이렇게 정규직에 대한 고용보호가 강해지고 장기근속자를 우대하는 방향의 임금과 복지혜택 등으로 고용비용이 크게 증가하였지만, 근로자의 숙련형성은 그에 상응하는 수준으로 향상되지 못하였다는 점이 매우 중요하다. 산업화 시기 동안 한국에서는 정부가 주도적인 역할을 하며 대기업에 의존하는 숙련형성체제를 발전시켰다. 1974년 정부는 대기업에게 노동시장 신규참여자를 대상으로 하는 직업훈련을 수행할 의무를 부과하였다. 그리고 이러한 숙련형성제도는 중화학공업화 기간에 늘어난 반숙련공에 대한 수요를 충족시키는 데 성공하였다. 국제화와 기술적 변화 등 경제 환경의 변화에 대응하여 1995년에 정부는 이러한 대기업의 의무적 훈련제공 제도를 직업훈련을 제공하는 고용주에게 고용보험을 통해 재정적인 지원을 하는 제도로 바꾸었다. 그 이래로 대기업에서는 재직 근로자의 직업훈련 참가가 상당히 늘었다(장홍근 · 정승국 · 오학수, 2009).

그러나 한국에서 기업과 근로자들이 숙련 투자에 적극적으로 참여하고 있다고 보기는 어렵다. 기업들은 과거 숙련근로자를 확보하는 데에 정부 정책을 소극적으로 수용한 면이 강하고 현재도 현장근로자들의 숙련 수준을 높이는 데 큰 관심을 보이지 않는다. 대기업에서도 생산직 근로자의 직업훈련 프로그램이 구조화된 경우가 별로 없다는 점이 이를 보여준다. 대신에 한국의 대기업들은 연구개발부서의 연구자와 기술자를 중심으로 기술개발을 추진하여 왔다(장홍근 · 정승국 · 오학수, 2009). 한편 근로자들 또한 숙련형성을 위한 노력을 기울이고 있지 않다. 1980년 후반 이래로 연공급이 널리 확산되었는데, 이 시기 노조운동이 성장한 부문에서는 인사고과제도의 폐지가 추진되었다. 일본의 연공급제도에는 근속기간 증가와 함께 숙련향상이 이루어지고 이렇게 향상된 숙련에 대한 보상을 하는 직능급적인 성격이 포함되어 있다. 하지만 한국에서는 연공급이 연수만 증가하면 임금이 자동으로 증가하는 순수 연령급과 유사한 성격을 띠게 되었다. 이렇게 연공급이 숙련향상과의 연관을 잃으면서 임금체계가 근로자에게 숙련향상을 위한 인센티브로 작용할 수 없게 되었다. 또한 노사 간에 대항적인 관계가 지속되고 있는 점 또한 작업장에서 숙련향상을 위한 협력을 이루는 데 장애요인으로 작용하고 있다(최영기, 2009; Yoon and Lee, 2010).

결과적으로 기업 단위에서의 숙련향상을 위한 노력은 매우 제한된 수준에 머무르고 인적자본에 대한 투자는 공식 교육제도에 크게 의존하게 되었다. 기업들은 품질경쟁보다는 가격경쟁에 의존하는 생산전략을 유지하고 있는 것으로 보이며, 주로 일반적 숙련에 의존하고 부분적으로만 기업특수적 숙련을 활용하고 있다(장홍근 · 정승국 · 오학수, 2009).

결국 한국에서 고용보호제도와 숙련형성체제는 1990년대를 거치면서 발전 경로가 분기되는 양상을 보인다. 기업 단위에서의 고용보호는 고착되고 장기근속자 중심으로 노동비용은 상승하였지만, 그에 상응하는 기업특수적 숙련향상은 이루어지지 않고 일반적 숙련에 의존하는 자유주의적 방향으로 전환되는 양상을 보인다. 1990년대 이래로 비정규직이 급증하고 정규직과 비정규직의 분절이 확대된 데에는 이러한 기업 단위 고용보호와 자유주의적 성격이 강해진 숙련형성체제 사이의 균열 현상이 중요한 영향을 미친 것으로 보인다.[12)]

12) 기존 국내의 연구들에서는 이러한 문제를 기업 내부노동시장(internal labor market)의 효율 저하로 설명한다(노용진 · 원인성, 2003; 정건화, 2003; 정이환, 2010). 우리나라 기업 내부노동시장은 상대적 고임금과 장기고용관계 혹은 고용안정성을 특징으로 한다(정이환 · 전병유, 2001). 이러한 내부노동시장은 1970년대부터 일부 기업에서 형성되기 시작하여(신원철, 2001), 1980년대 후반을 지나며 크게 확산된 것으로 알려져 있다(정이환, 1992). 1990년대 후반 노동시장 환경의 변화 속에서 내부노동시장이 해체과정을 거치고 있다는 논의도 있지만, 다수의 연구는 2000년대에도 대규모 기업 생산직을 중심으로 내부노동시장이 유지되고 있음을 보여준다(김영미 · 한준, 2008; 류기락, 2009). 하지만 기업특수적 숙련형성의 미비 등으로 내부노동시장의 효율이 낮으며 이로 인해 비정규직 등의 외부노동시장에 대한 의존이 증대하고 있다고 본다.

4) 사회정책의 발달양상

한국에서는 산업화 기간 사회정책의 발달도 낮은 수준을 보였다. 우선 사회지출의 수준을 보면, 공적 사회지출(public social expenditure)은 1990년대 초반 GDP의 3%에 불과할 정도로 매우 낮은 수준이었다. 지난 10여 년간 사회지출은 빠르게 증가하여 2007년 8%가 되었지만 여전히 OECD 회원국 중 가장 낮은 수준이다. 더욱이 대부분의 사회지출은 노령연금과 의료 영역에서 지출되고 있고, 실업급여 등 근로세대 대상의 소득지원에는 GDP의 0.6%만 지출되고 있다. 서구에서와 같은 실업급여와 적극적 노동시장정책 등을 통한 고용안정 노력이 거의 부재한 상태인 것이다. 이러한 사회정책의 후진성은 기업복지를 중심으로 한 민간복지의 발달과 대비된다. 1990년대 초반 GDP의 1%대였던 민간사회지출(private social expenditure)은 1990년대 후반 외환위기 기간에 6% 이상으로 치솟았고 2000년대 이후에도 4% 수준을 유지하여 우리나라 총 사회지출에서 차지하는 비중이 매우 크다. 그중 퇴직금이 2%, 고용주가 제공하는 자발적인 복지서비스가 1.8% 정도로 민간사회지출의 대부분이 기업복지이다. 이렇게 정규직에 대한 혜택을 우선하는 기업복지의 비중이 높은 반면 사회지출은 낮은 수준이어서 사회정책을 통한 비정규직 지위 개선에는 한계가 있을 수밖에 없다.

더욱이 한국의 사회정책은 보험원리를 따라 조직되어 있어 비정규직 등 취약근로자의 지원 역할이 제한되어 있다. 김대중 정부와 노무현 정부의 집권 기간에 이루어진 복지개혁으로 지역별·업종별로 분리되어 있던 공적연금과 의료보험의 통합이 이루어지는 진전이 있었지만, 실업급여 등을 포함하여 주요 사회정책이 보험원리에 따라 운영되는 점에서는 별 변화가 없었다.

그런데 사회보험 프로그램의 경우 가입이 법적으로 강제되고 있지만, 비정규직이나 영세기업의 피용자, 자영업자 등의 고용불안정층에 대해서는 효과적인 집행이 용이하지 않다. 따라서 사회보험 가입여부에는 당사자의 자발적인 참여의지가 영향을 미치고 특히 고용주의 결정이 중요하게 작용한다. 이윤 극대화를 추구하는 기업은 필요한 수의 근로자를 고용하기 위해 요구되는 총 노동비용을 최소화할 수 있도록 임금과 사회보험 등의 급여 패키지를 제공하려 한다. 이때 사회보험 기여로 인한 비용증가를 임금 수준이나 임금 상승률의 하향조정 등으로 조정할 수 있는 능력이 기업의 사회보험 참가여부 결정에 영향을 미친다(Chernew and Hirth, 2003). 장기적인 고용관계에 있는 정규직에 대해서는 이러한 조정의 여지가 크지만 임시직 등 단기 고용관계의 피용자에 대해서는 이러한 전가를 기대하기 어렵기 때문에, 기업은 비정규직에 대한 사회보험 적용을 기피할 가능성이 있다(구인회 · 백학영, 2008).

비정규직 근로자의 사회보험 가입상태는 이러한 이론적인 예측과 다르지 않다. 〈표 5-10〉에 따르면 2011년 임금근로자의 직장단위 사회보험 가입률은 국민연금의 경우 65.1%, 건강보험 68.3%, 고용보험 64.6%로 나타났다. 그런데 정규직 근로자와 비정규직 근로자의 가입률 격차는 매우 크다. 정규직 근로자는 국민연금 79.1%, 건강보험 80.9%, 고용보험 77.4%의 가입률을 보이지만, 비정규직은 각각 38.2%, 44.1%, 42.3%로 정규직의 절반 수준을 크게 벗어나지 못한다. 임시직에 해당하는 한시적 근로자의 경우 가입률이 국민연금 58.2%, 건강보험 66.9%, 고용보험 62.7%로 시간제 등 다른 비정규직 근로자에 비해 높은 수준의 가입률을 보여 정규직 근로자와 가입

〈표 5-10〉 고용형태별 사회보험가입률 추이 (단위: %)

		2004.8	2005.8	2006.8	2007.8	2008.8	2009.8	2010.8	2011.8
국민연금 (직장가입)	임금근로자	59.5	61.4	62.6	63.2	64.3	64.7	65.0	65.1
	정규직	72.5	75.7	76.1	76.3	77.3	78.9	78.4	79.1
	비정규직	37.5	36.6	38.2	40.0	39.0	38.2	38.1	38.2
	한시적	47.8	47.5	51.4	57.2	56.4	56.5	58.6	58.2
	시간제	2.4	2.1	3.2	3.3	6.4	7.4	9.3	11.0
	비전형	25.7	23.6	22.0	23.0	23.6	21.7	22.3	21.1
건강보험 (직장가입)	임금근로자	61.3	61.9	63.2	64.4	65.6	67.1	67.0	68.3
	정규직	73.8	75.9	76.1	76.7	78.0	79.8	79.5	80.9
	비정규직	40.1	37.7	40.0	42.5	41.5	43.4	42.1	44.1
	한시적	50.5	48.7	53.2	60.0	59.8	64.1	64.6	66.9
	시간제	3.7	2.3	3.8	4.0	6.1	8.8	10.6	13.0
	비전형	29.7	25.8	25.4	27.7	28.1	27.7	28.8	29.6
고용보험	임금근로자	52.1	53.1	54.6	55.3	56.8	58.9	63.3	64.6
	정규직	61.5	63.8	64.7	64.3	65.8	67.6	75.7	77.4
	비정규직	36.1	34.5	36.3	39.2	39.2	42.7	41.0	42.3
	한시적	45.5	45.2	49.0	55.5	56.0	62.0	61.9	62.7
	시간제	3.6	2.2	3.2	3.7	6.3	9.1	10.7	13.5
	비전형	25.2	22.0	20.8	23.9	25.8	27.6	28.6	28.0

자료: 경제활동인구조사 부가조사, 통계청

률 격차를 많이 좁혔다. 2004년 한시적(정규직) 근로자의 가입률이 국민연금 47.8(72.5)%, 건강보험 50.5(73.8)%, 고용보험 45.5(61.5)%인 점을 생각하면 비교적 단기간에 사회보험 가입이 많이 확대되었지만 정규직과의 가입률 격차는 여전히 존재한다.

사회정책 적용의 사각지대가 큰 문제 이외에 사회정책의 급여자격이 엄격하고 급여수준이 낮다는 점도 비정규직에 대한 지원 확대에 제약요인으로 작용한다.13) 전체 실업자 수 대비 실업급여 수급자 수

13) 실업급여의 수급자격은 이직일 이전 18개월 간 보험가입기간이 180일 이상이고 비자발적인 이직을 한 경우로서 적극적인 구직활동을 할 경우에 주어진다. 급여

의 비율로 정의되는 수급률은 2000년 9.8%에서 2008년 39.6%로 증가하였지만, 1990년대 대다수 유럽 국가에 비해 매우 낮고 미국, 일본 등과 유사한 정도이다. 실업급여의 임금 대체율은 2008년 43.4%로 유럽 국가에 비해서는 낮고 영미계열 국가보다는 다소 높은 수준이다(이병희, 2011).

4. 우리나라 고용보호와 사회정책의 발전방향

그간 우리나라에서는 노동시장 유연화 및 비정규직 증대와 대응한 사회정책의 방향을 둘러싸고 상이한 견해가 제기되어 왔다. 정이환(2006)은 이를 기업내부노동시장의 재강화, 영미식 탈규제와 유연화, 사회적 노동시장의 구축의 세 가지 대안으로 요약한다. 기업내부노동시장 재강화론은 '비정규직의 정규직화'를 추구하는 노동조합운동의 입장으로 기업 내에서 최대한의 임금인상과 고용안정을 확보하는 행동으로 나타난다. 영미식 탈규제론은 주로 고용주의 입장으로 종신고용과 연공급의 틀 내에서 합리화를 통해 내적 유연성을 추구하는 일본 고용주들과는 달리, 비정규직 활용에 대해 매우 적극적인 태도를 가지며 정규직 고용에 대해서도 탈규제를 주장한다. 사회적 노동시장론에서는 유럽 모델을 이상적인 대안으로 제시하면서, 사회적 범위에서의 교섭과 협약을 통한 고용문제 해결, 연대임금정책, 관대한 사회

수준의 경우 이직 시 연령과 피보험기간에 따라 90~240일 간 실직 전 평균 임금의 50%를 지급하되 일일 4만 원을 상한선으로 하고 최저임금의 90%를 하한선으로 하고 있다.

보호를 전제로 한 유연안정성을 추구한다.

이러한 대안들에 대해서는 다양한 평가가 가능하겠지만, 영미식의 전면적 탈규제론에 대해서는 우려가 많다. 정규직에 대한 보호규제를 무력화하는 영미식의 유연화는 대기업 중심으로 존재하는 소수의 안정된 일자리마저 대안 없이 사라지게 할 가능성이 크기 때문이다. 이러한 점에서 기업내부노동시장 강화론의 의의를 수용할 필요가 있다. 그러나 내부노동시장의 강화가 현재와 같이 기업 단위의 고용주 지불능력과 노조의 교섭력에 근거하여 정규직 임금인상과 고용보호의 극대화를 추진하는 방식으로 진행되어서는 지속적인 비정규직 고용 증가와 고용의 질 악화를 피하기 어렵다는 비판을 면하기 어렵다.

이러한 이유로 사회적 노동시장론이 주요한 대안으로서 검토의 대상이 되었다. 특히 실업급여와 적극적 노동시장정책을 발전시켜 고용유연화의 부작용을 차단한다는 유연안정성론의 개혁전략은 설득력을 가진다. 유럽 국가들에서는 실업급여 등 복지제도가 보편주의적으로 발전해 있고 관대한 급여수준이 제공되고 있으며, 산업과 전국 단위에서 사회적 합의와 단체교섭을 통해 임금과 고용 문제를 해결하는 전통이 자리 잡고 있다. 이러한 상황에서 북구 등의 발전된 복지국가들은 노동시장에서 발생하는 고용불안정을 사회보장을 통한 고용과 소득의 안정으로 완화할 수 있었다. 근래 다수의 유럽 국가들이 고용보호의 수준을 줄이면서 실업급여와 적극적 노동시장의 역할을 확대하는 유연안정성(flexicurity) 접근을 강조하고 있다.

그러나 사회적 노동시장론에서 내세우는 북구형 복지국가, 사회적 범위에서의 임금과 고용문제 조정 등의 대안이 한국에서 증대하는 고용불안정과 비정규 고용에 대처하는 현실적인 방안이 될 수 있는지 의문이다. 유연안정성의 모범으로 알려진 덴마크의 경우 유연한 노동시장, 관대한 실업급여, 발전된 적극적 노동시장정책의 세 가지 정책조합으로 국제적인 주목을 받았고 이러한 정책조합은 덴마크 노동시장의 황금삼각형이라는 별칭을 얻게 되었다. 해고 제한이 약해 직업안정(job security)은 낮은 수준이나 실업급여와 적극적 노동시장정책으로 고용안정(employment security)을 이룬 것이다. 이러한 개혁 결과 덴마크는 1990년대 초반 이후 급속한 실업감소와 경제성장을 이루게 되었다. 덴마크의 유연안정성 모델은 고용보호 약화가 초래하는 불안정을 최소화할 수 있는 북구의 관대하고 포괄적인 사회정책과 사회적 협력의 전통이 그 토대가 되었음에 주목할 필요가 있다(Madsen, 2003; Viebrock and Clasen, 2009).[14] 노동시장유연화에 대한 사회정책의 대응이 기존 복지체제에서 형성된 정치적 역학에 따라 상이한 양상을 보인다는 지적도 있다(Hausermann and Palier, 2008). 유연안정성의 또 하나의 성공사례로 꼽히는 유럽대륙 복지국가 네덜란드가 덴마크와는 다른 방향의 정책을 취한 것도 유의해야 한다. 낮은 수준의 정규직 고용보호를 전제로 한 덴마크와는 달리 네덜란드는 정규직 고용보호의 큰 틀을 유지한 상태에서 '비정규직 정상화(normalizing non-standard work)'를 추진하는 것을 정책 기조로 하였다. 1980년대에 확산된 파트타임 근로자에 대해서 풀타임 근로자와 동등하게 임금과 복지혜택을 제공하도록 제도를 개선하

14) 덴마크의 유연안정성 모델은 일시에 이루어진 정책구상의 실현이 아니라 오랜 역사적 과정의 산물이다. 낮은 수준의 고용보호제도는 중소기업이 다수를 차지하는 현실을 반영하며 오랜 기간 정착되어 온 것으로 많은 유럽 국가들에서 고용보호제도의 변화가 급격했던 1980년대 이후에도 큰 변화 없이 그대로 유지되었다. 실업급여제도는 그 틀이 1960년대 말에 갖추어진 후 1990년대까지 지속되었다. 유연안정성 모델이 국제적 주목을 받게 된 1990년대 초반에 이루어진 변화는 주로 활성화 정책(activation)에서 이루어진 것이다. 1980년대 후반과 1990년 초반 실업의 급증을 경험하며 실업급여의 자격기준을 강화하고 실업자 대상의 적극적 노동시장정책을 발전시켰다(Madsen, 2008).

였다(Visser and Hemerijck, 1997; Visser, 2002). 1990년대에는 정부 규제와 적극적 노동시장정책을 통해 파견근로 등 비정규직의 고용안정, 훈련기회와 임금, 복지혜택을 향상시키는 방식으로 안정성을 추구한 것이다(Viebrock and Clasen, 2009).[15] 이러한 점에서 산업화 기간 복지급여가 기업 중심으로 제공되고 임금교섭 또한 기업 단위로 결정되어 온 한국의 현실에서 고용유연성 확대로 인한 부작용을 북구식의 복지급여 확대와 산업적 · 전국적 노사협력과 조정으로 보완할 수 있다는 생각은 현실적이지 못하다. 그러기에는 정규직과 비정규직의 노동시장 분절이 너무 심하고 복지제도의 확충이 너무 미흡하며 산업 · 전국 단위의 협력 기제가 부재하기 때문이다. 이러한 문제점은 1990년대 후반 외환위기 이후 10여 년에 걸쳐 복지제도의 개혁과 확충을 위한 진지한 노력을 기울였음에도 불구하고 고용불안정과 빈곤, 불평등이 심화된 경험이 잘 보여준다.

비정규직 증대와 고용의 질 악화에 대한 대책은 특정 서구 모델에 대한 규범적 평가보다는 우리나라의 고용보호규제, 고용비용의 문제, 사회정책에 대한 면밀하고 종합적인 검토 위에서 마련될 필요가 있다. 우선 고용보호규제부터 검토를 시작하자. 앞의 국제비교에서 살펴보았듯이, 서구 각국에서 임시직 고용의 증가에 영향을 미친 직접적 요인은 정규직과 비정규직 사이의 고용보호 격차이며, 우리나라의 비정규직 증가에도 이러한 고용보호 격차 요인이 작용하였다. 따라서 정규직에 대한 고용보호가 엄격하고 파견근로에 대한 규제도 강한 편

15) 네덜란드는 다른 유럽대륙 복지국가들과 마찬가지로 고용보호제도를 통해 정규직의 해고를 엄격하게 제한하는 전통을 가지고 있다. 1997년 '유연안정성 법'으로 정규직 해고제한을 다소 완화하는 한편, 파견근로를 대폭 자유화함과 동시에 비정규직 안정성을 향상시키는 조치를 도입하였다(Viebrock and Clasen, 2009).

이지만, 기간제 등의 비정규 고용에 대한 규제는 아주 미약한 우리나라 고용보호제도의 불균형을 바로잡는 것이 중요하다. 국제적인 기준에서 볼 때, 현재 사용기간만을 제한하는 기간제 근로에 대한 규제를 계약갱신 횟수와 사용사유 등의 다른 영역에까지 확대하는 것이 필요하다. 임시직에 대해 해고수당을 제공하는 스페인, 프랑스 등 서구의 사례도 참고할 필요가 있다(Bentolila, Cahuc, Dolado and Barbanchon, 2010; Blanchard and Tirole, 2003). 우리의 경우 대다수 임시직 근로자들이 실업급여의 혜택을 받지 못하는 점을 고려하여 계약종료 시 해고수당 제공으로 최소한의 실직 시 소득안정장치를 마련하는 것이 필요하며, 이는 임시직 남용을 막는 인센티브를 제공하기도 한다.

또한 정규직에 대한 고용보호의 경우 기업이 실업의 사회적 비용을 내부화하도록 하는 장치로서의 기능을 유지하면서 노동시장 이동성에 미치는 영향을 최소화하도록 개선해야 한다. 집단해고에 대해서는 지나치게 완화되고 개인해고에 대해서는 엄격하게 유지되고 있는 규제를 개선해야 한다. 집단해고는 근로자 개인만이 아니라 지역사회에 미치는 부정적 영향 등이 큰 만큼, 근로자 재취업 대책 등에서 기업의 책임을 늘리는 것이 필요하다. 개인해고의 경우에는 법원에 의해 결정되는 정당한 해고 사유나 복직 판정의 엄격성은 완화하고 해고수당과 해고예고기간의 역할을 늘리는 방식으로 개선할 필요가 있다. 서구의 일부 연구는 해고절차나 사유 규정의 엄격성은 해고과정의 불확실성과 어려움을 늘려 노동시장이동 자체를 봉쇄할 가능성이 있으나 해고수당이나 해고예고기간은 고용주로부터 근로자로의 소득이전을 늘려 이직과정의 소득안정을 높이는 기능이 강하다는 것을 시사한다(Bentolila, Cahuc, Dolado, and Barbanchon, 2010; Blanchard and Tirole, 2003; Pissarides, 2001).

요컨대 정규직 고용보호에서 해고수당과 해고예고기간의 역할을 강화하는 방향으로 개편하고, 임시직 고용을 단기 프로젝트, 계절적 업무, 휴가 중 정규직의 일시대체 등의 객관적 필요가 있는 업무로 제한을 강화하고 임시직 근로자에 대해서도 해고수당을 도입하는 등의 개혁을 추진해야 한다. 이렇게 정규직과 임시직의 보호 격차를 축소시킨다면, 장기적으로는 정규직과 임시직의 이중 체계(two tier) 자체를 없애는 것이 가능하다. 서구의 몇몇 국가에서는 정규직에 대한 행정적·사법적 규제를 최소화하고 임시직 고용을 실질적으로 없애는 대신 해고수당을 연공(seniority) 수준에 따라 증가시키는 방식으로 단일 근로계약 체계를 도입하는 방안에 대한 제안이 있었다(Bentolila, Cahuc, Dolado, and Barbanchon, 2010). 우리나라도 정규직에 대한 고용보호를 연공 수준을 반영한 해고수당 중심으로 재편한다면 현재 임시직의 대다수를 정규직의 단일근로체계로 흡수하지 못할 이유가 없다.

다음으로 기업별 노조체제, 연공급 등의 합리적인 개선을 통해 정규직과 비정규직의 고용비용 격차를 완화해야 한다. 한국은 서구와 달리 기업별 노조, 연공급 임금체계, 기업복지에 의존하여 근로자의 고용과 소득안정을 이루어왔고 이 점에서 일본과 유사하다. 일본의 경우 기업별 노조체제에서도 전국적인 임금조정을 위한 노력이 정착하였고,[16] 연공급 또한 기업 단위 숙련형성체계와 조응하여 발전하여 연공급이 정착하였으며, 법적 고용보호 수준은 비교적 낮으나 종신고용관행이 발전하였다. 반면 한국은 임금교섭이 기업별 노조 단위로

16) 일본의 경우 기업별 노조를 중심으로 기업 단위의 임금교섭이 이루어진다는 점에서는 우리와 큰 차이가 없지만 이미 1960년대부터 임금의 사회적 조정기능이 정착되었다. 춘투를 통해 기업 간·산업 간 임금인상 수준을 조정함으로써 산업 간·기업 간 임금격차를 일정 수준에서 조절하였다.

분산적으로 이루어지고, 연공급이 기업특수적 숙련제도와 상호보완적으로 발전하지 못하여 기업내부노동시장의 비효율성이 크다. 이렇게 산업별, 전국적 임금조정이 이루어지지 않은 상태에서 연공급이 경직화되어 장기근속자의 임금이 숙련수준이나 생산성과 큰 괴리를 보이며 상승함에 따라 기업이 노동비용을 줄이는 방안으로 비정규직 고용을 활용하려는 유인이 강화되었다.

따라서 현재의 경직적인 연공급 체계를 합리화하고 숙련형성체계를 정비하여 기업내부노동시장의 효율을 높임으로써 정규직 고용의 유인을 증대하고 비정규 근로자의 정규직으로의 전환 여지를 확대하는 것이 전체적인 고용안정을 이루는 데 매우 중요한 역할을 할 것이다. 형식적으로 교섭단위를 산별로 전환하거나 직무급을 도입하는 데 집착하기보다는 연공급 체계에 입각한 기업별 임금결정을 사회적인 범위에서 규제, 조정하는 현실적인 방안을 마련하는 것이 중요하다.[17] 또 단체교섭결과의 비정규 고용에 대한 적용, 정규직과 비정규직 임금 차별의 규제를 통해 고용형태별 고용비용의 격차를 줄이는 것이 고용안정을 이루고 비정규 고용 문제를 개선하는 필수적 전제가 될 것이다.

그런데 기업내부노동시장 정비와 사회적 임금조정, 임금차별의 해소를 위한 노력은 일정한 효과를 가질 수 있으나 기업 단위에서의 조정만으로는 비정규직과 중소기업의 취약근로자에 대해서는 당장 커

17) 기업 단위를 넘어서서 산업・업종에서 직무 가치를 기준으로 임금이 결정되는 직무형 임금체계로의 전환이 핵심적인 과제로 논의되어 왔다(최영기, 2009). 그러나 이러한 주장에도 불구하고 임금체계의 개편이 성과 있게 이루어지지는 않고 있다. 1990년대 후반 경제위기를 계기로 연봉제와 성과급이 부분적으로 확산되었다. 정부 또한 직무와 성과를 중심으로 임금체계를 합리화하는 계획을 추진하였다. 그러나 업종 단위에서 숙련과 직무 가치를 연계시키는 방식이 자리 잡지 않은 상태에서 기업 단위에서 직무급 확산을 이루는 데에는 한계가 있다.

다란 효과를 기대하기는 어렵다. 일본의 경우 파견근로 등에 대한 고용보호규제 완화, 기업 인사관리 개선을 통한 비정규직의 관리 강화 등으로 대응했지만, 비정규직 문제는 악화되는 양상을 보였다.[18] 특히 한국의 경우 기업의 인사관리가 체계적이지 않은 상황에서 기업 단위 고용보호의 사각지대에 있는 비정규직에 대해서는 새로운 정책적 접근이 필요하다.

무엇보다도 근로자의 고용과 소득안정을 지원하는 데에서 사회정책의 역할을 크게 확대해야 한다. 사회정책을 강화하고 이를 통해 기업 단위에서 이루어지는 고용보호규제의 기능과 기업 중심으로 편성되어 있는 복지급여의 역할을 대체해야 한다. 우선, 실직 관련 사회정책의 확대는 고용과 소득안정을 통해 기업 단위의 고용보호의 역할을 줄이는 역할을 할 것이다. 산업화 기간, 한국에서는 실업급여 등 사회정책의 역할은 최소화한 상태에서 행정기관과 법원의 판정을 통해 기업의 해고를 통제하는 방식으로 근로자의 노동시장위험에 대처하였다. 변화된 경제환경에서 이러한 접근은 정규직과 비정규직의 분단을 극대화하는 결과를 낳았다. 노동시장위험에 대처하는 사회정책의 보험기능은 고용보호규제의 기능을 대체하여 엄격한 고용보호규제의 필요성을 줄이고 따라서 기업 단위의 고용보호규제 격차로 인한

18) 일본에서는 임시직 고용보다는 파트타임 고용이 급증하는 양상을 보였다. 노동력이 고령화되면서 평생고용과 연공급에 기반한 체제의 노동비용이 증가하고 국제화의 심화로 기업이 체감하는 부담이 커지자 기업들은 정규직 고용은 보호하면서 파트타임 고용을 증가시키는 전략을 추진하였다. 소득세제와 사회보험 적용도 파트타임 고용에 대한 금전적 인센티브를 높이는 방향으로 작용하였다(Houseman and Osawa, 2003). 반면에 법원의 판례는 기간제 근로자 등의 다른 형태의 비정규직 이용을 제한하는 효과를 가졌다(Kojima and Fujikawa, 2003). 그러나 이러한 변화에도 불구하고 일본에서는 최근에도 장기고용 관계를 유지하려는 기업들이 다수를 차지하고 있다(Kubo, 2008).

노동시장분단 문제를 완화한다. 해고의 사회적 비용에 대한 기업의 부담을 전제한다면 기업 단위 고용보호보다는 실업급여의 확대가 실직에 대처하는 보험기제로서 효과적이고 비정규직 등 취약층에도 유리하다는 점이 강조될 필요가 있다.

이러한 사회정책 확대의 실효성을 증대시키기 위해서는 실업급여와 적극적 노동시장정책 등의 적용대상 확대, 급여개선을 통해 비정규직에 대한 실질적인 보호 수준을 높이는 것이 중요하다. 그간의 경험을 통해 사회정책을 엄격한 보험원리에 따라 운영하는 경우에는 비정규직 등 고용불안정 취약계층에 대해 효과적인 지원을 이루기는 어렵다는 점이 확인되었다. 기여에 경제적 부담을 느끼는 비정규직 근로자, 영세업체 고용주와 취약근로자들을 대상으로 사회보험 가입을 늘리는 것은 성공하기가 어렵다. 이를 해결하기 위해서는 사회보험료 보조를 통한 가입지원 확대, 일반세입에 의거한 지원제도의 확충 대책이 검토되어야 한다.

특히 비정규직의 고용안정을 위해서는 사회보험의 틀을 넘어서 실업급여와 적극적 노동시장정책을 확대하는 방안을 모색하는 것이 필요하다. 현재와 같이 고용보험의 사각지대가 넓고 실업급여 수급률이 낮은 상황에서 일반세입에 의거한 실업부조 제도의 도입이 절실하다. 대다수의 선진 산업국가들은 실업보험이 보편적으로 운영되거나 실업보험과 실업부조를 같이 운영하고 있다. 노동시장 신규진입자나 장기실업자, 자영업자 등 보험 방식의 지원에 접근하는 것이 원천적으로 어려운 집단, 다수의 비정규직 근로자와 같이 실질적으로 보험가입에서 제외된 근로자들이 광범위하게 존재하는 현실에서, 일정한 자산기준에 부합하는 실업자에 대해서 소득과 고용을 지원하는 실업부조 제도의 도입이 추진되어야 한다. 또 고용보험의 틀 안에서 기업 단위의 고용조정을 지원하는 데에 초점을 맞춘 적극적 노동시장정책을 실직자의 취업지원에 초점을 맞춘 제도로 개혁해야 한다.

다음으로 사회정책의 확대가 기업복지의 역할 축소로 이어지도록 해야 한다. 산업화 시기에 기업복지의 발달은 공공복지의 저발달을 보완한다는 점에서 나름의 긍정적인 기능을 하였지만, 근로자 집단 사이에 수혜의 격차라는 큰 문제를 가지고 있다. 사회보험 혜택에 비해 기업복지수혜를 받는 비정규직은 더욱 적고 시간이 지나도 그 격차가 좁혀지지 않는 특징을 가지고 있다. 이러한 점을 고려할 때 앞으로는 공공복지의 확대를 통해 기업복지의 역할을 축소해야 한다. 기업 단위에서 이루어진 퇴직, 교육, 보육, 의료, 주택 부문에서의 지원은 사회정책의 확대를 통해 많은 부분 해소될 수 있는 것들이다. 기존의 기업복지 중 상당 부분은 여전히 기업의 틀 내에서 잔존할 수 있겠지만, 이들 급여에 대해서는 정규직과 비정규직의 차별이 없도록 공적인 시정장치가 강화되어야 할 것이다. 대표적으로 법정퇴직급여 제도에 대한 정비가 요구된다. 2005년 정부는 근로자퇴직급여보장법 입법을 통해 퇴직일시금 대신 퇴직연금제를 실시할 수 있도록 하여 노후소득보장의 기능을 강화하고자 하였다. 그러나 퇴직연금제도 여전히 1년 이상의 근속자를 대상으로 하고 있어 다수의 비정규직은 그 대상에서 제외된다. 따라서 1년 미만의 근속자에 대해서도 제도 적용을 확대하는 방향으로의 개편이 필요하다.

실업급여 등의 사회보호와 적극적 노동시장정책의 역할 확대는 다수의 비정규 근로자들과 중소기업의 취약근로자들의 고용과 소득안정을 높이는 효과를 갖는다. 또 사회정책의 확대는 경직화된 연공급적 임금체계의 개편을 촉진하는 수단이 된다. 연공급 체계의 발전에는 사회보장체계가 미비한 상황에서 가족수당과 같은 복지급여를 임금에 추가할 현실적 필요가 반영된 면이 있다. 따라서 이러한 연공급의 개선은 사회정책의 확대와 함께 가능하다. 더 나아가 사회정책의 확대는 장기적으로는 기업주에게 해고비용의 부담을 높이는 고용보호규제를 완화시키는 효과를 가질 것이다. 이러한 사회정책과 고용보호의 역할 조정은 정규직에 대한 엄격한 고용보호 필요성을 낮추고 고용주가 느끼는 비정규 고용의 금전적 인센티브를 줄여 비정규 고용 문제의 개선에 크게 기여할 것이다.

제6장 결 론

구인회

제6장 결 론

1990년대 이후 한국 사회는 여러 가지 전환을 겪어 왔다. 경제성장의 속도는 떨어지고 해가 갈수록 소득불평등과 빈곤이 악화되는 양상이 지속되고 있다. 이와 함께 출산율이 매우 낮은 수준으로 떨어지고 고령화가 너무 빠른 속도로 진행되고 있다. 이러한 여러 가지 변화에는 다양한 요인들이 관련되어 있지만 그 중심에 노동시장의 변화가 있음이 많이 지적되었다.

지난 20여 년간 노동시장의 변화는 분절화, 이중화라는 개념으로 요약될 수 있다. 1980년대 평균 8.7%에 달했던 경제성장률이 2000년대 4%대 아래로 떨어지면서 고용성장이 정체하였다. 그리고 이와 함께 일자리의 질이 악화되었다. 비교적 양질의 일자리를 제공하는 원천인 제조업 일자리가 크게 줄었다. 1960년대 산업화 이후 제조업 일자리는 빠르게 증가하였고 1989년 최고 수준에 이르러 전체 일자리의 28%를 차지하게 되었다. 그러나 1990년대 이래로는 제조업 일자리가 줄어들기 시작하여 2010년 현재 전체 일자리의 17% 수준으로 떨어졌다(〈그림 6-1〉 참조). 이렇게 줄어든 제조업 일자리는 서비스 분야의 질 낮은 일자리로 대체되었다. 1960년대 중반 30%에 미치지

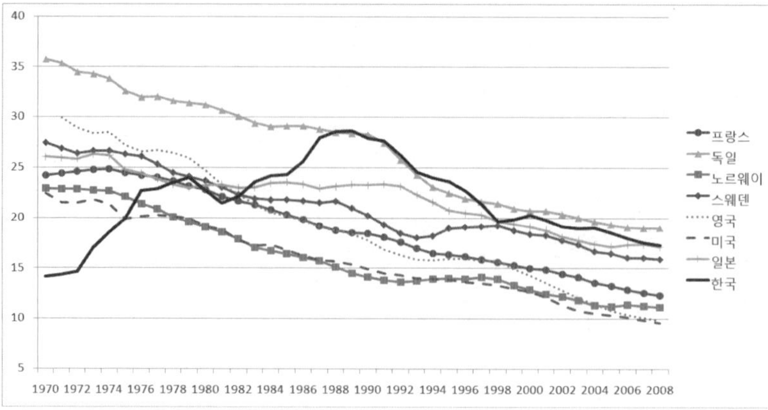

자료: OECD STAN database

〈그림 6-1〉 제조업 고용 비중 변화(%)

못했던 서비스 산업 고용 비중이 2010년에는 전체 피용자의 3분의 2에 달하는 수준으로 늘었다.

일자리의 산업별 분포가 변화함과 동시에 기업규모별 분포도 변화하였다. 1990년대 이래로 소기업에 고용된 근로자들의 수가 크게 증가하고 있다. 500인 이상의 대기업 근로자들의 수는 1993년 약 120만 명에서 2000년까지 감소추세를 보였고 그 이후 다소 증가하여 2010년 120만 명 정도를 유지하고 있다. 반면에 10인에서 29인 사이의 소기업 근로자들은 1993년 약 100만 명에서 2010년 약 180만 명으로 크게 증가하였다. 이러한 기업규모별 고용 증가의 결과, 500인 이상 기업의 근로자 수를 100이라 할 때 10~29인 기업의 근로자 수가 1993년 80% 수준에서 2010년 152% 수준으로 크게 증가하였다(〈그림 6-2〉 참조).

이렇게 서비스 산업과 소기업의 일자리가 양적으로 늘었지만 그

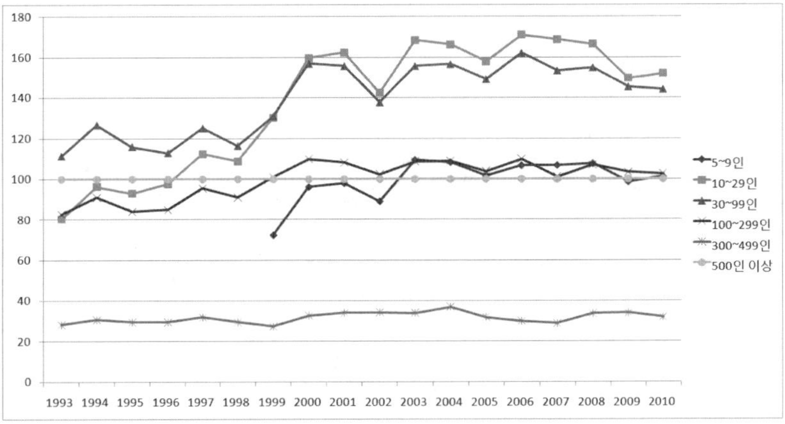

주: 상용근로자 5인 이상 사업체를 대상으로 한 자료이다. 500인 이상 기업의 근로자 수를 100이라 할 때의 값이다.
자료: 임금구조기본통계조사, 고용형태별근로실태조사, 통계청

〈그림 6-2〉 기업규모별 고용 증가

보상수준은 과거에 비해 훨씬 나빠졌다. 서비스 산업 근로자들의 평균 임금은 1980년대 초 제조업 평균 임금과 거의 비슷한 수준이었다. 그런데 2000년대 후반에는 제조업 평균 임금의 60%에도 미치지 못하는 수준으로 떨어졌다(〈그림 6-3〉 참조). 10~29인의 소기업 근로자들의 평균 임금도 비슷한 추이를 보인다. 1980년대 초 이들의 임금은 500인 이상 대기업 근로자들 평균 임금의 90%를 넘는 수준이었지만 1980년대 말부터 급속하게 떨어져 2006년 60% 수준으로 낮아졌다(〈그림 6-4〉 참조).

이러한 노동시장 변화와 함께 비정규직 고용의 급증이 일어났다. 한국에서의 비정규직은 증가가 너무 빠르고 규모도 너무 커서 사회양극화의 주범으로 지목되는 등 서구의 경우보다 더욱 심각한 우려가 제기되고 있는 게 현실이다. 우리나라의 비정규 근로자 규모는 1990

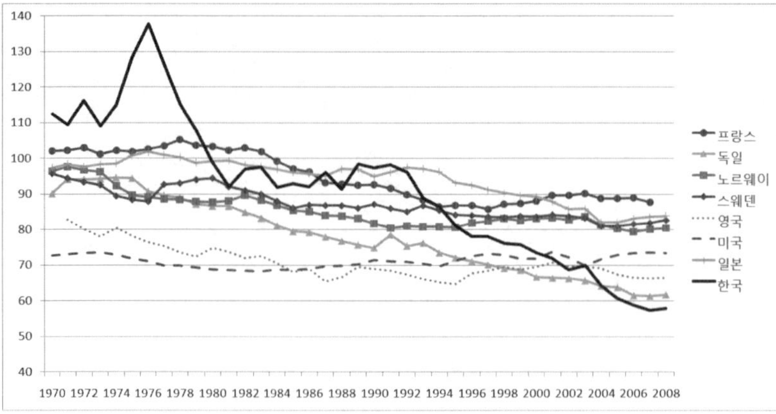

주: 제조업의 임금을 100이라 할 때 서비스업의 임금을 의미한다.
자료: OECD STAN database

〈그림 6-3〉 제조업 대비 서비스업 임금 비율(%)

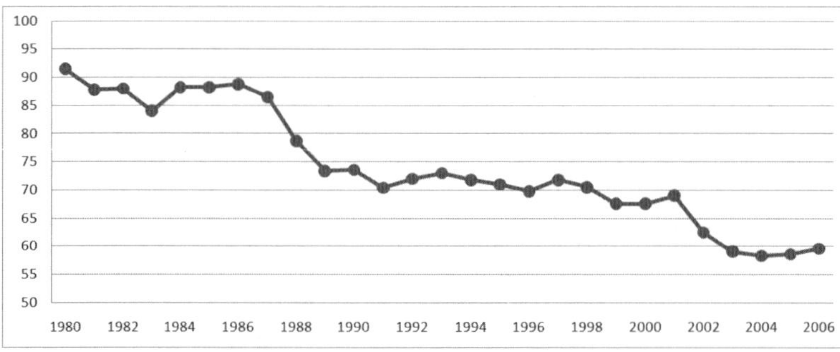

주: 기업규모 간 임금격차=10~29인 사업체 임금 수준 / 500인 이상 사업체 임금 수준
자료: 노동부, 매월노동통계조사보고서, 이병희(2008)에서 인용

〈그림 6-4〉 기업규모 간 임금격차(%)

년대 후반부터 급증하였다. 2장의 비정규직의 실태 분석에서 보여주듯이, 우리나라 비정규직 규모는 2004년 37%로 최고 수준에 달한 후 다소 감소하여 2008년 이후로는 34%를 전후한 수준에서 머무르고 있다. 현재 임금근로자 3명 중에 1명은 비정규직인 것이다. 우리

나라에서는 비정규직 중 기간제 등의 한시적 근로자 비중이 크고 반대로 시간제 근로자 비중은 작은 양상을 보인다. 또 여성과 고령자의 비중이 크고 농어업과 서비스업, 소규모 기업에서 비정규직 고용이 큰 비중을 차지한다.

2장에서 제시한 비정규직 실태의 국제비교를 임시직 중심으로 보면, 국가별 양상을 파악할 수 있어 그 속에서 한국의 지위와 특성을 짐작할 수 있다. 영미권 국가들은 임시직 비율이 낮을 뿐만 아니라 1980년대 이후 시간적 변화도 뚜렷하지 않았다. 유럽대륙 국가들과 북유럽 국가들은 중간 수준의 임시직 비율을 나타내는데, 이 중 유럽대륙 국가들은 점진적 증가추세를 보였다. 남유럽 국가들은 임시직 비율이 높고 빠르게 증가해 왔다. 이러한 임시직 고용은 정규직에 비해 임금과 복지급여 수준이 낮고 실업이나 비경제활동상태로 이동할 가능성이 높으며, 일자리에 대한 만족도가 낮아 고용의 질이 낮았다. 하지만 임시직 고용의 질에서도 국가 간 차이가 크게 나타나는데, 대체로 임시직 규모가 큰 남유럽 국가들이 임시직 고용의 질도 낮은 경향을 보인다. 한국은 스페인과 함께 임시직 규모가 가장 큰 나라로 1990년대 후반 이후 비교적 단기간에 아주 빠른 증가를 보였다. 한국의 경우 직접적인 비교는 쉽지 않지만, 비정규직 전반적으로 고용의 질이 매우 낮은 편에 속한 것으로 보인다. 2000년대 후반부터 비정규직 규모는 정체상태를 보이고 있으나 임금 수준 등 고용의 질은 시간이 갈수록 악화되는 양상을 보여 우려스럽다.

본 연구에서는 이러한 실태에 대한 진단을 기초로 우리나라 비정규직 고용 증가의 원인을 탐색하고자 했다. 서구에서의 그간 논의는 주로 고용보호규제에 집중되었고 비정규직 고용 증가를 초래한 요인으로 정규직과 비정규직 사이의 고용보호 격차에 주목하였다. 그러나 본 연구에서는 고용보호 격차만으로는 국제적인 기준에서 보아 매우 높은 우리나라 비정규직 비율을 설명하기 어렵다는 점을 강조하였다. 대신 고용주의 비정규직 고용 인센티브를 보다 폭 넓은 의미의 고용비용에서 나타나는 정규직과 비정규직의 격차로 설명하고자 하였다. 여기에는 연공급으로 특징지어지는 임금상의 격차가 포함되고 아울러 기업의 부가적 복지급여, 사회보험 기여금 등도 포함된다. 우리나라의 경우 기업 단위의 임금교섭과 연공급체계, 기업복지 의존의 특징으로 인해 정규직과 비정규직의 고용비용 격차는 매우 크고 이러한 차이가 비정규직 증가를 설명하는 데 중요할 수 있다. 아울러 실업급여와 적극적 노동시장정책 등의 사회정책이 비정규 고용의 양과 질에 영향을 미치는 주요한 요인으로 검토될 필요를 제기하였다.

3장에서는 다변인 분석을 통해 정규직과 비정규직의 고용비용 격차가 비정규직 고용 증가에 영향을 미치고 있다는 증거를 제시하고 있다. 우선, 지난 10여 년간 고용형태상의 비정규직의 증가는 주로 중소기업의 서비스업, 판매서비스와 단순직 중심으로 증가하였으며, 제조업 대기업의 생산직 중심으로는 감소하였음을 보여준다. 그리고 비정규직 규모에 미치는 요인을 규명하기 위해서 사업체 비정규직 비율에 미치는 다양한 요인의 영향을 토빗 분석을 통해 추정하였다. 분석 결과, 우선 정규직과 비정규직 사이의 사회보험가입률 차이가 비정규직 비율에 영향을 미치는 것으로 분석되었다. 이러한 효과는 비정규직 유형 중 간접고용에서 확인되었고, 또 사업체 규모별로 보면 30인 미만 규모 사업체에서 강하게 나타났다. 또 정규직과 비정규직 사이의 임금격차는 오히려 중소기업보다는 대기업에 대해서 더 유의하게 작용하는 것으로 분석되었다. 그러나 부가급여혜택의 정규직과 비정규직의 차이는 비정규직 비율에 유의한 영향을 주지 않는 것으로 분석되었다.

본 연구에서 강조하는 정규직과 비정규직의 고용비용 격차는 비정규 고용의 양을 증가시키는 영향을 미칠 뿐만 아니라 비정규 고용의 질에도 영향을 미칠 것이다. 정규직 고용비용이 클수록 고용주들은 비용절감의 동기에서 비정규 고용을 증가시키려 할 것이고 결과적으로 비정규 고용에서 제공되는 임금과 복지급여 등은 낮은 수준을 면하기 어려울 것이다. 그런데 정규직 근로와 비정규직 근로에서 나타나는 모든 보상의 차이가 고용형태의 차이로 발생한 것으로 볼 수는 없다. 비정규 근로자의 숙련도나 생산성이 정규직 근로자에 비해 낮을 수 있고 이것이 임금 등의 보상 차이를 초래할 수 있기 때문이다. 본 연구에서는 정규직과 비정규직 보상 차이 중 고용형태로 인한 차이를 구분하고 이러한 비정규직 고용의 낮은 질이 근로자 당사자 삶의 질은 물론 해당 근로자 가족의 빈곤에 미치는 영향을 분석하고자 했다.

4장에서는 비정규직 증가가 빈곤 등의 소득분배 문제에 미치는 영향을 살펴보았다. 비정규직 근로자와 정규직 근로자 사이에는 임금 등에서 보상의 차이가 존재하고 이것이 비정규 근로자의 빈곤위험을 높이고 소득불평등을 심화시키는 것으로 알려져 왔다. 분석결과, 비정규직 근로자의 빈곤율은 정규직에 비해 2배 정도 높게 나타났으며, 비정규직 중에서는 비전형 근로자의 빈곤율이 20.7%로 가장 높았다. 또 4장의 분석에서는 연령대별 임금격차의 차이와 임금 차별로 인한 상대임금 변화 등을 살펴보았다. 그 결과 청년층과 중고령층 비정규직의 임금격차와 차별이 주요하게 발견되었으며, 이 중 중고령층의 임금격차는 우리나라 연공급제의 특성을 반영한 것으로 해석되었다.

5장에서는 국제비교적 시각에서 비정규 고용과 고용보호, 사회정책의 관계를 분석하고 우리나라의 비정규 고용 관련 요인을 검토하였다. 우선 1980년대 이후 선진 각국의 고용보호규제와 임시직 고용의 관계 분석을 통해 정규직 보호규제를 유지한 상태에서 임시직 고용보호규제를 완화한 노동시장 유연화 추세가 임시직 증가와 밀접하게 관련되어 있음을 확인하였다. 이는 국제비교 수준에서는 정규직과 비정규직 고용보호 격차가 비정규직 증가를 설명하는 중요 요인일 수 있음을 보여주는 것이다. 또한 실업급여, 적극적 노동시장정책 등의 사회정책이 비정규 고용의 양과 질과 관련된다는 증거를 확인할 수 있었다.

그리고 고용보호와 사회정책의 결합 유형별로 비정규직 양상에서 어떠한 차이가 나타나는지를 검토하였다. 고용보호가 미약하고 시장 지향적 사회정책이 결합된 영미계열의 자유주의형, 실업급여와 적극적 노동시장정책 등의 사회정책이 매우 발달하여 고용보호에 대한 의존도가 비교적 낮은 북구 사회민주주의형, 비교적 엄격한 고용보호와 실업급여 등의 사회정책을 결합한 유럽대륙의 보수주의 유형, 사회정책 발달 수준이 낮고 매우 엄격한 고용보호를 유지하는 남유럽형, 그리고 고용안정에서 기업 단위에서의 역할이 크고 사회정책이 미발달한 한국, 일본 등 동아시아 유형에서 임시직 고용 규모와 질에 상당한 차이가 나타남을 확인하였다. 자유주의체제에서는 전반적인 탈규제로 비정규 고용이 큰 문제가 되지 않고, 사회정책이 발달한 북구와 유럽대륙, 고용보호 관행과 숙련형성이 유기적으로 결합한 일본에서는 비정규직 고용에 대해 일정 수준의 통제가 이루어지는 것으로 보인다. 그러나 사회정책의 발달 수준이 낮고 고용보호규제가 엄격한 남유럽 국가, 엄격한 고용보호규제 중심으로 기업 단위에서 고용안정을 추구한 한국 등에서 비정규직 고용의 규모가 매우 크고 고용의 질은 매우 나쁜 상태로 나타났다.

한국의 경우 산업화 기간 일본과 유사하게 고용보호, 연공급, 기업복지를 축으로 기업 단위에서의 장기적 고용관계를 추구하여 온 것으로 보이지만, 1990년대 이후 비정규직 증가 등 다양한 노동시장 분절현상이 심화되고 있다. 한국에서 임시직 근로의 증가는 고용보호규제만이 아니라 정규직과 비정규직의 노동비용 격차와도 깊은 관련을 갖는 것으로 보인다. 기업의 지불능력과 노조의 교섭력에 의해 전적으로 결정되는 기업 단위의 분산된 임금교섭과 숙련과의 관련이 떨어지는 연공 중심의 임금체계, 기업복지제도로 인해 정규직 근로자의 노동비용이 경직적으로 상승하여 비정규직 증가 등 고용구조의 왜곡이 나타난 것으로 보인다. 더욱이 실업급여와 적극적 노동시장정책 등의 사회정책의 발달 수준이 낮아 이러한 노동시장의 왜곡을 완충하는 역할을 수행하지 못하고 있다.

우리나라 노동시장 유연화 및 비정규직 증대와 대응한 사회정책의 방향을 둘러싸고 기업내부노동시장의 재강화, 영미식 탈규제와 유연화, 사회적 노동시장의 구축의 세 가지 대안이 논의되어 왔다. 특히 사회적 범위에서의 교섭과 협약을 통한 고용문제 해결, 연대임금정책, 관대한 사회보호를 전제로 한 유연안정성을 추구하는 사회적 노동시장론이 유력한 대안으로 검토의 대상이 되었다. 그러나 사회적 노동시장론에서 내세우는 보편적 복지국가 발전, 사회적 범위에서의 임금과 고용문제 조정 등이 한국에서 노동시장 유연화에 대처하는 현실적인 방안이 될 수 있는지 의문이다.

산업화 기간 복지급여가 기업중심으로 제공되고 임금교섭 또한 기업 단위로 결정되어 온 한국의 현실에서 고용유연성 확대로 인한 부작용을 북구식의 사회정책 확대와 산업적·전국적 협력과 조정으로 보완할 수 있다는 생각은 현실적이지 못하다. 지난 10여 년 간 이루어진 복지개혁은 산업화 시기와 비교할 때 커다란 진전을 이루었다. 이러한 진전은 과거 권위주의 정부 하에서 관료 중심으로 이루어지던 사회정책의 결정과정이 민주화 이후 정당 간 경쟁의 영향력이 커지는 방향으로 개편된 데에 기인한 바 크다. 그러나 한국에서 새로 등장한 정당 간 선거경쟁은 우파의 보수정당과 중도좌파의 양대 정당이 지배하는 다수주의제도(majoritarian system) 속에서 이루어지고 있다. 이러한 양상은 중산계층 정당이 사회민주주의 좌파 정당과 연합을 이루어 온 유럽식 다당제 하의 비례대표제도와는 큰 차이가 있는 것으로 유럽식 복지국가로의 급진적 전환을 어렵게 하고 있다(Iversen and Soskice, 2006). 또 노동조합도 기업 단위의 교섭에 밀착된 이해관계를 가진 기업별 노조의 전통이 강해 산업별 연대의 확보를 어렵게 하고 있다. 이러한 사회적·정치적 환경에서 사회정책을 사회민주주의적으로 전환한다는 것은 비현실적일 뿐만 아니라 성과를 거두기도 어렵다.

우리나라 사회정책의 방향을 논의하기 위해서는 먼저 한국은 일본과 같이 기업 단위의 고용안정 역할이 크고 사회정책의 발달 수준이 낮다는 점에서 서구와 중요한 차이가 있다는 점을 인정할 필요가 있다. 일본의 경험을 참고하여 현재의 경직적인 연공급 체계를 합리화하고 숙련형성체계를 정비하여 기업내부노동시장의 효율을 높이는 방향으로 기업 단위의 고용보호체제를 합리적으로 개혁하는 노력이 우선되어야 한다. 이를 위해서는 사회적 임금조정을 통한 산업별, 기업규모별 임금격차를 완화하는 노력도 중요하다.

그런데 기업내부노동시장 정비와 사회적 임금조정을 위한 노력은 대기업을 중심으로 일부 효과를 가질 수 있으나 비정규직과 중소기업 취약근로자층에서는 당장 커다란 효과를 기대하기는 어렵다. 따라서 근로자 전체의 고용과 소득안정을 효과적으로 이루기 위해서 기업 단위 고용보호규제의 역할보다는 사회정책의 역할을 크게 확대하는 대책을 세워야 한다. 공공복지의 확장을 통해 사회정책을 강화하여 기업 중심으로 편성되어 있는 복지급여를 대체하여야 한다. 고용보호와 연공급을 개선하여 기업 단위의 고용보호를 합리적으로 개선하는 노력을 지속하되, 기업 중심으로 제공되던 고용보호와 복지급여가 담당하던 역할의 상당부분을 사회정책으로 대체하는 것이 필요한 것이다. 실업급여 등의 사회보호와 적극적 노동시장정책의 역할 확대를 통해 이들의 고용안정을 높이는 노력이 필수적이다.

부 표

〈부표 2-1〉 경제활동인구의 종사상지위 추이 (단위: 천 명)

	계	비임금근로자				임금근로자			
		소계	고용원이 있는 자영업자	고용원이 없는 자영업자	무급가족 종사자	소계	상용직	임시직	일용직
1991	18,649	6,950	1,291	3,686	1,974	11,699	6,497	3,362	1,840
1992	19,009	7,099	1,370	3,801	1,928	11,910	6,838	3,300	1,772
1993	19,234	7,291	1,364	3,895	2,032	11,944	7,033	3,193	1,718
1994	19,848	7,370	1,463	3,913	1,994	12,479	7,225	3,475	1,779
1995	20,414	7,515	1,520	4,049	1,946	12,899	7,499	3,598	1,802
1996	20,853	7,653	1,605	4,105	1,943	13,200	7,499	3,907	1,794
1997	21,214	7,810	1,639	4,262	1,908	13,404	7,282	4,236	1,886
1998	19,938	7,641	1,392	4,225	2,025	12,296	6,534	4,042	1,720
1999	20,291	7,628	1,351	4,351	1,925	12,663	6,135	4,255	2,274
2000	21,156	7,795	1,458	4,407	1,931	13,360	6,395	4,608	2,357
2001	21,572	7,913	1,554	4,497	1,863	13,659	6,714	4,726	2,218
2002	22,169	7,988	1,617	4,574	1,797	14,181	6,862	4,886	2,433
2003	22,139	7,736	1,629	4,413	1,694	14,402	7,269	5,004	2,130
2004	22,557	7,663	1,679	4,431	1,553	14,894	7,625	5,082	2,188
2005	22,856	7,671	1,664	4,508	1,499	15,185	7,917	5,056	2,212
2006	23,151	7,600	1,632	4,503	1,466	15,551	8,204	5,143	2,204
2007	23,433	7,463	1,562	4,487	1,413	15,970	8,620	5,172	2,178
2008	23,577	7,371	1,527	4,443	1,401	16,206	9,007	5,079	2,121
2009	23,506	7,052	1,517	4,194	1,341	16,454	9,390	5,101	1,963
2010	23,829	6,858	1,499	4,093	1,266	16,971	10,086	5,068	1,817
2011	24,244	6,847	1,505	4,088	1,254	17,397	10,661	4,990	1,746

자료: 경제활동인구연보, 각년도

〈부표 4-1〉 연령 집단별 정규직과 비정규직의 로그시간당 임금함수(전체)

		전체(n=4164)		정규직(n=3434)		비정규직(n=730)	
		b	se	b	se	b	se
비정규직(기준: 정규직)		-.092***	.020	-	-	-	-
남성(기준: 여성)		-.215***	.020	-.231***	.022	-.153**	.054
연령(세)		.045***	.006	.039***	.007	.071***	.014
연령제곱		.000***	.000	.000***	.000	-.001***	.000
교육수준(년)		.046***	.003	.045***	.004	.047***	.009
주관적건강상태(0-4점)		.050***	.011	.057***	.012	.027	.025
가구주(기준: 비가구주)		.101***	.020	.082***	.021	.179***	.055
혼인 상태 (기준: 기혼 유배우)	미혼	-.060*	.026	-.098***	.027	.113	.074
	기혼무배우	-.120***	.032	-.167***	.037	-.043	.069
6세 미만 자녀유(기준:무)		.052*	.024	.027	.025	.165*	.075
근속기간(월)		.002***	.000	.002***	.000	.002	.001
근속기간제곱		.000	.000	.000*	.000	.000	.000
사업장 규모 (기준: 100-299명)	1-4명	-.222***	.032	-.227***	.034	-.224**	.087
	5-29명	-.144***	.028	-.127***	.029	-.235**	.084
	30-99명	-.012	.030	-.016	.031	.019	.091
	300명 이상	.137***	.029	.164***	.030	-.024	.088
노조가입(기준: 미가입)		.032	.027	.022	.028	-.051	.124
지역 (기준: 서울)	광역시	-.153***	.020	-.175***	.021	-.093	.053
	도지역	-.122***	.018	-.142***	.019	-.035	.044

산업 (기준: 제조업)	전기가스및수도환경복원업, 건설업	-.239***	.030	-.219***	.034	-.368***	.068
	도소매, 숙박및음식점업	-.203***	.034	-.164***	.040	-.338***	.071
	운수, 통신업	-.331***	.096	-.269*	.105	-.708**	.239
	금융및보험, 부동산임대업	-.138***	.043	-.118**	.046	-.271*	.116
	교육서비스, 보건및사회복지사업	-.285***	.028	-.251***	.029	-.513***	.087
	기술및사업서비스, 여가서비스, 개인서비스 등	-.254***	.024	-.227***	.026	-.397***	.063
	기타[1]	.155***	.029	.163***	.029	.267	.140
업종 (기준: 사무종사자)	관리자, 전문가 및관련종사자	-.090*	.037	-.103**	.039	.073	.124
	기술공및준전문가	.031	.032	.012	.033	.238	.125
	서비스종사자	.057	.036	.065	.038	.110	.121
	판매종사자	-.072*	.032	-.073*	.034	.037	.104
	기능업및관련기능, 장치기계조작및조립종사자	-.010	.028	-.032	.029	.143	.101
	단순노무자	-.058	.041	-.070	.043	.063	.147
	기타[2]	.016	.031	.009	.033	.123	.107
상수		-1.628***	.148	-1.460***	.165	-2.425***	.373
F		136.65***		114.02***		16.92***	
R^2		.5220		.5176		.4371	

기타[1]: 농어업, 광업, 공공행정국방및사회보장행정, 자가소비생산활동, 국제및외국기관
기타[2]: 농림어업숙련종사자, 기타
*** p<0.001, ** p<0.01, * p<0.05

〈부표 4-2〉 연령 집단별 정규직과 비정규직의 로그시간당 임금함수(청년층)

		전체(n=809)		정규직(n=687)		비정규직(n=122)	
		b	se	b	se	b	se
비정규직(기준: 정규직)		.98**	.038	-	-	-	-
남성(기준: 여성)		-.062*	.030	-.083**	.031	.125	.104
연령(세)		.216**	.083	.147	.098	.440	.234
연령제곱		-.004*	.002	-.002	.002	-.008	.005
교육수준(년)		.039***	.008	.033***	.009	.070*	.034
주관적건강상태(0-4점)		.019	.020	.031	.021	-.112	.074
가구주(기준: 비가구주)		.077*	.030	.047	.030	.273*	.133
혼인 상태 (기준: 기혼 유배우)	미혼	-.037	.050	-.071	.050	.308	.251
	기혼무배우	-.008	.184	-.058	.201	-.138	.517
6세 미만 자녀유(기준: 무)		-.042	.065	-.041	.066	.093	.273
근속기간(월)		.004**	.002	.005**	.002	.005	.007
근속기간제곱		.000	.000	.000*	.000	.000	.000
사업장 규모 (기준: 100-299명)	1-4명	-.310***	.054	-.325***	.055	-.037	.272
	5-29명	-.187***	.046	-.190***	.045	.083	.273
	30-99명	-.039	.051	-.056	.049	.330	.291
	300명 이상	.073	.048	.092*	.046	.112	.284
노조가입(기준: 미가입)		.172***	.050	.167***	.047	-	-
지역 (기준: 서울)	광역시	-.132***	.033	-.126***	.033	-.148	.123
	도지역	-.105***	.031	-.115***	.031	.088	.122
산업	전기가스및수도환경복원업, 건설업	-.153**	.049	-.164**	.053	-.068	.154

(기준: 제조업)	도소매, 숙박및음식점업	-.053	.055	-.046	.059	-.079	.168
	운수, 통신업	-.192	.227	-.194	.212	-	-
	금융및보험, 부동산임대업	-.103	.097	-.133	.094	.423	.642
	교육서비스, 보건및사회복지사업	-.118*	.057	-.133*	.055	.049	.336
	기술및사업서비스, 여가서비스, 개인서비스 등	-.116*	.047	-.117*	.048	-.063	.171
	기타[1)]	.121**	.044	.118**	.042	.498	.265
업종 (기준: 사무종사자)	관리자, 전문가 및관련종사자	-.036	.073	-.004	.071	-.202	.367
	기술공및준전문가	-.045	.059	-.005	.057	-.651	.325
	서비스종사자	-.016	.074	.000	.074	-.200	.340
	판매종사자	-.126*	.056	-.110	.057	-.215	.246
	기능업및관련기능, 장치기계조작및조립종사자	-.046	.047	-.038	.046	-.165	.236
	단순노무자	-.118	.073	-.124	.071	.022	.413
	기타[2)]	-.007	.057	-.015	.055	.131	.315
상수		-3.712***	1.034	-2.776*	1.229	-7.312**	2.794
F		19.94***		16.66***		2.45*	
R^2		.4465		.4491		.4468	

기타[1)]: 농어업, 광업, 공공행정국방및사회보장행정, 자가소비생산활동, 국제및외국기관

기타[2)]: 농림어업숙련종사자, 기타

*** $p<0.001$, ** $p<0.01$, * $p<0.05$

〈부표 4-3〉 연령 집단별 정규직과 비정규직의 로그시간당 임금함수(장년층)

		전체(n=2010)		정규직(n=1721)		비정규직(n=289)	
		b	se	b	se	b	se
비정규직(기준: 정규직)		-.067*	.033	-	-	-	-
남성(기준: 여성)		-.250***	.033	-.265***	.035	-.173	.099
연령(세)		.012	.051	.012	.054	.194	.159
연령제곱		.000	.001	.000	.001	-.002	.002
교육수준(년)		.056***	.006	.050***	.006	.067***	.018
주관적건강상태(0-4점)		.032	.017	.037*	.018	-.009	.047
가구주(기준: 비가구주)		.063*	.030	.047	.031	.185	.094
혼인 상태 (기준: 기혼 유배우)	미혼	-.109***	.033	-.130***	.035	-.021	.097
	기혼무배우	-.108	.063	-.084	.072	-.121	.150
6세 미만 자녀유(기준: 무)		.046	.030	.032	.031	.107	.102
근속기간(월)		.002***	.001	.002**	.001	.000	.002
근속기간제곱		.000	.000	.000	.000	.000*	.000
사업장 규모 (기준: 100-299명)	1-4명	-.232***	.051	-.255***	.054	-.294	.159
	5-29명	-.150***	.044	-.120**	.047	-.396**	.152
	30-99명	-.034	.047	-.043	.048	-.041	.163
	300명 이상	.093*	.045	.122**	.047	-.129	.155
노조가입(기준: 미가입)		.015	.041	.022	.042	-.239	.204
지역 (기준: 서울)	광역시	-.209***	.031	-.233***	.032	-.167	.102
	도지역	-.164***	.027	-.183***	.029	-.117	.079

산업 (기준: 제조업)	전기가스및수도환경복원업, 건설업	-.259***	.051	-.262***	.056	-.251*	.127
	도소매, 숙박및음식점업	-.207***	.054	-.174**	.063	-.237	.123
	운수, 통신업	-.393*	.187	-.387*	.182	-	-
	금융및보험, 부동산임대업	-.072	.069	-.019	.072	-.273	.213
	교육서비스, 보건및사회복지 사업	-.216***	.044	-.209***	.046	-.262	.141
	기술및사업서비스, 여가서비스, 개인서비스 등	-.201***	.038	-.176***	.039	-.298*	.123
	기타[1)]	.139***	.041	.156***	.041	.127	.244
업종 (기준: 사무종사자)	관리자, 전문가 및관련종사자	-.060	.061	-.053	.062	-.225	.264
	기술공및준전문가	.067	.048	.044	.048	.210	.203
	서비스종사자	.044	.056	.039	.057	-.072	.209
	판매종사자	-.030	.047	-.032	.049	-.063	.174
	기능업및관련기능, 장칙기계조작및조립종사자	.060	.041	.031	.042	.177	.168
	단순노무자	-.062	.062	-.060	.064	-.103	.227
	기타[2)]	.096*	.048	.098*	.049	.052	.179
상수		-.964	.944	-.835	.996	-4.548	2.998
F		48.06***		40.17***		7.66***	
R^2		-.4452		.4323		.4802	

기타[1)]: 농어업, 광업, 공공행정국방및사회보장행정, 자가소비생산활동, 국제및외국기관
기타[2)]: 농림어업숙련종사자, 기타
*** p<0.001, ** p<0.01, * p<0.05

〈부표 4-4〉 연령 집단별 정규직과 비정규직의 로그시간당 임금함수(중년층)

		전체(n=923)		정규직(n=721)		비정규직(n=202)	
		b	se	b	se	b	se
비정규직(기준: 정규직)		-.089*	.041	-	-	-	-
남성(기준: 여성)		-.355***	.066	-.363***	.075	-.179	.139
연령(세)		-.312	.207	-.508*	.227	.537	.473
연령제곱		.003	.002	.005*	.002	-.005	.005
교육수준(년)		.036***	.006	.035***	.007	.040**	.015
주관적건강상태(0-4점)		.069**	.022	.064*	.026	.074	.042
가구주(기준: 비가구주)		.097	.065	.096	.074	.097	.136
혼인 상태 (기준: 기혼 유배우)	미혼	.076	.097	-.097	.104	1.144***	.257
	기혼무배우	-.054	.061	-.136	.072	.076	.112
6세 미만 자녀유(기준: 무)		-.086	.113	-.196	.121	.335	.292
근속기간(월)		.003***	.001	.003***	.001	-.001	.001
근속기간제곱		.000	.000	.000**	.000	.000*	.000
사업장 규모 (기준: 100-299명)	1-4명	-.127	.068	-.122	.076	-.153	.166
	5-29명	-.129*	.059	-.104	.064	-.132	.155
	30-99명	.053	.065	.078	.070	.059	.165
	300명 이상	.206***	.064	.279***	.069	.019	.162
노조가입(기준: 미가입)		-.025	.057	-.063	.059	-.010	.224
지역 (기준: 서울)	광역시	-.103*	.043	-.137**	.049	.036	.097
	도지역	-.078*	.039	-.099*	.045	.004	.075
산업 (기준: 제조업)	전기가스및수도환경복원업, 건설업	-.209***	.062	-.205**	.072	-.294*	.125

	도소매, 숙박및음식점업	-.201**	.075	-.139	.093	-.336**	.127
	운수, 통신업	-.146	.202	-.086	.230	-.359	.388
	금융및보험, 부동산임대업	-.223**	.082	-.212*	.089	-.239	.186
	교육서비스, 보건및사회복지사업	-.377***	.055	-.315***	.058	-.582***	.166
	기술및사업서비스, 여가서비스, 개인서비스 등	-.257***	.050	-.209***	.056	-.367***	.109
	기타[1)]	.185*	.077	.207**	.076	-	-
업종 (기준: 사무종사자)	관리자, 전문가 및관련종사자	-.131	.072	-.205**	.078	.325	.192
	기술공및준전문가	-.007	.067	-.070	.070	.608**	.235
	서비스종사자	.014	.076	.019	.081	.329	.217
	판매종사자	-.113	.074	-.131	.083	.245	.194
	기능업및관련기능, 장치기계조작및조립종사자	-.072	.065	-.127	.069	.251	.192
	단순노무자	.002	.091	-.012	.096	.485	.290
	기타[2)]	.020	.067	-.004	.072	.324	.193
상수		6.975	5.088	11.941*	5.580	-14.847	11.591
F		44.21***		38.25***		5.97***	
R^2		.6214		.6402		.5212	

기타[1)]: 농어업, 광업, 공공행정국방및사회보장행정, 자가소비생산활동, 국제및외국기관
기타[2)]: 농림어업숙련종사자, 기타
*** $p<0.001$, ** $p<0.01$, * $p<0.05$

〈부표 4-5〉 연령 집단별 정규직과 비정규직의 로그시간당 임금함수(중고령층)

		전체(n=422)		정규직(n=305)		비정규직(n=117)	
		b	se	b	se	b	se
비정규직(기준: 정규직)		.070	.057	-	-	-	-
남성(기준: 여성)		-.347***	.095	-.348**	.127	-.299	.176
연령(세)		-.409	.413	-.466	.511	.051	.832
연령제곱		.003	.003	.004	.004	-.001	.007
교육수준(년)		.033***	.008	.036***	.010	.016	.017
주관적건강상태(0-4점)		.094**	.032	.116**	.044	.010	.054
가구주(기준: 비가구주)		-.066	.101	-.039	.142	-.051	.155
혼인 상태 (기준: 기혼 유배우)	미혼	.152	.263	-.015	.356	.191	.494
	기혼무배우	-.055	.081	-.158	.108	.055	.150
6세 미만 자녀유(기준: 무)		-.312	.532	.362	.947	-.607	.627
근속기간(월)		.002*	.001	.003**	.001	-.002	.002
근속기간제곱		.000	.000	.000	.000	.000	.000
사업장 규모 (기준: 100-299명)	1-4명	-.321***	.098	-.305*	.126	-.409*	.195
	5-29명	-.165	.088	-.178	.106	-.202	.195
	30-99명	-.068	.093	-.021	.112	-.207	.199
	300명 이상	.238*	.100	.271*	.121	-.009	.214
노조가입(기준: 미가입)		-.045	.103	-.083	.118	.012	.278
지역 (기준: 서울)	광역시	-.045	.066	-.047	.082	-.003	.122
	도지역	-.058	.060	-.074	.074	.023	.126

산업 (기준: 제조업)	전기가스및수도환경복원업, 건설업	-.311**	.107	-.134	.138	-.767***	.193
	도소매, 숙박및음식점업	-.405**	.156	-.294	.214	-.631*	.268
	운수, 통신업	-.567**	.187	-.261	.251	-1.267***	.354
	금융및보험, 부동산임대업	-.431***	.122	-.360*	.145	-.592*	.264
	교육서비스, 보건및사회복지사업	-.535***	.105	-.406***	.126	-.990***	.237
	기술및사업서비스, 여가서비스, 개인서비스 등	-.554***	.082	-.463***	.102	-.797***	.163
	기타[1]	.188	.134	.202	.158	-.023	.293
업종 (기준: 사무종사자)	관리자, 전문가 및관련종사자	-.296*	.131	-.294*	.145	-.685	.433
	기술공및준전문가	.011	.127	.022	.139	-.250	.426
	서비스종사자	.076	.121	.142	.136	-.517	.381
	판매종사자	-.192	.122	-.145	.148	-.710	.379
	기능업및관련기능, 장치기계조작및조립종사자	-.173	.107	-.122	.124	-.750*	.359
	단순노무자	-.381*	.162	-.303	.188	-.845	.467
	기타[2]	-.337**	.121	-.382**	.146	-.667	.369
상수		12.706	12.186	14.237	15.047	.138	24.661
F		18.84***		13.84***		4.35***	
R^2		.6157		.6196		.6238	

기타[1]: 농어업, 광업, 공공행정국방및사회보장행정, 자가소비생산활동, 국제및외국기관
기타[2]: 농림어업숙련종사자, 기타
*** $p<0.001$, ** $p<0.01$, * $p<0.05$

| 참고문헌 |

고용노동부. 2006. 비정규직 보호 법률 해설. 고용노동부 근로기준국 비정규직대책팀.

고용노동부. 2010. 정년 및 임금피크제 도입현황과 과제. 제2차 베이붐세대 고용대책위 자료.

구인회 · 백학영. 2008. "사회보장의 사각지대: 실태와 영향요인". 사회보장연구, 24(1): 175-204.

권혜자. 2012. "최근 중고령 노동시장의 변화와 특징". 노동리뷰, 90: 17-28.

금재호. 2012. "사업체규모로 살펴본 비정규직 근로자". 노동리뷰, 83: 35-56.

금재호. 2013. "청년의 고용불안과 재취업". 노동리뷰, 97: 66-82.

금재호 · 조준모. 2001. "외환위기 전후의 노동시장 불안정성에 대한 연구". 노동경제논집, 24 (1): 35-66.

김대일. 2009. "비정규직 고용형태의 유발요인: 공급 및 수요 측면". 유경준 편. 비정규직 문제 종합 연구. 한국개발연구원. pp.67-112.

김복순. 2006. "근로자의 고용형태별 임금격차". 노동리뷰, 15 : 64-74.

김선애 · 김진영. 2011. "데이터 매칭을 이용한 비정규직의 임금격차 분석". 노동경제논집, 34(2): 53-77.

김성훈. 2009. "직종별 비정규 고용에 관한 연구". 사회과학연구, 20(2): 1-20.

김영미 · 한준. 2008. "내부노동시장의 해체인가 축소인가". 한국사회학, 42(7): 111-145.

김용성. 2009. "비정규직의 이동성에 관한 연구". 유경준 편. 비정규직 문제 종합 연구. 한국개발연구원. pp.185-220.

김우영 · 권현지. 2008. "비정규 일자리 결정의 동태성과 성별 비정규직 비중의 격차분석". 여성연구, 74(1): 5-43.

김유선. 2003a. "기업의 비정규직 사용 결정요인". 노동정책연구, 3(3): 27-47.

김유선. 2003b. "1980년대 이래 비정규직 증가원인". 노동사회, 78 : 99-107.

남재량. 2007. "비정규 근로와 정규 근로의 임금격차에 관한 연구: 패널자료를 사용한 분석". 노동경제논집, 30(2): 1-31.

남재량. 2009. "비정규 근로의 동태적 특성 및 시사점: 2009년 3월 경제활동인구조사 부가조사를 중심으로". 노동리뷰, 2009년 7월호: 52-65.

남재량 · 김태기. 2000. "비정규직, 가교(bridge)인가 함정(trap)인가?". 노동경제논집, 23(2): 81-106.

남재량 · 류근관 · 최효미. 2005a. 고용불안계층의 실태 및 고용정책 과제. 한국노동연구원.

남재량 · 박기성. 2010. "비정규직법의 고용효과 연구". 노동정책연구, 10(4): 65-99.

남재량 · 이인재 · 이기재. 2005b. 비정규직 보호입법의 시행효과. 노동부.

노용진. 2007. "비정규 고용 비율의 결정요인에 관한 연구: 편익과 비용의 균형적 관점". 산업관계연구, 17(2): 101-126.

노용진 · 원인성. 2003. "내부노동시장의 성격과 비정규직 고용의 비율". 노동정책연구, 3(2): 47-67.

노중기. 2008. 한국의 노동체제와 사회적 합의. 서울: 후마니타스.

류기락. 2009. "일자리 이동과 내부노동시장". 한국사회학, 43(4): 37-76.

민인식 · 최필선. 2010. STATA 기초적 이해와 활용. 서울: 한국STATA학회.

박기성 · 김용민. 2007. "정규-비정규 근로자의 임금격차 비교: 2003년과 2005년". 노동정책연구, 7 (3): 35-61.

반정호. 2006. "고용형태별 복리후생 수준의 격차". 노동리뷰, 15: 28-38.

반정호. 2012. “베이붐 세대의 고용과 가구경제”. 노동리뷰, 91: 18-39.
배규식 · 윤진호 · 조효래 · 이정희. 2008. ‘87년 이후 노동조합과 노동운동: 한국 노사관계 시스템의 변화와 미래 전망. 한국노동연구원.
백두주 · 조형제. 2009. “시스템합리화와 노동유연성: 현대자동차 사내하청을 중심으로”. 산업노동연구, 15(2): 349-383.
백학영 · 구인회. 2010. “비정규 노동과 근로빈곤의 관계: 임금차별과 근로시간의 영향을 중심으로”. 노동정책연구, 10(3): 87-117.
성재민. 2011. “근로형태 부가조사를 통해 본 비정규직 노동시장의 추이(II)”. 노동리뷰, 81: 52-70.
송일호. 2005. “우리나라 정규직과 비정규직 근로자의 생산성 격차분석”. 한국생산성학회 하계학술대회 자료집.
신원철. 2001. “기업 내부노동시장의 형성과 전개: 한국 조선산업에 관한 사례연구”. 서울대학교 사회학과 박사학위논문.
안미보 · 반정호. 2007. “여성의 단시간근로: 그 선택과 동기”. 노동리뷰, 35: 27-47.
안주엽. 2001. “정규근로와 비정근로의 임금격차”. 노동경제논집, 24 (1): 76-96.
안주엽. 2006. “정규-비정규 근로자 간 능력개발 기회의 격차”. 노동리뷰, 14: 21-32.
안주엽 · 김동배 · 이시균. 2003. 비정규근로의 실태와 정책과제(III). 한국노동연구원, 2003.
안주엽 · 김복순. 2012. “베이비붐 세대의 고용”. 노동리뷰, 91: 7-17.
안주엽 · 노용진 · 박우성 · 박찬임 · 이주희 · 허재준. 2001. 비정규근로의 실태와 정책과제(I). 한국노동연구원.
안주엽 · 조준모 · 남재량. 2002. 비정규근로의 실태와 정책과제(II). 한국노동연구원.
어수봉 · 윤석천 · 김주일. 2005. 고용정책적 측면에서의 비정규직 고용개선방안 연구. 노동부.
유경준 · 강창희. 2009. “비정규직법의 고용효과 분석”. 유경준 편. 비정규직 문제 종합 연구. 한국개발연구원. pp.113-159.
유길상. 1995. 고용보험제도와 적극적 노동시장정책. 한국노동연구원.
은수미. 2008. "비정규입법 1년, 시행효과와 정책적 대응방향". 노동리뷰, 43: 18-30.
은수미 · 이병희 · 박제성. 2011. 사내하도급과 한국의 고용구조. 한국노동연구원.
이병훈 · 홍석범. 2010. "기업의 비정규인력 활용에 대한 노동조합 효과". 동향과전망, 80: 217-251.
이병희 편. 2008. 통계로 본 노동 20년. 한국노동연구원.
이병희. 2011. "비정규직법 시행 3년의 고용 효과". 경제발전연구, 17(2): 235-258.
이병희 · 정성미. 2007. "비정규직 규모와 구성변화: 2007년 8월 경제활동인구 부가조사를 이용하여". 노동리뷰, 35: 4-7.
이성균. 2006. "2000년대 노동시장 변화와 시간당 임금의 불평등". 산업노동연구, 12 (2): 29-55.
이시균. 2006. "비정규노동의 나쁜 일자리에 관한 실증연구". 노동정책연구, 6(2): 29-74.
이시균. 2008. "노동조합이 비정규노동의 고용에 미치는 효과". 산업관계연구, 18(1): 1-27.
이인재. 2007. "사업체 내 정규 · 비정규 임금격차의 실태와 임금차별 판단에서의 시사점". 노동리뷰, 35: 18-26.
이인재 · 김태기. 2009. "정규직과 비정규직의 임금격차: 노동조합과 기업규모의 영향을 중심으로". 노동경제논집, 32(3): 1-26.
이종선. 2002. "한국의 신자유주의적 구조개혁과 노동시장 변화: 유연화의 패러독스". 한국사회학, 36 (3): 25-45.
이종훈 · 유경준 · 김주일. 2010. 기간제법 시행평가 및 향후 정책과제. 고용노동부.
이효수. 2002. "노동시장 환경변화와 노동시장의 구조변동". 경제학연구, 50(1) : 243-274.S

장신철. 2011. "OECD의 임시직 개념과 각국의 규제 내용". 국제노동브리프, 9(7): 39-50.

장지연 · 양수경. 2007. "사회적 배제 시각으로 본 비정규 고용". 노동정책연구, 7(1): 1-22.

장지연 · 양수경 · 이택면 · 은수미. 2008. 고용유연화와 비정규 고용. 한국노동연구원.

장홍근 · 정승국 · 오학수. 2009. 숙련개발체제와 노사관계: 한국, 일본, 독일의 사례. 한국노동연구원.

전병유. 1994. "한국 제조업 생산직 노동자의 숙련 구조에 관한 연구". 서울대학교 경제학과 박사학위논문.

전병유. 2001. "산업특수적 숙련과 임금". 노동경제논집, 24(1): 125-147.

정건화. 2003. "노동시장의 구조변화에 대한 제도경제학적 해석: 내부노동시장의 이완과 비정규 노동의 증가". 경제와 사회, 57: 8-41.

정성미. 2006. "여성 비정규 일자리 선택의 자발성 관계". 노동리뷰, 20: 59-69.

정이환. 1992. "제조업 내부노동시장의 변화와 노사관계". 서울대학교 사회학과 박사학위논문.

정이환. 2001. "비정규직 규모를 어떻게 볼 것인가: 비정규 노동의 규모를 둘러싼 논쟁과 관련하여". 노동사회, 56 : 91-103.

정이환. 2006. 현대노동시장의 정치사회학. 서울: 후마니타스.

정이환. 2008. "신자유주의와 한국 고용체제". 한국사회, 9(2): 5-28.

정이환. 2010. "비정규 노동과 한국 고용체제의 성격". 산업관계연구, 20(2): 44-62.

정이환 · 이병훈 · 정건화 · 김연명. 2003. 노동시장 유연화와 노동복지. 서울: 인간과 복지.

정이환 · 전병유. 2001. "1990년대 한국임금구조의 변화: 내부노동시장은 약화되고 있는가". 경제와 사회, 52: 156-183.

정효채 · 석진홍 · 박우성. 2013. "연령이 직무만족에 미치는 영향: 잠재성장모형을 이용한 종단연구". 노동정책연구, 13(2): 67-93.

정희정. 2006. “스페인의 최근 노동시장 개혁과 비정규직 문제에 대한 대응책”. 국제노동브리프, 4(9): 58-68.

최무현. 2004. 노동시장규제의 경제적 효과에 관한 연구: 고용보호규제 완화를 중심으로. 한국행정연구원.

최영기. 2009. “경제위기와 한국형 사회모델”. 산업관계연구, 19(3): 119-149.

통계청. 2009a. 비정규직 고용동향. http://www.index.go.kr/egams/stts/jsp/potal/stts/PO_STTS_IdxMain.jsp?idx_cd=2477.

통계청. 2009b. 정규직/비정규직 고용실태 비교. http://www.index.go.kr/egams/stts/jsp/potal/stts/PO_STTS_IdxMain.jsp?idx_cd=2478&idx_kornm=정규직/비정규직%20고용실태%20비교.

통계청. 2011. “2011년 8월 경제활동인구조사 근로형태별 및 비임금 근로 부가조사 결과”. 통계청 보도자료.

홍민기. 2010. “정규-비정규근로의 임금격차 추정에 대한 논의”. 산업노동연구, 16(2): 141-161.

황덕순. 2003. “취약계층 근로자의 고용보험, 국민연금 적용실태와 개선방안”. 노동정책연구, 3 (3): 87-109.

황수경. 2003. “내부자 노동시장과 외부자 노동시장의 구조 분석을 위한 탐색적 연구”. 노동정책연구, 3(3) : 49-87.

Abraham, K. 1988. “Flexible Staffing Arrangements and Employers' Short-Term Adjustment Strategies”. NBER Working Papers 2617, National Bureau of Economic Research, Inc.

Abraham, K., and S. Taylor. 1996. “Firm's Use of outside contractors: Theory and Evidence”. Journal of Labor Economics, 14(3): 394- 424.

Acemoglu, Daron, and Robert Shimer. 1999. “Efficient Unemployment Insurance”. Journal of Political Economy, 107(5): 893-928.

Arts, Wil, and John Gelissen. 2002. “Three Worlds of Welfare Capitalism or More? A state-of-the-art report". Journal of European Social Policy, 12(2): 137-158.

Auer, Peter, and Sandrine Cazes (eds.) 2003. Employment Stability in an Age of Flexibility: Evidence from the Industrialized Countries. Geneva: International Labour Office.

Aubert, Patrick, and Bruno Crépon. 2006. Age, Wage and Productivity: Firm Level Evidence. http://www.crest.fr/ckfinder/userfiles/files/Pageperso/crepon/Age%20Wage%20and%20Productivity.pdf

Bentolila, Samuel., and G. Bertola. 1990. "Firing Costs and Labour Demand: How Bad is Eurosclerosis?". Review of Economic Studies, 57(3): 381-402.

Bentolila, Samuel, and Juan Dolado. 1994. "Labour Flexibility and Wages: Lessons from Spain". Economic Policy, 9(18): 53-99.

Bentolila, Samuel, Pierre Cahuc, Juan J. Dolado, and Thomas Le Barbanchon. 2010. "Two-Tier Labour Markets in the Great Recession: France vs. Spain". IZA discussion paper series, no. 5340.

Bertola, Giuseppe. 1992. "Labor Turnover Costs and Average Labor Demand". Journal of Labor Economics, 10(4): 389-411.

Bertola, Giuseppe. 1999. "Microeconomic Perspectives on Aggregate Labor Markets". In Ashenfelter, O. C., and D. Card. (eds.), Handbook of Labor Economics, Amsterdam: Elsevier. pp.2985-3028.

Blanchard, Olivier, and Augustin Landier. 2002. "The Perverse Effects of Partial Labor Market Reform: Fixed Duration Contracts in France". The Economic Journal, 112: F214-F244.

Blanchard, Olivier, and Pedro Portugal. 2001. "What Hides behind an Unemployment Rate: Comparing Portuguese and U.S. Labor Markets". American Economic Review, 91(1): 187-207.

Blanchard, Olivier J., and Jean Tirole. 2003. "Contours of Employment Protection Reform". Massachusetts Institute of Technology Department of Economics Working Paper Series, no.03-35.

Blanchard, Olivier J., and Jean Tirole. 2008. "The Joint Design of Unemployment Insurance and Employment Protection: A First Pass". Journal of the European Economic Association, 6(1): 45-77.

Blank, Rebecca M. 1997. "Is There a Trade-Off between Unemployment and Inequality? No Easy Answers: Labor Market Problems in the United States versus Europe". Levy Economic Institute public policy brief, No.33.

Blau, Francine D., and Lawrence M. Kahn. 2002. At Home and Abroad: U.S. Labor Market Performance in International Perspective. New York: Russell Sage Foundation.

Boeri, Tito, José Ignacio Conde Ruiz, and Vincenzo Galasso. 2012. "The Political Economy of Flexicurity". Journal of the European Economic Association, 10(4): 684-715.

Booth, A., J. Dolado, and J. Frank. 2002. "Symposium on Temporary Work: Introduction". The Economic Journal, 112(480): F181-F188.

Booth, A., M. Francesconi, and J. Frank. 2002. "Temporary Jobs: Stepping Stones or Dead Ends?". The Economic Journal, 112: F189-F213.

Buechtemann, Christoph E. (ed.) 1993. Employment Security and Labor Market Behavior: Interdisciplinary Approaches and International Evidence. Ithaca: ILR Press.

Buschoff, S. K., and P. Protsch. 2008. "(A-) typical and (in-) secure? Social Protection and "Non-standard" Forms of Employment in Europe". International Social Security Review, 61(4): 51-73.

Burdett, K., and D. T. Mortensen. 1998. "Wage Differentials, Employer Size, and Unemployment". International Economic Review, 39: 257-273.

Cahuc, P., and F. Postel-Vinay. 2002. "Temporary Jobs, Employment Protection and Labor Market Performance". Labour Economics, 9: 63-91.

Calmfors, L., and J. Driffill. 1988. "Bargaining Structure, Corporatism and Macroeconomic Performance". Economic Policy, 3(6): 13-61.

Cappelli, Peter. 1995. "Rethinking Employment". British Journal of Industrial Relations, 33(4): 563-602.

Crépon, B., N. Deniau, and S. Pérez-Duarte. 2003. "Produtivity and Salary of Travailleurs ages". Revue Francais de Economic, 18(1): 157-183.

Chernew M. E., and R. A. Hirth. 2003. "Challenges in Modelling Health Insurance". In C. G. McLaughlin (ed.), Health Policy and the Uninsured. Washington, D.C.: Urban Institute Press.

Davis-Blake, A., and B. Uzzi. 1993. "Determinants of Employment Externalization: A Study of Temporary Workers and Independent Contractors". Administrative Science Quarterly, 38: 195-223.

Dostie, Benoit. 2006. "Wages, Productivity and Aging". Institute for the Study of Labor, IZA DP, No.2496.

Duigou, Sarah Le. 2012. "Effects of Wage on the Wage Distribution: A Quantitative Evaluation Using US Data". Tepp Working Paper, No.2012-14.

Esping-Andersen, G. 1990. The Three Worlds of Capitalism. Princeton: Princeton University Press.

Esping-Andersen, G. 1999. Social Foundations of Postindustrial Economies. New York: Oxford University Press.

Esping-Andersen, G. 2000. "Who is harmed by labour market regulation? Quantitative evidence". In Esping-Andersen, G., and Mario Regini (eds.), Why Deregulate Labour Markets?. Oxford: Oxford University Press. pp.66-98.

Estevez-Abe, M., T. Iversen, and D. Soskice. 2001. "Social Protection and the Formation of Skills: A Reinterpretation of the Welfare State". In P. Hall., and D. Soskice (eds.), Varieties of Capitalism. pp.145-183.

Ferrera, M. 1996. "The 'Southern' Model of Welfare in Social Europe". Journal of European Social Policy, 6(1): 17-37.

Galtier, B., and J. Gautie. 2003. "Flexibility, Stability and the Interaction between Employment Protection and Labour Market Policies in France". In P. Auer, and S. Cazes (eds.), Employment Stability in an Age of Flexibility: Evidence from the Industrialized Countries. Geneva: International Labour Office. pp.106-158.

Gramm, C. L., and J. F. Schnell. 2001. "The Use of Flexible Staffing Arrangements in Core Production Jobs". Industrial and Labor Relations Review, 54(2): 245-258.

Grubb, David, Jae-kap Lee, and Peter Tergeist. 2007. "Addressing Labor Market Duality in Korea". OECD Social, Employment and Migration Working Papers, No.61.

Hall, P., and D. Soskice. 2001. Varieties of Capitalism. Oxford: Oxford University Press.

Houseman, S., and M. Osawa. 2003. "The Growth of Nonstandard Employment in Japan and the United States: A comparison of causes and consequences". In S. Houseman, and M. Osawa (eds.), Nonstandard Work in Developed Economies: Causes and Consequences. Michigan: W.E. Upjohn Institute for Employment Research.

Hausermann, Silja, and Bruno Palier. 2008. "The Politics of Employment-Friendly Welfare Reforms in Post-industrial Economies". Socio-Economic Review, 6(3): 559-586.

Howell, David R. (ed.) 2005. Fighting unemployment: The Limits of Free Market Orthodoxy. Oxford: Oxford University Press.

Howell, David R., and Friedrich Huebler. 2005. "Wage Compression and the Unemployment Crisis: Labor Market Institutions, Skills, and Inequality-Unemployment Tradeoffs". In Howell, David R. (ed.), Fighting unemployment: The Limits of Free Market Orthodoxy. Oxford: Oxford University Press. pp.35-71.

IMF. 1999. World Economic Outlook. Washington: International Monetary Fund.

Iversen, T. 2005. Capitalism, Democracy, and Welfare. New York: Cambridge University Press.

Iversen, T., and D. Soskice. 2006. "Electoral Institutions and the Politics of Coalitions: Why Some Democracies Redistribute More Than Others". American Political Science Review, 100(2): 165-181.

Kahn, L. 2010. "Employment Protection Reforms, Employment and the Incidence of Temporary Jobs in Europe: 1996–2001". Labour Economics, 17(1): 1-15.

Kalleberg, Arne L., and Jeremy Reynolds. 2003. "Work Attitudes and Nonstandard Work Arrangements in the United States, Japan, and Europe". In S. Houseman, and M. Osawa (eds.), Nonstandard Work in Developed Economies: Causes and Consequences. Michigan: W.E. Upjohn Institute for Employment Research. pp.423-476.

Kojima, N., and K. Fujikawa. 2003. "Nonstandard Work Arrangements in Japan and the United States: A legal perspective". In

S. Houseman, and M. Osawa (eds.), Nonstandard Work in Developed Economies: Causes and Consequences. Michigan: W.E. Upjohn Institute for Employment Research.

Kubo, K. 2008. "Japan: The resilience of employment relationships and the changing conditions of work". In S. Lee, and F. Eyraud (eds.), Globalization, Flexiblization and Working Conditions in Asia and the Pacific. Geneva: International Labor Office.

Lazear, Edward P. 1990. "Job Security Provisions and Employment". Quarterly Journal of Economics, 105(3): 699-726.

Leschke, J. 2007. "Are Unemployment Insurance Systems in Europe Adapting to New Risks Arising from Non-Standard Employment?". DULBEA Working Paper, No.07-05.RS.

Lindbeck, Assar, and Dennis J. Snower. 1986. "Wage Settings, Unemployment, and Insider-Outsider Relations". American Economic Review, 76(2): 235-239.

Madsen, P. K. 2003. "Flexicurity through Labour Market Policies and Institutions in Denmark". In P. Auer, and S. Cazes (eds.), Employment Stability in an Age of Flexibility. Geneva: International Labour Office. pp.59-105.

Madsen, P. K. 2008. "The Danish Road to 'Flexicurity': Where are we compared to others? And how did we get there?". In Ruud J. A. Muffels (ed.), Flexibility and Employment Security in Europe. Cheltenham. UK: Edward Elgar. pp.341-362.

Montgomery, Mark. 1988. "On the Determinants of Employer Demand for Part-time Workers". Review of Economics & Statistics, 70(1): 112-117.

Medoff, J. L., and K. G. Abraham. 1980. "Experience, Performance, and Earnings". Quarterly Journal of Economics, 95(4): 703-736.

Muffels, R. J. A. (ed.) 2008. Flexibility and Employment Security in

Europe: Labour Markets in Transition. Cheltenham: Edward Elgar.

Muffels, R., T. Wilthagen, and N. van den Heuvel. 2002. "Labor Market Transitions and Employment Regimes: Evidence on the Flexibility-Security Nexus in Transitional Labor Markets". Wissenscahaftszentrum Berlin für Sozialforschung Discussion Paper FS|02-204.

Oaxaca, Ronald. 1973. "Male-Female Wage Differentials in Urban Labor Markets". International Economic Review, 14(3): 693-709.

OECD. 1994. The OECD Jobs Study: Evidence and Explanations. Paris: OECD.

OECD. 2002. "Taking the Measure of Temporary Employment". In OECD, OECD Employment Outlook 2002. Paris: OECD. pp.127-185.

OECD. 2004. "Employment Protection Regulation and Labour Market Performance". In OECD, OECD Employment Outlook 2004. Paris: OECD. pp.61-125.

OECD. 2006. "Social Implications of Policies Aimed at Raising Employment". In OECD, OECD Employment Outlook 2006. Paris: OECD. pp.157-243.

OECD. 2008. OECD Economic Surveys: Korea. Paris: OECD.

OECD. 2010. "How Good is Part-Time Work?". In OECD, OECD Employment Outlook 2010. Paris: OECD. pp.211-266.

Oster, S., and D. Hamermesh. 1998. "Aging and Productivity among Economists". Review of Economics and Statistics, 80(1): 154-156.

Pissarides, C. A. 2001. "Employment Protection". Labor Economics, 8(2): 131-159.

Polavieja, Javier G. 2006. "The Incidence of Temporary Employment in Advanced Economies: Why is Spain Different?". European Sociological Review, 22(1): 61-78.

Rueda, D. 2005. "Insider－Outsider Politics in Industrialized Democracies: The Challenge to Social Democratic Parties". American Political Science Review, 99(1): 61-74.

Ruivo, Margarida, Maria do Pilar González, and José M. Varejão. 1998. "Why is Part-time Work So Low in Portugal and Spain?". In J. O'Reilly, and C. Fagan (eds.), Part Time Prospects: An international comparison of part-time work in Europe, North America and the Pacific Rim. London and New York: Routledge. pp.199-213.

Saint-Paul, G. 1996. "Exploring the Political Economy of Labour Market Institutions". Economic Policy, 23: 263-316.

Scherer, S. 2004. "Stepping-stones or traps? the consequences of labour market entry positions on future careers in West Germany, Great Britain and Italy". Work, Employment and Society, 18(2): 369-394.

Schmid, G. 1995. "Is Full Employment Still Possible? Transitional Labour Markets as a New Strategy of Labour Market Policy". Economic and Industrial Democracy, 16(3): 429-456.

Schmid, G. 2006. "Social Risk Management through Transitional Labour Markets". Socio-Economic Review, 4(1): 1-33.

Schmid, G. 2010. "Non-Standard Employment and Labour Force Participation: A Comparative View of the Recent Development in Europe". IZA Discussion Paper, No.5087.

Siebert, Horst. 1997. "Labor Market Rigidities: At the Root of Unemployment in Europe". Journal of Economic Perspectives, 11(3): 37-54.

Snower, D. 1997. "The Low-skill, Bad-job Trap". In Booth, A., and

D. Snower (eds.), Acquiring Skills: Market Failures, Their Symptoms and Policy Responses. Cambridge: Cambridge University Press. pp.109-126.

Sorge, A., and W. Streeck. 1988. "Industrial Relations and Technical Change". In Hyman, R., and W. Streeck (eds.), New Technology and Industrial Relations, Oxford: Basil Blackwell. pp.19-47.

Soskice, D. 1990. "Wage Determination: The Changing Role of Institutions in Advanced Industrialized Countries". Oxford Review of Economic Policy, 6(4): 36-61.

Thelen, K., and Kume, I. 1999. "The Rise of Nonmarket Training Regimes: Germany and Japan compared." Journal of Japanese Studies, 25(1): 33-64.

Venn, Danielle. 2009. "Legislation, Collective Bargaining and Enforcement: Updating the OECD Employment Protection Indicators". OECD Social, Employment and Migration Working Papers.

Viebrock, Elke, and Jochen Clasen. 2009. "Flexicurity and Welfare Reform: A Review". Socio-Economic Review, 7(2): 305-331.

Vielle, Pascale, and Pierre Walthery. 2003. Flexibility and Social Protection. Luxembourg: European Foundation for the Improvement of Living and Working Conditions.

Visser J., and A. Hemerijck. 1997. 'A Dutch Miracle': Job Growth, Welfare Reform and Corporatism in the Netherlands. Amsterdam: Amsterdam University Press.

Visser, J. 2002. "The First Part-time Economy in the World: A model to be followed?". Journal of European Social Policy, 12 (1): 23-42.

Wilthagen, T. 1998. "Flexicurity: A New Paradigm for Labour Market Policy Reform?". WZB discussion paper, FS I 98-202.

Wilthagen, T., and F. Tros. 2004. "The Concept of 'Flexicurity': A New Approach to Regulating Employment and Labour Markets". Transfer, 10: 166-186.

Yoon, J. H., and B. Lee. 2010. "The Transformation of the Government-Led Vocational Training System in Korea". In G. Bosch, and C. Jean (eds.), Vocational Training: International Perspectives. New York: Routledge. pp.162-186.

저자 소개

구인회(具仁會) 서울대학교 철학과 졸업(학사)
서울대학교 대학원 사회복지학과 졸업(석사)
University of Washington, School of Social Work 졸업(박사)
현재 서울대학교 사회복지학과 교수

백학영(白鶴榮) 전북대학교 수학과 졸업(학사)
전북대학교 대학원 사회복지학과 졸업(석사)
서울대학교 대학원 사회복지학과 졸업(박사)
현재 강원대학교 사회복지학과 교수

전병유(田炳裕) 서울대학교 국제경제학과 졸업(학사)
서울대학교 대학원 경제학과 졸업(석사)
서울대학교 대학원 경제학과 졸업(박사)
현재 한신대학교 정조교양대학 교수

이원진(李源珍) 서울대학교 건축학과 졸업(학사)
서울대학교 대학원 사회복지학과 졸업(석사)
서울대학교 대학원 사회복지학과 박사과정 수료
현재 서울대학교 사회복지연구소 연구원

아산재단 연구총서 제363집

비정규 고용과 사회정책 값 12,000원

2014년 2월 25일 1판 1쇄

저 자 구인회 · 백학영 · 전병유 · 이원진
발 행 인 임 동 규
발 행 처 **집 문 당**
주 소 110-360 서울특별시 종로구 돈화문로 82
등 록 1971. 3. 23. 제300-2012-69호
영 업 부 (02)743-3192~3 팩스(02)742-4657
전자우편 sale@jipmoon.co.kr
편 집 부 (02)743-3096~7 팩스(02)743-0227
전자우편 edit@jipmoon.co.kr
홈페이지 www.jipmoon.co.kr

ISBN 978-89-303-1631-6
978-89-303-1500-5(세트)

이 도서의 국립중앙도서관 출판시도서목록(CIP)은 서지정보유통지원시스템 홈페이지(http://seoji.nl.go.kr)와 국가자료공동목록시스템(http://www.nl.go.kr/kolisnet)에서 이용하실 수 있습니다.(CIP제어번호: CIP2014001281)

아 | 산 | 재 | 단 | 연 | 구 | 총 | 서

1 전환기의 중국경제
김윤환 외 | 단국대 경제학과

2 폴란드 경제의 변천 개혁과 그 전망
김광수 | 숭실대 경제학과

3 재소한인
이광규 외 | 서울대 인류학과

4 소련산림과 임업
홍성천 외 | 경북대 임학과

5 아세안의 정치경제
김국진 외 | 외교안보연구원

6 태국의 사회변동과 경제발전
최석만 외 | 전남대 사회학과

7 중국의 사회경제 통계분석
신한풍 외 | 고려대 통계학과

8 중국의 정치와 경제
박두복 외 | 외교안보연구원

9 동유럽의 개혁과 시장경제의 도입
허만 외 | 부산대 사범대학

10 동유럽의 개혁운동
박영신 | 연세대 사회학과

11 현대 러시아 연구
기연수 외 | 한국외대 노어과

12 전략적 선택과 기업의 국제경쟁력
이장호 | 서강대 경영대학

13 협동사회의 정착과 정부의 역할
이종범 외 | 고려대 행정학과

14 한국 제조기업 생산성의 동적 분석
노부호 외 | 중앙대 경영대학

15 분배의 정의
변형윤 외 | 서울대 경제학과

16 도덕적 행동의 강화
이훈구 외 | 연세대 심리학과

17 관료부패와 통제
김해동 외 | 서울대 행정대학원

18 한국경제의 내실 있는 성장
정창영 외 | 연세대 경제학과

19 한국국민정신운동의 역사와 발전방향
박수명 외 | 부산대 사범대학

20 한국대학생의 가치성향과 상담효과
이영희 외 | 숙명여대 교육학과

21 가출청소년과 학교관리체제
안창규 외 | 부산대 교육학과

22 동북아 정세변화와 한 · 일관계
한승조 외 | 고려대 정치외교학과

23 언론과 부정부패
정대철 외 | 한양대 신문방송학과

24 한국의 고등학교 교육
이원호 외 | 부산대 교육학과

25 가족과 방송
김학수 외 | 서강대 신문방송학과

26 재정개혁의 전망과 재산세제의 개편 과제
오연천 | 서울대 행정대학원

27 청소년을 위한 전자게임 프로그램의 규제 및 평가체계 개발
박혜원 외 | 울산대 가정관리학과

28 정신장애자 가족의 사회심리적 특성
이근후 외 | 이화여대 의과대학

29 가족의 관계역동성과 문제인식
이광규 외 | 서울대 인류학과

30 현대인과 한국전통음식
승정자 | 숙명여대 식품영양학과

31 기업의 초고속정보통신망활용
안중호 | 서울대 경영학과

32 지역발전을 위한 교육자치제의 개선방안
김남순 | 조선대 사범대학

33 전환기의 공무원 가치관
조경호 | 울산대 행정학과

34 지방자치와 사회복지의 과제
김영모 | 중앙대 사회복지학과

35 WTO체제하의 지방중소기업 지원정책
최명주 외 | 계명대 통상학부

36 현대한국의 시민운동
이효선 | 중앙대 사회학과

37 기업 세계화의 단계 및 정도의 측정
허영도 외 | 울산대 경영학과

38 가족복지를 위한 가족주치의 시범사업의 효과
이혜리 외 | 연세대 가정의학교실

39 한국대학생의 삶의 만족도
김재은 외 | 이화여대 교육심리학과

40 지역경제와 지역산업구조의 개편방향
정기화 외 | 전남대 경제학부

41 중국기업의 소유형태별 경영특성
노철화 외 | 부산대 무역학과

42 남북한의 인성 · 사상교육
한승조 외 | 고려대 정치외교학과

43 연계적 뇌기능 조언을 위한 의료용 멀티미디어 시스템의 설계
유선국 | 연세대 의용공학교실

44 다민족국가의 민족문제와 한인사회
최협 외 | 전남대 인류학과

45 저소득층지역 청소년 여가문화와 소집단 활성화
박문수 외 | 서강대 사회학과

46 삶의 질의 국제비교와 지역간 비교분석
이재기 외 | 울산대 경제학과

47 21세기 지역주민의 삶의 질
양종회 외 | 성균관대 사회학과

48 삶의 질에 대한 국가간 비교
조명한 외 | 서울대 심리학과

49 외국인 노동자의 노사관계와 사회적 적응
석현호 외 | 성균관대 사회학과

50 한국의 사법제도와 발전 모델
정종섭 | 건국대 법학과

51 고령화사회와 중상층 노인의 사회활동
조성남 외 | 이화여대 사회학과

52 한국의 서비스 시장 개방정책
한홍렬 | 한양대 경제학부

53 한국과 AFTA간의 교역증진 및 경제 협력방안
손일태 외 | 경희대 경제통상학부

54 물류비 절감을 위한 무역업체의 정보화전략
이영수 외 | 경북대 경제통상학부

55 사회주의 체제전환과 사회정책
오정수 외 | 충남대 사회복지학과

56 남북통일 이후 농업생산체계 개편
홍성규 외 | 건국대 농업경제학과

57 국제화와 세계화
하영선 외 | 서울대 외교학과

58 IMF 개혁정책의 평가와 한국경제의 신(新) 패러다임
조동근 | 명지대 경제학과

59 구조개혁과 실업대책
박동운 | 단국대 경제무역학부

60 21세기 신노사관계
심윤종 외 | 성균관대 사회학과

61 학교에서의 집단 따돌림
이춘재 외 | 가톨릭대 심리학과

62 한국노인의 정신건강실태와 건강증진
조맹제 외 | 서울대 의과대학

63 혁명과 개혁 속의 중국 농민
김광억 | 서울대 인류학과

64 중국의 경제환경과 한국기업의 진출 전략
지용희 외 | 서강대 경영학과

65 김대중 대통령의 시스템 사고
김동환 | 중앙대 공공정책학부

66 실업과 가족해체
최일섭 외 | 서울대 사회복지학과

67 합리적 부채비율 조정방안
오상근 | 동아대 경제학과

68 한국 중산층의 생활문화
문숙재 외 | 이화여대 소비자 · 인간발달학과

69 계층간 갈등상태에서 최적소득세
김진욱 | 건국대 경상학부

70 글로벌 경쟁력 제고를 위한 기업전략과 조직구축
이만우 외 | 고려대 경영학과

71 의료보험과 국민연금의 관리효율화를 위한 통합방안
사공진 외 | 한양대 경제학부

72 정부개혁의 과제와 전략
박우서 외 | 연세대 행정학과

73 책임운영기관 제도에 관한 비교분석
김근세 | 가톨릭대 행정학과

74 새로운 패러다임하에서의 한국기업의 바람직한 지배구조
최운열 외 | 서강대 경영학과

75 현대 한국사회의 계층구조
양춘 외 | 고려대 사회학과

76 한국의 산업정책과 산업구조조정
강인수 | 숙명여대 경제학부

77 기업구조조정
김석진 | 경북대 경영학부

78 지식경영을 위한 인적자원 개발 및 관리체계
장영철 | 경희대 경영학부

79 뉴 비즈니스 모델
전성현 | 국민대 정보관리학부

80 중산층의 정체성과 소비문화
함인희 외 | 이화여대 사회학과

81 외국관광객 유치를 위한 마케팅 전략
박상규 | 강원대 경영학과

82 한국인의 세대별 문학의식
이동순 | 영남대 국문과

83 공공부문의 효율성 평가와 측정
김재홍 외 | 울산대 사회과학부

84 한국 청소년의 정치의식과 형성요인
김광웅 외 | 숙명여대 아동복지학과

85 한국 대학생의 정치의식
배한동 | 경북대 윤리교육과

86 산업의 정보화와 산업발전
이기동 | 계명대 통상학부

87 한국 제조업의 고용조정 분석
이종원 외 | 성균관대 경제학부

88 지식자산에 대한 경영전략적 평가모형 개발
배재학 외 | 울산대 컴퓨터 · 정보통신공학부

89 관광사업을 위한 한국적 이미지의 휴식복 개발
채금석 | 숙명여대 의류학과

90 한국 정치제도의 개혁
신정현 | 경희대 사회과학부

91 e비즈니스와 아웃소싱 전략
정승화 외 | 연세대 경영학과

92 집단 따돌림의 진단 및 치료방안
홍준표 | 중앙대 인간생활환경학과

93 16대 총선과 낙선운동
조기숙 | 이화여대 국제대학원

94 부동층 유권자 행태 분석
진영재 | 연세대 정치외교학과

95 사이버 공동체의 성공요인
이재관 | 숭실대 경영학부

96 온라인 소비자 행동의 이론과 실증
윤성준 | 경기대 경영학부

97 글로벌 시대 정약용 세계관의 가능성과 한계
차성환 | 한일장신대 역사사회학과

98 러시아의 체제전환 과정에서 나타난 국가의 역할과 그 전망
이상민 외 | 부산대 정치외교학과

99 남북한의 경제발전 수준과 산업구조 비교, 그리고 경제교류 협력방향
주성환 | 건국대 경제학과

100 집단따돌림과 교육해체
한준상 | 연세대 교육학과

101 공적연금제도의 효율성과 개선방안
유금록 | 군산대 행정복지학부

102 벤처기업-대기업의 성공적인 협력 모델
나중덕 | 경산대 경영학과

103 북한의 재외동포정책
조정남 외 | 고려대 정치외교학과

104 사이버 공동체 형성의 역동적 모형
장용호 | 서강대 신문방송학과

105 기업이론과 기업의 소유지배구조
김일태 외 | 전남대 경제학부

106 가축분뇨 자원화를 위한 공동이용조직에 대한 농가선호도 분석
유덕기 | 동국대 생명자원경제학과

107 개혁정책과 전문가 집단
이경원 외 | 제주대 행정학과

108 현대 한국사회의 이중가치체계
신수진 외 | 이화여대 가정관리학과

109 한국의 산업구조 변화와 기업집단 다각화 전략
김용학 외 | 연세대 사회학과

110 지식정보사회의 경제적 모형 설정 및 사례 연구
김범환 | 배제대 경영정보학부

111 변호사징계제도
오종근 | 한림대 법학부

112 인터넷 특허법
김순석 | 광주대 법학과

113 e-비즈니스 시대의 금융 및 재정정책의 새로운 패러다임
이종욱 | 서울여대 경제학과

114 청소년의 하위문화와 정체성
조성남 | 이화여대 사회학과

115 디지털금융시대의 금융구조변화와 정부규제 및 정책
이충열 | 고려대 경제학부

116 지식경영을 위한 기업의 조직설계방안
김경수 외 | 전남대 경영학과

117 전자금융의 발달과 경제정책의 새로운 패러다임
이명훈 | 명지대 경제학과

118 동아시아의 안보와 유엔체제
강성학 편저 | 고려대 정치외교학과

119 유료 치매노인 그룹홈의 개발과 관련 정책
최정신 외 | 가톨릭대 소비자 · 주거학과

120 소비자 지향적 문화산업 정책
홍영준 | 호남대 광고홍보학과

121 국제 · 국가 · 지방 환경규제의 연계
정준금 외 | 울산대 행정학과

122 현행 회사 합병 · 분할제도의 평가와 개선방안
옥무석 외 | 이화여대 법학과

123 배려지향적 도덕성과 정의지향적 도덕성
정옥분 외 | 고려대 사범대학

124 기업구조조정에 대한 채권금융기관 및 금융감독기관의 역할과 책임
이중기 | 한림대 법학과

125 실업대책으로서 한국의 법정기준근로시간 단축
박영범 | 한성대 경제학과

126 프랑스어의 비분리성 소유개념 표현
노윤채 | 연세대 언어정보연구원

127 지방채의 효율적 관리방안
강태구 | 호원대 법행정학부

128 21세기 산업구조 변화와 과학기술정책
임채성 외 | 그리스도신학대 경영정보학부

129 인터넷 쇼핑몰 이용자의 불평행동
예종석 | 한양대 경영학부

130 한국기업의 성과급제도 현황, 효과 및 개선방안
김성수 | 서울대 경영학과

131 전자상거래와 소비자보호
서민교 외 | 경일대 인터넷국제통상학과

132 평생학습 사회에서의 인적자원개발을 위한 사회적 파트너십 구축
김영화 | 홍익대 교육학과

133 한국 공교육의 새로운 구상과 전략
권대봉 외 | 고려대 교육학과

134 한국의 정부개혁
김태룡 | 상지대 행정학과

135 지방정부 생산성 측정의 이론과 실제
이은국 외 | 연세대 행정학과

136 불가 시문학론
배규범 | 경희대 학술연구 교수

137 남북경제교류의 법적 문제
제성호 | 중앙대 법학과

138 경제위기와 청소년 발달
구인회 | 서울대 사회복지학과

139 생명과학기술의 응용과 기본권보호적 한계
정상기 외 | 한남대 법학과

140 경제발전과 정치환경의 한 · 일 비교분석
정갑영 외 | 연세대 동서문제연구원

141 한국 공교육의 진단
윤정일 외 | 서울대 교육학과

142 우리나라 지방자치 발전을 위한 자치단체장의 역할
정성호 외 | 경기대 사회과학부

143 의료보험제도의 개혁방안
권순원 | 덕성여대 경제학과

144 중등 도덕교육의 현실과 문제
손동현 외 | 성균관대 철학과

145 사이버공동체 발전론
이명식 | 상명대 경영학과

146 남북경협 확대에 대비한 북한 담보제도의 정비방안
박휜일 | 경희대 법과대학

147 한국 공무원 인사제도 개혁
김판석 | 연세대 행정학과

148 교사화법 교육
임칠성 외 | 전남대 국어교육과

149 세계화의 문화정치학
임혁백 외 | 고려대 정치외교학과

150 효과적인 e-SCM을 위한 의사결정 조정 시스템 모형
이원준 | 성균관대 경영학부

151 환경거버넌스
김종순 외 | 건국대 행정학과

152 자동차산업의 인적자원관리
이덕로 | 서원대 경영학부

153 한국과 영국 간 지식기반산업 비교
이명호 | 한국외대 경영학과

154 한국 벤처기업의 기술네트워킹 및 기술마케팅 전략
장영일 | 인제대 경영학부

155 회사변호사의 윤리
오승종 | 성균관대 법과대학

156 미디어교육론
이정춘 | 중앙대 신문방송학과

157 조선시대 서원과 양반
윤희면 | 전남대 역사교육과

158 환경문제와 철학
박찬국 | 서울대 철학과

159 노인보건복지 이론과 실제
김명 외 | 이화여대 보건교육학과

160 북한의 법체계
권재열 외 | 숭실대 법학과

161 생명공학기술의 안전성 확보에 관한 법적 고찰
이재협 | 경희대 법학부

162 청소년복지학
김성이 외 | 이화여대 사회복지학과

163 변화하는 세계, 변화하는 복지국가
조영훈 | 동의대 사회복지학과

164 의리의 윤리와 한국의 유교문화
김낙진 | 진주교대 도덕교육과

165 미국의 통상정책과 통상법
윤충원 | 전북대 무역학과

166 사회복지 프로그램 평가
김학주 | 경상대 사회복지학과

167 환경주의와 지속가능한 발전
정대연 | 제주대 사회학과

168 무역과 환경
김기흥 외 | 경기대 경제학부

169 산업계 유해폐기물의 위험과 관리
김금수 | 호서대 경상학부

170 백범 김구의 지적 계발과정 탐색
문용린 | 서울대 교육학과

171 태평양전쟁 발발 이후 일제의 인적 지배와 그리스도교계의 대응
윤선자 | 전남대 사학과

172 거버넌스 상황에서 갈등관리를 위한 대체적 분쟁해결제도
서순복 | 광주대 법정학부

173 시장경제의 유형과 민주주의
최배근 | 건국대 경상학부

174 일본고전소설 총론
김현정 | 국립한국전통문화학교

175 국어 교육을 위한 국어 문법론
이관규 | 홍익대 국어교육과

176 율곡의 군주론
전세영 | 부산교대 윤리교육과

177 동북아시아 환경협력
정서용 | 명지대 법학과

178 기후변화협약과 기후정책
신의순 외 | 연세대 경제학과

179 인터넷과 국제 학술정보 네트워크-하이퍼링크 분석
박한우 | 영남대 언론정보학과

180 국내 기업복지의 활성화 방안
최수찬 | 연세대 사회복지대학원

181 세계화와 인간안보
김우상 외 | 연세대 정치외교학과

182 세계문화유산 종묘 이야기
지두환 | 국민대 국사학과

183 한국 평생교육의 사회철학적 과제
곽삼근 | 이화여대 교육학과

184 강점모델
정순둘 | 이화여대 사회복지학과

185 글로벌시대의 계약법
박영복 | 한국외대 법과대학

186 배심제와 시민의 사법참여
안경환 | 서울대 법학과

187 동북아공동체
김재한 | 한림대 정치외교학과

188 정치 참여와 탈물질주의
김욱 | 배재대 정치외교학과

189 퍼지전문가회로망을 이용한 금융기관의 사이버 기업여신결정 지원시스템의 개발
권혁대 | 목원대 경영학과

190 환경정책과 환경법
송인성 | 전남대 지역개발학과

191 포스트모던 시대의 평생교육학
한숭희 | 서울대 교육학과

192 현대 한국인의 세대경험과 문화
박길성 외 | 고려대 사회학과

193 서구의 근로연계복지
김종일 | 건국대 사회복지학과

194 사회복지운동론
현외성 | 경남대 사회복지학과

195 외국의 역모기지 사례
유선종 | 건국대 부동산학과

196 옛이야기와 어린이문학
이지호 | 진주교대 국어교육학과

197 노인사회복지관광의 정책과제와 방안
김창수 | 경기대 관광학부

198 복지서비스의 민간위탁 시스템 분석
김순양 | 영남대 행정학부

199 새로운 빈곤층의 대두와 정부의 정책과제
김진욱 | 건국대 경제학과

200 문화행정론
김정수 | 한양대 행정학과

201 스칸디나비아 노인용 코하우징의 계획과 적용
최정신 외 | 가톨릭대 생활과학부

287 복지사회를 대비한 국민연금의 구조개혁
박영석 외 | 서강대 경영학부

288 한미 FTA 지재권 협상에 따른 의약품 분야 사회후생 변화
오근엽 | 충남대 무역학과

289 산업입지, 환경 그리고 지역경제
이기동 외 | 계명대 국제통상학과

290 감성지능 개발을 통한 삶의 질 향상
김경수 외 | 전남대 경영학부

291 교육복지론
이용교 외 | 광주대 사회복지학부

292 인간과 행복에 대한 철학적 성찰
박찬국 | 서울대 철학과

293 유럽연합의 사회통합 사례와 교훈
이무성 | 명지대 정치외교학과

294 민영화와 사회후생
이상호 | 전남대 경제학부

295 북한의 교육학 체계 연구
최영표 외 | 동신대 교육대학원

296 한국 지속가능발전의 구조와 변동
정대연 | 제주대 사회학과

297 우리나라의 공익 연계 마케팅에 관한 연구
임승희 | 전주대 경영학부

298 시각장애인복지론
김영일 | 조선대 특수교육과

299 그린에너지와 환경촉매
정석진 | 경희대 화학공학과

300 취약학교 초등학생을 위한 온라인 보건교육 프로그램
박경옥 | 이화여대 보건관리학과

301 신탁제도를 통한 고령자의 보호와 지원
최수정 | 서강대 법학전문대학원

302 사회적 약자계층에 대한 실태분석 및 정책방안
이은우 외 | 울산대 경제학과

303 한류 문화와 동북아 공동체
최혜실 | 경희대 국어국문학과

304 노동유연화와 해고보호법
권혁 | 부산대 법학전문대학원

305 사회복지 위험관리의 이해
박미은 | 한남대 사회복지학과

306 의료기관의 회계와 세무
노준화 | 충남대 경영학부

307 여성인적자원의 전문성 확보를 위한 경력개발
백지연 | 이화여대 국제사무학과

308 정신병리
강선경 | 서강대 신학대학원

309 바다의 반란 적조
윤양호 | 전남대 해양기술학부

310 한국 장애인 복지 발달사
이성규 | 서울시립대 사회복지학과

311 서양예술 속의 동양 탐색
진상범 | 전북대 독어독문학과

312 한국인의 도덕성 발달 진단
문용린 | 서울대 교육학과

313 영국정치와 국가복지
고세훈 | 고려대 공공행정학부

314 인간학적 사유를 여는 중도·중복장애 교육학
이숙정 | 단국대 특수교육과

315 개별화 교육과정
이소현 | 이화여대 특수교육과

316 인간의 긍정적 성품
권석만 | 서울대 심리학과

317 지방자치와 지역여성의 전망
이혜숙 | 경상대 사회학과

318 한국 현대 노년소설 연구
전흥남 | 한려대 교양학부

319 정보격차 해소를 위한 창의적 정보교육 프로그램
이영준 외 | 한국교원대 컴퓨터교육과

320 한국 가족과 젠더
손승영 | 동덕여대 교양학부

321 한국의 복지혼합
김진욱 | 서강대 신학대학원

322 사회자본과 자원봉사
김태룡 외 | 상지대 행정학과

323 농촌교육복지연구
박삼철 | 단국대 교양학부

324 사회정체성 평가 차원에 대한 국제 비교조사
이명진 | 고려대 사회학과

325 캐나다 복지국가 연구
조영훈 | 동의대 사회복지학과

326 한국의 소수자운동과 인권정책
전영평 외 | 서울대 행정대학원

327 한국과 미국의 보육서비스 전달체계와 품질 비교분석
김근세 외 | 성균관대 국정관리대학원

328 한국사회의 소득불평등과 국민 의료이용
이용재 | 호서대 사회복지학과

329 정보시대의 인간안보
조화순 | 연세대 정치외교학과

330 가족의 사회경제적 특성과 아동발달
김광혁 | 전주대 사회복지학과

331 초·중·고등학생의 학업소진 진행과정 및 경로분석
이상민 | 고려대 교육학과

332 다문화사회의 사법통역
이지은 | 이화여대 통역번역대학원

333 동아시아 지역주의
유현석 | 경희대 정치외교학과

334 환경친화적 공공시설관리와 지역공동체의 삶의 질
이소영 | 중앙대 실내디자인·주거환경학과

335 의료보험의 법정책
김나경 | 성신여대 법과대학

336 양극화 시대 가족해체와 청소년의 적응에 관한 한국과 미국의 비교 연구
오승환 외 | 울산대 사회복지학과

337 기업의 사회적 책임과 지역경제사회발전 연구
허영도 외 | 울산대 경영학부

338 노인의 삶의 질 향상을 위한 온라인 소셜 네트워크 구축 방안
김진우 | 연세대 경영학과

339 청소년 생활역량
윤명희 외 | 동의대 평생교육학과

340 외국인 배우자의 다양성과 국제결혼의 안정성
김두섭 | 한양대 사회학과

341 정보인권의 규범구체화
이민영 | 가톨릭대 법학과

342 한국 사회복지실천의 고유성
최성재 외 | 서울대 사회복지학과

343 스웨덴의 환경책임 실천모형
최희경 | 경북대 행정학부

344 자율운동과 주거공동체
윤수종 | 전남대 사회학과

345 한국인의 공공봉사동기
김상묵 | 서울과학기술대 행정학과

346 한국 이혼가정 아동의 성장
김혜숙 | 경인교육대 교육학과

347 동양 사상과 노인 복지
홍승표 외 | 계명대 사회학과

348 노동과 사회보장의 연계
오문완 | 울산대 법학과

349 학습장애 위험군 아동의 조기선별을 위한 읽기검사 표준화 연구
김애화 외 | 단국대 특수교육학과

350 신·재생에너지에 기초한 녹색성장과 사회통합
김인호 | 이화여대 법학전문대학원

351 문화교류역량과 다문화 경영이 기업 경영성과에 미치는 영향
임병학 외 | 부산외대 경영학부

352 빈곤영유아의 발달과 적응
정익중 외 | 이화여대 사회복지학과

353 민사법질서와 인권
양천수 | 영남대 법학전문대학원

354 성년후견제도와 사회복지제도의 연계
신권철 | 서울시립대 법학전문대학원

355 한국 다문화사회의 이방인
김순양 | 영남대 행정학과

356 현대 시민사회와 소비자계약법
이병준 | 한국외대 법학전문대학원

357 개인의 사회적 정보보호를 위한 공공 정보서비스 개선 연구
장항배 | 상명대 경영학과

358 여성교육투자에 대한 교육경제학적 탐색
백일우 외 | 연세대 교육학부

359 사회적 기업과 지속가능한 지역발전
임업 외 | 연세대 도시공학과

360 다문화가정 구성원에 대한 투트랙 한국어 교육방안 연구
박시균 | 군산대 국어국문학과

361 아시아의 빈곤과 한국기업의 역할
한인수 | 충남대 경영학부

362 유치원·초등학교 연계 환경교육
박희숙 | 공주대 유아교육학과

363 비정규 고용과 사회정책
구인회 외 | 서울대 사회복지학과

아 | 산 | 재 | 단 | 연 | 구 | 보 | 고 | 서

1 한국인의 도덕성 연구
배해수 | 고려대 국문학과

2 산업화와 청소년 진로
이원호 | 울산대 교육학과

3 공동체의식과 시민운동
김영섭 | 한양대 행정학과

4 한국청년의 삶의 의미 충족도와 만족적 태도
안정수 | 경희대 철학과

5 중국조선족의 사회발전과 한·중관계의 위상
손장권 | 고려대 사회학과

6 해송림 "솔껍질깍지벌레"의 천적 및 주요 종의 생태
김규진 | 전남대 농생물학과

7 사회정의와 실천윤리
박종대 | 서강대 철학과

8 동구개혁의 영향
김달중 | 연세대 정치외교학과

9 한국청소년의 의식세계
김문조 | 고려대 사회학과

10 고강도 철근 콘크리트 구조의 실용화
정헌수 | 중앙대 건축학과

11 신기술의 연관형태 및 출현예측의 구조모형
권철신 | 성균관대 산업공학과

12 민간기업의 연구개발을 위한 조세정책
권영훈 | 한양대 경제학부

13 기술개발 활성화방안
송승구 | 울산대 화학공학부

14 부패의 현상과 진단
이문조 | 영남대 정치외교학부

15 연구투자의 지역적 편중화와 부산지역의 기초과학연구 활성화방안
윤웅찬 | 부산대 화학과

16 GATT의 신구 덤핑방지협정과 그 대응방안
전창원 | 동국대 무역학과

17 한국사회의 도덕성 제고를 위한 진단과 처방
황경식 | 서울대 철학과

18 새로운 노사관계 방향
이진규 외 | 고려대 경영학과

19 21세기 동북아 정세예측과 한국의 전략적 대응방안
최평길 외 | 연세대 행정학과

20 소련의 한국에 대한 정책목표분석
신승권 | 한양대 정치외교학과

21 메모리 커패시터용 $Pb(Zr_xTi_{1-x})O_3$ 강유전체 박막의 제작과 특성
장지근 외 | 단국대 전자공학과

22 러시아 국제법학의 전통
김용구 | 서울대 외교학과

23 유럽연합의 현황과 전망
김동현 외 | 성균관대 행정학과

24 중국의 정치동원
송영우 외 | 건국대 정치외교학과

25 산업적 활용을 위한 이동로보트 시스템의 개발
박민용 외 | 연세대 전자공학과

26 중국조선족의 정치사회화과정과 동화적 국민통합의 방향
전인영 외 | 이화여대 사회생활학과

27 공적부조의 이론과 실제
최일섭 외 | 서울대 사회복지학과

28 대외통상환경의 변화와 법제개편
서헌제 | 중앙대 법학과

29 기업금융의 국제화
최생림 | 한양대 경영학부

30 자동차부품공업의 노사관계
김호진 외 | 고려대 행정학과

31 산업화 과정에서의 한국가족의 실태와 전망
정창수 외 | 성균관대 사회학과

32 공무원 가치관 실태와 정립방안
배병룡 외 | 경상대 행정학과

33 해외귀국청소년의 국내적응연구
이장영 | 국민대 사회학과

34 초고속정보통신망에서 LAN서비스 제공방안
이재용 | 연세대 전자공학과

35 WTO체제의 정책적 대응
김병진 외 | 경희대 행정학과

36 유럽의 통합정치
최수경 외 | 충남대 정치외교학과

37 유기질폐기물을 이용한 고단백사료원인 조류의 생산공정
최정우 외 | 서강대 화학공학과

38 초고속정보통신망의 수용성과 정책방향
박영상 외 | 한양대 신문방송학과

39 중국의 강남사회와 한중교섭
조영록 외 | 동국대 사학과

40 세계화시대의 사회 · 문화의식
신행철 외 | 제주대 사회학과

41 국내 외국인 노동자의 문제와 대책
성규탁 외 | 연세대 사회복지학과

42 노인인력 활용정책과 프로그램
김정후 외 | 강원대 법과대학

43 한일간 학술교류 현황과 활성화방안
정홍익 외 | 서울대 행정대학원

44 계량모형에 의한 한일 경제관계의 이해
김명직 외 | 한양대 경제학부

45 직장인의 음주행태와 삶의 질
진기남 외 | 연세대 보건행정학과

46 유통정보 시스템의 구조와 설계
정용길 | 충남대 경영학과

47 남북통일 이후 사회통합을 위한 교육의 역할
안기성 외 | 고려대 교육학과

48 대중음악에 심취한 청소년들의 심리적 특성
김인경 외 | 연세대 인간행동연구소

49 멀티미디어 시스템을 활용한 교육환경의 개선방안
김한일 | 제주대 컴퓨터교육학과

50 탈냉전기 한일관계의 쟁점
최상룡 | 고려대 정치외교학과

51 자치시대 새로운 '삶의 질' 지표의 모색
김형기 외 | 경북대 경제통상학부

52 유럽통합의 역내외 협력과 갈등
이호재 외 | 고려대 정치외교학과

53 21세기를 대비한 신노사관계
김재원 | 한양대 경제학부

54 대학의 시간제학생 등록제
안규철 외 | 전남대 교육학과

55 21세기에 대비한 방송통신정책
한진만 외 | 강원대 신문방송학과

56 주민참여를 통한 혐오시설 관리운영방안
박균성 외 | 경희대 법학부

57 여성의 정치적 권리인식과 정치참여
전경옥 외 | 숙명여대 정치외교학과

58 한국인 위장질환과 식생활 · 환경요인 및 *H. pylori* 감염과의 관계
이양자 외 | 연세대 식품영양학과

59 학생과 시민의 자원봉사활동
윤정일 외 | 서울대 교육학과

60 동북아 환경문제와 지역환경협력의 모색
신연재 외 | 울산대 정치외교학과

61 노인 자원봉사활동을 통한 사회통합 프로그램 개발
김동배 | 연세대 사회복지학과

62 물류정보 시스템
김태현 | 연세대 경영학과

63 전자식 문서교환을 이용한 항공화물 운송체계
민재형 | 서강대 경영학과

64 청소년과 성
이근후 | 이화여대 의과대학

65 민족통합과 무궁화호 위성의 남북한 공동활용방안
방정배 | 성균관대 신문방송학과

66 채식주의가 20대 여성의 영양상태와 에스트로겐 대사에 미치는 영향
성미경 | 숙명여대 식품영양학과

67 가상정보공간을 통한 지역개발 활성화 전략
유재천 외 | 한림대 언론정보학부

68 조산아 관리현황 및 정책수립 방안
박상기 외 | 조선대 의과대학

69 남북한관의 의식조사와 통일교육 개선방안
김동규 외 | 고려대 북한학과

70 동양 전통 자연사상 탐구
장동순 | 충남대 환경공학과

71 초고속정보망의 시뮬레이터 구현
한기준 | 경북대 컴퓨터공학과

72 유통원가 시스템의 유효성
정다미 | 명지대 경영학과

73 국악과 문화관광의 만남
정익준 외 | 동아대 국제관광통상학부

74 기업의 지식경영 활용사례
김창은 | 명지대 산업공학과

75 선진국과 한국의 직업교육 · 훈련제도의 특성과 한계
정주연 | 고려대 경제학과

76 제주지역 성인 여성의 자원봉사활동
이상철 외 | 제주대 사회학과

77 M&A와 문화충돌 관리
박원우 | 서울대 경영학과

78 폐금속광산 인근 주민들의 중금속 오염실태
정종학 외 | 영남대 의학과

79 북한 농촌 · 농업실태와 인력자원개발 시스템을 통한 북한 농민의 구호방안
박성열 | 건국대 교육공학과

80 중소 소매점의 경쟁력과 소매성과
채명수 외 | 한국외대 무역학과

81 고령자를 위한 쾌적한 실내온도와 착의량의 설정
정운선 | 안동대 의류학과
82 지역문화 이벤트 PR
박종민 | 경희대 언론정보학부
83 인터넷 지역정보화의 실태와 전략
유평준 외 | 연세대 행정학과
84 여성 삶의 질 향상을 위한 사회교육 활성화 방안
김양희 | 중앙대 가족복지학과
85 벤처기업과 벤처금융
강대석 외 | 충남대 무역학과
86 구조조정기에 있어서 실업대책과 사회안전망 구축
박천익 | 대구대 경제학과
87 한국 유아의 조기교육
이명조 외 | 한국외대 교육대학원
88 남북한 경제공동체 형성전략
이상만 | 중앙대 경제학과
89 지방자치회계의 투명성과 주민의 알 권리
권찬태 외 | 경북대 경영학부
90 정치지도자의 정책리더십
이해영 | 경일대 행정학과
91 경제위기와 한국인의 복지의식
신광영 외 | 중앙대 사회학과
92 북한의 노동
김강식 | 한국항공대 경영학과
93 우리나라 중소기업의 정보기술 활용 현황과 경쟁력 강화를 위한 제안
정승호 | 부산외대 정보시스템학과
94 인간배아복제의 법적 · 윤리적 문제점과 그 해결방안
최병규 | 한경대 법학부
95 가치변화에 따른 투표행태
조찬래 외 | 충남대 정치외교학과
96 인터넷 경매에서의 계약체결과 소비자보호
이기수 외 | 고려대 법과대학
97 세계화시대 남북한 통합의 방향과 과제
윤민재 | 서울대 사회발전연구소
98 글로벌 시대 지방정부의 문화마케팅 전략
박흥식 | 중앙대 행정학과
99 대졸여성실업의 실태분석 및 대학-노동 시장 간 효율적 연계방안
이은우 외 | 울산대 사회과학부
100 그린 투어리즘의 분석
이응진 | 대구대 관광학부
101 지방자치단체장의 부정부패
오일환 | 한양대 아태지역연구센터
102 산업화가 유교체제하 중국여성의 지위에 미친 영향
천성림 | 배재대 사회과학연구소
103 움직이는 말하기
유혜숙 외 | 나사렛대 교양학부
104 장애학생을 위한 특수교육공학의 활용
김용욱 | 대구대 중등특수교육과
105 지식기반사회의 평생교육 이해와 평생교육 프로그램 개발
박성열 | 건국대 교육공학과
106 N세대의 미술교육
김동철 | 대구교육대 미술교육학과
107 노후계획과 투자
권택호 | 여수대 국제통상학과
108 영화산업
양영철 | 경성대 연극영화학부
109 동유럽의 변혁과 언론의 역활
정대수 | 경남대 정치언론학부
110 환율, 임금, 물가가 국제경쟁력 및 수출입산업에 미치는 영향
하인봉 | 경북대 경제통상학부
111 일본기업의 기술혁신 전략
위정현 | 중앙대 상경학부
112 노후보장정책과 역저당연금제도
조덕호 외 | 대구대 행정학과
113 유비쿼터스 라이프와 미래 사회
김석수 | 한남대 멀티미디어공학과
114 죽음과 관련된 생명윤리적 문제들
구인회 | 가톨릭의과대 인문사회과학교실
115 경제적 세계화와 빈곤문제, 그리고 국가
김준현 | 한일장신대 인문사회과학부
116 한국의 세계불교유산
김종명 | 한국학중앙연구원 한국학대학원
117 복지레저서비스론
고태규 | 한림대 국제학부
118 자생적 철학체계로서 인간중심철학
선우현 | 청주교대 윤리교육과
119 전략적 통합과 한반도 평화체제
김승채 | 고려대 정책대학원
120 환경사법론
전경운 | 경희대 법학부
121 인터넷 자료를 통해 본 한국의 이혼 문화와 사회복지
성정현 외 | 협성대 사회복지학과
122 유럽연합의 사회정책에 관한 연구
문진영 | 서강대 신학대학원 사회복지학과
123 여성건강의 통합적 관점
김혜원 | 관동대 간호학과
124 복잡계 네트워크 과학
강병남 | 서울대 물리천문학부
125 경제적인 3세대 전원주택 개발
박근준 | 호서대 건축공학과
126 사회복지와 인적자원개발
이상일 | 인제대 국제경상학부